Normal ist ungesund

Bowen Faville White

Normal ist ungesund

Warum es so heilsam ist,
unangepasst,
anders und mutig zu sein

Aus dem Amerikanischen von
Ernest Steinberg

WILHELM HEYNE VERLAG
MÜNCHEN

Die Originalausgabe erschien 2000 unter dem Titel
WHY NORMAL ISN'T HEALTHY. How to Find Heart,
Meaning, Passion & Humor on the Road Most Traveled
bei Hazelden, Center City, Minnesota

2. Auflage 2003

ISBN 3-453-21163-4

Inhalt

DER ZWEITE TEIL DES FILMS

Für Hope, Alice, Brynn und Jordan

Kurz nach eurer Geburt badete ich jede von euch in einer Wanne mit warmem Wasser, massierte eure kleinen Körper und begrüßte euch so in der Welt. Ich gab euch eure Namen und erzählte euch, wie sehr wir uns auf euch gefreut hatten. Was für ein Glück es war, in jenem wunderbaren Moment euer Vater zu sein. Jenes Glück ist unaufhaltsam gewachsen, so wie ihr gewachsen seid.

Dieses Buch ist euch gewidmet.

Stellen Sie sich folgenden Dialog vor:

Arzt: Haben Sie je daran gedacht, eine Alternative zu probieren?
Patient: Das kann ich nicht.
Arzt: Warum nicht?
Patient: So bin ich nicht.
Arzt: Wie fühlt sich das an, »nicht so zu sein«?
Patient: Deprimierend.
Arzt: Warum sind Sie nicht anders?
Patient: Ich kann nicht.
Arzt: Warum nicht?
Patient: Weil die Würfel so gefallen sind.
Arzt: Würfeln Sie neu.
Patient: Ich kann nicht.
Arzt: Warum nicht?
Patient: Ich will keinen Narren aus mir machen.
Arzt: Warum nicht?
Patient: Die Leute würden mich vielleicht für merkwürdig halten. Ich will nicht, dass die Leute glauben, ich sei nicht normal.
Arzt: Ach, dann ist es für Sie wichtig, normal zu sein?
Patient: Ja.
Arzt: Sind Sie normal?
Patient: Ja.
Arzt: Warum sind Sie dann zu mir in die Sprechstunde gekommen?
Patient: Ich wollte eine zweite Meinung hören. Glauben Sie, dass ich normal bin, Doktor?
Arzt: Ja, aber ...
Patient. Aber was?

Arzt: Normal ist ungesund.
Patient: Oh, verdammt!

Liebe Leser,

erinnern Sie sich an den Millenniumsvirus? Mir ist schon seit einer Weile klar, dass eine meiner Aufgaben in der Welt die ist, Leute mit einem Virus anzustecken. Seit Jahren stecke ich die Menschen an. Ich bin ein Naturtalent. Ich sage immer, ich versündige mich seit Jahren an der Chancengleichheit. Niemand ist sicher. Das ist das Schöne daran. Mein Markt ist der Planet. Unterwandern und verunsichern – das ist mein Motto.

Aber verstehen Sie mich nicht falsch. Ich meine »anstecken« in einem positiven Sinn. Wenn normal ungesund ist – und um nichts anderes geht es hier –, dann muss man die Leute anstecken. Wir müssen den Status quo mittels verdächtig gesunder Ideen verunsichern. Wir müssen den normalen Alltagsfluss der Dinge unterwandern und die Menschen mit guten – nein, gesunden – Viren infizieren, die einen neuen Blick auf die vertrauten Dinge zulassen.

Die Idee, ein Buch zu schreiben, schien mir der beste Weg, diese Infektion unter die Leute zu bringen. Ich, als Einzelperson, kann nur einen winzigen Teil der Menschheit wachrütteln. Aber vielleicht vermag ein Buch, was mir selbst nicht gegeben ist. Es kann die nötige Unruhe verbreiten, und zwar in einiger Entfernung von meiner wirklichen Person. Der Gedanke, dass woanders Dinge ins Rollen kommen, während ich in Ruhe schlafe, ist überaus reizvoll für mich. Die Leute werden provoziert, während ich in Morpheus' Armen ruhe. Bücher überleben ihre Autoren um ein Vielfaches. Ein Buch erlaubt mir, *in absentia* zu tun, was ich nicht mehr leisten könnte, wenn der letzte Vorhang gefallen ist.

Menschen lesen Bücher. Das ist eine schlichte Tatsache. Auch in diesem Jahrtausend lesen die Menschen noch Bücher. Wir brauchen eine Unterbrechung. Vierundzwanzig Stunden an jedem Tag, den Gott werden lässt, dröhnt unser Planet von rasender Betriebsamkeit. Menschen aller Nationen sind ununterbrochen damit beschäftigt, wichtige und erwachsene Dinge zu tun, um den Status quo ihrer Kultur zu festigen.

Bücher können diesen Prozess unterbrechen. Sie können ins Leben eingreifen, sei es am Arbeitsplatz, in der U-Bahn, im Park, am Schreibtisch, am Lagerfeuer, auf einem Sofa, im Bett und einfach überall, wo Menschen sich aufhalten mögen. Bücher sind magische Zeitbomben, die erst beim Lesen hochgehen, und ein Teil ihrer Magie ist, dass sie immer wieder explodieren können. Jemand kann neben Ihnen im Bus sitzen und explodieren, und Sie merken es noch nicht einmal – zumindest nicht sofort. Dann, nach einer Weile, beginnen die Leute zu fragen: »Was ist los mit Bob?« (Sie sehen, wenn normal ungesund ist, fragen sich die Leute, was mit uns nicht stimmt, sowie wir anfangen, gesünder mit uns selbst umzugehen. »Was ist los mit José, Abdul, Sophia, Raul, Krishna, Mohammed, Marie …?«)

Es ist nichts »los«, außer dass jemand mit dem Virus infiziert wurde. Jemand hatte soeben ein Lebensnähe-Erlebnis, und die Leute erhaschen ein kleines Stückchen Wirklichkeit. Bücher können dem Leser dabei helfen, die Wirklichkeit zu überprüfen und die gewohnten Dinge mit anderen Augen zu betrachten.

Normal ist ungesund will den Lesern die Augen dafür öffnen, dass ein großer Teil unserer Aktivitäten, unserer rasenden Betriebsamkeit und der größte Teil unseres Stresses daraus resultieren, dass wir zu verbergen versuchen, was offensichtlich ist, aber unausgesprochen bleibt. Wir teilen Geheimnisse miteinander, über die wir nicht sprechen. Es ist an der Zeit, die Geheimnisse auszusprechen, die wir gemeinsam in unserer kollektiven menschlichen Seele haben. Menschen, die mich diese Geheimnisse aussprechen gehört haben, baten mich darum, ein Buch zu schreiben, um sie auch anderen mitzuteilen. Auch wenn ich nicht davon ausgehen kann, dass Sie den gleichen Geschmack haben, ist dieses Buch dennoch vielleicht genau die richtige Medizin für Sie, jenseits von Geschmacksfragen. Es gibt nur einen Weg, dies herauszufinden. Außerdem kommt es vor, dass uns eine Medizin durchaus nicht schmeckt, aber wir uns besser fühlen wollen.

Stimmt. Wir wollen uns besser fühlen. Nicht nur der Kranke will sich besser fühlen. Nicht nur die Leute, die offensichtlich an einem Gebrechen leiden, wollen sich besser fühlen. Ganz normale Menschen – Sie und ich, Leute, die ihren Jobs nachgehen, um Geld zu verdienen, nützliche Glieder der Gemeinschaft – wollen sich besser fühlen. Rentner, Menschen, die Jahre im »Arbeitsdschungel« verbracht und sich nun zurückgezogen haben, wollen sich besser fühlen. Solche, die es bis an die Spitze der ökonomischen Nahrungskette gebracht haben, wollen sich besser fühlen. Und es besteht die Chance, dass dieses Buch dabei helfen kann.

Hilfe tut Not. Viele Menschen, deren normale Lebenswelt durch eine Krankheit zeitweise aus den Fugen geriet, mögen die Hilfe nicht brauchen, die wir hier anbieten. Ihre Welt wurde erschüttert, und jetzt gehen sie mit sich und ihrem Leben anders um. Auch Menschen, die ein schweres Lebenstrauma erlitten haben, werden dieses Buches nicht bedürfen. Ihr Leiden hat sie womöglich dazu veranlasst, jemanden aufzusuchen, der ihnen wirklich hilft.

Diejenigen, die ein Todesnähe-Erlebnis hatten, sind vielleicht in ein vollkommen neues Leben zurückgekehrt. Die alten, abgelebten Muster bestimmen nicht länger die Flugbahn ihrer gegenwärtigen Lebensreise. Sie haben sich geändert. Und was zuvor wichtig war, ist jetzt nicht mehr so wichtig.

Und es gibt Menschen, bei denen der Status quo durchbrochen wurde, die diese Erfahrung jedoch nicht als Weckruf genutzt haben. Vielleicht hat auch mein Berufsstand dazu beigetragen. Als Ärzte betreiben wir mit einem alten Wort Arzneikunst. Wir lernen, Medikamente zu verabreichen. Wir verschreiben die Reparaturmittel, um die Leute wieder in den Zustand zu versetzen, in dem sie waren, bevor sie zu uns kamen. Dieser Zustand war möglicherweise *normal, aber nicht gesund.* Diese Menschen sehnen sich noch immer danach, sich besser zu fühlen. Für sie kann dieses Buch von Nutzen sein.

Für den Rest unserer menschlichen Familie, für diejenigen unter uns, die ohne spezielle gesundheitliche Probleme ums Überleben kämpfen, kann dieses Buch eine »Lebensnähe-Erfahrung« vermitteln. Es bringt uns vielleicht unserem Leben so nahe, dass wir seine Logik durchschauen, und wahrt doch genügend Abstand, dass wir zugleich seine Möglichkeiten erkennen. Auch kann es uns die eine oder andere Einsicht in die Logik und die Möglichkeiten des Lebens anderer vermitteln.

Es ist schwierig, sich selbst ins Auge zu fassen, denn das, was wir sehen wollen, schaut selbst. Wenn wir in den Spiegel sehen, sind wir uns zu nah. Wie bei dem Mann, der beim Rasieren so nah am Spiegel steht, dass sein Atem den Spiegel beschlägt, ist auch unsere Perspektive vernebelt.

Meine Hoffnung ist, dass dieses Buch wie ein Spiegel oder ein wahrer Freund wirkt, der uns aus nächster Nähe einen Blick auf uns selbst und auf unser Leben ermöglicht; nah genug, um klar zu erkennen, was durch unseren eigenen heißen Atem verzerrt wird. Ein wahrer Freund sagt nicht immer nur das, was wir hören wollen. Aber weil wir wissen, dass er ein echtes Interesse an uns hat und wir sein Interesse spüren, nehmen wir seine Worte auf. Wir können die Informationen dieses Buches als Lebensnähe-Erfahrung nutzen, sodass wir keiner Todesnähe-Erfahrung oder sonst einer umstürzenden Erfahrung bedürfen, um unser Leben zu akzeptieren, um uns besser zu fühlen und um uns dann zu ändern. Natürlich wäre das nicht normal, aber dafür wäre es gesund.

Ich muss jetzt arglose Menschen infizieren. Lesen Sie das Folgende auf eigene Gefahr. Ich habe vergessen, Ihnen zu sagen, dass an der Tür zu meinem Sprechzimmer das folgende Schild hängt:

ACHTUNG

Warnung
vor
dem Arzt

Eintreten auf eigene Gefahr

Ich mache jeden Tag Fehler

Wenn Sie das Wagnis eingehen, dieses Buch zu lesen, dann hoffe ich, dass es Ihnen von Nutzen sein wird. Wenn normal ungesund ist, dann ermuntere ich Sie, das Folgende zu lesen und sich danebenzubenehmen.

Bowen Faville White

Hier sind zehn Punkte, warum normal ungesund ist.

10. Wir sind berechenbar, und unsere Berechenbarkeit wird benutzt, um uns zu manipulieren.
9. Wir benutzen die Berechenbarkeit anderer, um sie zu manipulieren.
8. Wir können Menschen, die andere manipulieren, nicht ausstehen.
7. Darum können wir uns selbst nicht ausstehen.
6. Wir verkünden stolz, dass wir unser eigener schlimmster Feind sind.
5. Wir versuchen, alles möglichst perfekt zu machen, damit uns dafür wenigstens jemand anders mag.
4. Um perfekt zu sein, müssen wir ständig auf der Hut sein.
3. Auf der Hut sind wir immer in Abwehrhaltung.
2. Wir können Leute in Abwehrhaltung nicht ausstehen.
1. Wir fühlen uns mit uns selbst nicht wohl, was sich in der ungesunden Art und Weise zeigt, wie wir mit uns und anderen umgehen.

Einführung

Ich wurde abhängig geboren. Zu gegenseitiger Abhängigkeit erzogen. Habe hart gearbeitet. Gelernt, mich durchzusetzen. Mich stets zu verbessern gesucht. Gelernt, in meinem Leben die Rolle zu spielen, die von mir erwartet wurde. Und ich kann sterben, ohne je zu wissen, wer ich bin. Das ist vielleicht normal, aber gewiss nicht gesund.

versus

Ich wurde abhängig geboren. Zu gegenseitiger Abhängigkeit erzogen. Habe gelernt, mich selbst anzunehmen. Gelernt, dass ich die Person bin, auf die hin ich konditioniert wurde. Habe begonnen, mich selbst zu ändern. Habe mehr gespielt. Mich zu der Person entwickelt, die mich meine Inspiration zu sein lehrte. Und ich werde mit der Gewissheit sterben, dass auf eine bescheidene Weise die Welt ein besserer Ort ist, weil ich geboren wurde. Das ist vielleicht nicht normal, aber es ist gesund.

Vor langer Zeit lebten unsere Vorfahren als Jäger und Sammler. Bevor wir Pflanzen züchteten und Tiere zähmten, bevor wir uns in Städten versammelten, spross die

Saat der Kultur aus der Jäger-Sammler-Seele. Diese ersten Sprösslinge wuchsen, blühten und hatten Nachkommen. Unsere gegenwärtigen kulturellen Normen sind das Produkt dieses Anfangs, der lange zurückliegt. Und im Kontext des Entwicklungsprozesses sind diese Normen logisch. Sie machen vollkommen Sinn, aber das heißt keineswegs, dass sie gesund sind.

Man kann sich diesen Entwicklungsprozess, diesen evolutionären Prozess als einen Film vorstellen, der mit dem Auftreten des *Homo sapiens*, des Menschen, beginnt. Wenn wir diesen Film vom Anfang bis heute betrachten könnten, dann würden wir den Fortschritt der Menschheit verfolgen und sehen, warum die Menschen so geworden sind, wie sie sind. Wir könnten sehen, dass unser Gehirn sich nicht sonderlich von dem unserer Vorfahren unterscheidet. Doch kulturell sind die Unterschiede dramatisch, wenn auch innerhalb des Filmkontextes nur logisch. Die Unterschiede resultieren notwendigerweise aus der Tatsache, dass Menschen über längere Zeit in einer spezifischen Umgebung leben.

Die Jahrtausende währende kulturelle Entwicklung hat uns die Vielfalt gegeben, die nun zu Beginn des einundzwanzigsten Jahrhunderts unübersehbar ist. Und jeder von uns trägt seine eigene lokale Kultur wie einen inneren Staffelstab mit sich. Von Generation zu Generation geben wir den Staffelstab weiter, die Eltern an ihre Kinder, die Lehrer an ihre Schüler und so fort. Zumeist tun wir das, ohne darüber nachzudenken. Wir tun einfach, was man uns auf unserem Weg des Erwachsenwerdens in unserer lokalen Lebenswelt beigebracht hat. Wir tun, was andere geformt und für richtig befunden haben. Und wir sind damit gut gefahren, oder? Natürlich. Doch während »gut gefahren« normal sein mag, ist es nicht das Gleiche wie gesund. Wir können den Film nicht rückwärts laufen lassen. Wie schade. Denn, wenn wir ihn zurückspulen und noch einmal anschauen könnten, dann würden sich unsere unübersehbaren Unterschiede als absolut logisch erweisen. Und mit dieser Logik könnten wir unsere Unterschiede und uns gegenseitig besser verstehen. Doch diesen Film gibt es nicht.

Allerdings können wir mit dem Auge des Verstandes überprüfen, was von voraufgegangenen Generationen an uns weitergereicht wurde. Wir können sowohl die gesunden wie die normalen (aber nicht so gesunden) Hinterlassenschaften betrachten, die vorangegangene Generationen in unsere kollektive Seele gelegt haben. Wir können dann die Implikationen für unsere Beziehungen, für all unsere Beziehungen, seien sie individuell oder kollektiv, erforschen.

Wir können das auswählen, was gesund ist, und es bewahren. Was wir dann weitergeben, können wir bewusst tun. Indem wir uns dafür entscheiden, nur das, was gesund ist, weiterzugeben und selbst gesund zu sein, tragen wir dazu bei, dass unsere lokale Kultur eine gesündere Norm annimmt.

Wenn es diesen Film gäbe, dann könnten wir alle verstehen, warum Menschen unter gegebenen Bedingungen so handeln, wie sie handeln. Unsere Unterschiede wären nicht länger eine Quelle für Wertungen. Vielmehr würden wir uns dafür interessieren, wie andere Mitglieder der menschlichen Familie ihr Leben leben, ihre Pflichten meistern, wie sie arbeiten und spielen. Und indem wir sie dabei beoachten, würden wir von ihrer Art des Verhaltens lernen. Das Kennenlernen von Andersartigem bereichert.

In diesem Buch richten wir unser Augenmerk auf Dinge, die wir, unabhängig von unseren Unterschieden, miteinander teilen denn wir haben mehr Gemeinsames als Trennendes. Wenn ich »wir« sage, so beziehe ich mich damit auf das kollektive Wir der westlichen Industriegesellschaften. Es mag ein paar Orte geben, die noch nicht von der industrialisierten Kultur kontaminiert wurden. Die Menschen dort haben womöglich isoliert von dem Druck überlebt, dem wir digitalen, globalen, überlasteten anderen heute ausgesetzt sind. Dieses Buch wendet sich nicht an sie.

Ich war früher selbstverständlich normal. Kann es noch sein. Aber ich habe gewisse Fortschritte gemacht. Es gibt Zeiten, in denen ich bemerkenswert gesund bin. Mehr als früher. Nicht so häufig wie ich es zukünftig sein werde. Ich befinde mich mitten in einem Arbeitsprozess: ein Schritt vor, Fortschritt; ein Schritt zurück, Fortschritt. Jedenfalls gibt es Fortschritt. Er weist nur nicht immer nach vorn.

Was ich zunächst als Rückschritt ansehe, kann sich als Ausweichen vor einem Unglück herausstellen, etwa wenn ich auf den Gehsteig zurücktrete, bevor ein Bus vorbeisaust. Oder ein Schritt vor kann in den emotionalen Abgrund führen, zu einem freien Fall in psychische Schmerzen, der eine unerwünschte, aber notwendige Lernerfahrung erzwingt. All das ist Mahlgut für die Entwicklungsmühle. Ich befinde mich in einem Entwicklungsprozess, einem evolutionären Prozess, dessen Unterbrechungen und Fortschritte allesamt der Entfaltung meines menschlichen Potenzials dienen, das schließlich in das Potenzial der Menschheit einfließt.

Das individuelle Atom der kulturellen Struktur ist der einzelne Mensch. Und einzelne Individuen, die in Familiensystemen zusammengefasst sind, bilden kulturelle Moleküle. Familiensysteme, in lokale Gemeinschaften zusammengefasst, bilden größere kulturelle Strukturen und so weiter.

Zwischen kulturellen Gruppen gibt es große Unterschiede. Diese Unterschiede ergeben eine reizvolle Vielfalt in unserer großen Menschheitsfamilie. Diese Unterschiede verleihen die Farben, die es uns erlauben, die Andersartigkeit klarer zu sehen, weil sich der offenbare Kontrast zu unserer eigenen lokalen Lebenserfahrung darin niederschlägt. Und wir können diese Unterschiede wahrnehmen, sie schätzen und von ihnen lernen. Häufig lernen wir erst durch die Erfahrung von Unterschieden.

Doch ich wiederhole, dieses Buch handelt nicht vom Lernen aus unseren Unterschieden. Eher handelt es von der Erforschung der Dinge, die wir gemeinsam haben, unabhängig von unserer Verschiedenheit. Die Ironie ist, dass wir durch die Erforschung unserer Gemeinsamkeiten unsere Unterschiede besser verstehen können. Mit solchem Verständnis ausgestattet, lenken uns unsere Unterschiede weniger ab von unseren Bemühungen, voneinander zu lernen und unsere blaue Oase zu einem sichereren Ort zu machen, wo alle Kulturen gedeihen können.

Wenn man Leute fragt, was ihnen zu dem Konzept von

Evolution und natürlicher Auslese einfällt, dann nennen sie wohl als Erstes das »Überleben des Stärkeren«. Und wenn man sie bittet, zu erklären, was das eigentlich bedeutet, dann sagen sie wohl: »Es gibt nur begrenzte Ressourcen, und also entsteht ein Wettbewerb um diese Ressourcen, und nur die Stärksten überleben. Der Wettbewerb merzt die Schwachen aus. Nur die Starken überleben, können sich vermehren und ihre Gene weitergeben.« Das Leben entwickelt sich durch Wettbewerb.

Lassen Sie uns eine andere, längerfristige Perspektive wählen. Die Überlebensfähigkeit wird gemindert, wenn wir fortfahren, im Wettbewerb um die begrenzten Ressourcen andere zu zerstören. Warum? Die Werkzeuge, die uns heute zur Verfügung stehen, um unsere Mitbewerber zu besiegen, sind sowohl grauenhaft wie wahllos. Wir sind nicht nur fähig, die Konkurrenz auszuschalten, wir sind sogar fähig, das Leben, so wie wir es kennen, auszulöschen, Punkt. Ganz offensichtlich steht dies im Gegensatz zum Überleben.

Abgesehen davon hat Evolution mit Vielfalt und Anpassung zu tun. Stephen Gould schreibt in *Der falsch vermessene Mensch* (Frankfurt 1988): »Evolution entsteht dadurch, dass sich die Variation innerhalb von Populationen in Unterschiede zwischen Populationen verwandelt.« Und er fährt fort: »*Die natürliche Auslese funktioniert, indem sie speziell die Variation erhält, die sich besser an sich ändernde lokale Lebensumwelten anpasst.*« (Hervorhebung durch den Autor) Und schließlich: »Die Variation innerhalb einer Population ... wird durch die Zeit in Unterschiede verwandelt.«

Also haben wir selbst uns bis zu dem Punkt entwickelt, wo wir von unserer eigenen Evolution lernen können und erkennen, dass unsere tierischen Triebe unserem menschlichen Intellekt und unseren höchsten Werten untergeordnet werden müssen. Krieg als Mittel der Konfliktlösug stellt eine irrsinnige Verkennung des Satzes vom »Überleben des Stärkeren« dar. Wir müssen eine Variation aus dieser alten Norm auswählen, die eine bessere Anpassung an unsere heutige globale Umwelt ermöglicht. »Denke global, handle lokal« gewinnt eine neue Bedeutung.

Alles ist mit allem verbunden. Wir haben die Erde aus dem Weltraum gesehen. Wir sitzen alle in einem Boot und wir erkennen den unverzichtbaren Wert der Kooperation. Unser Überleben hängt davon ab. Wir sind eine menschliche Familie. Jedes Mitglied fügt etwas hinzu, auch wenn wir häufig dessen Wert in Frage stellen. Das ist Teil des Normalen-Ungesunden. Und jeder Verlust eines Mitglieds macht uns alle ärmer. Der Dichter John Donne formuliert dies am besten:

Niemand ist eine Insel, nur für sich allein; jeder ist ein Teil des Kontinents, ein Teil des Ganzen. Wenn eine Erdscholle vom Meer weggespült wird, ist Europa darum ärmer, als ob sie ein Riff wäre oder ein Haus deiner Freunde oder gar dein eigenes. Jedes Menschen Tod macht mich ärmer, weil ich Teil der Menschheit bin; und darum schicke nie jemanden aus, um zu erfahren, wem die Stunde schlägt; sie schlägt für dich.

»Niemand ist eine Insel«: Wir sind alle miteinander verbunden. Deshalb können wir dem Wohl des Ganzen dienen, wenn wir dafür sorgen, dass wir gesund sind. Das ist es, wovon diese Reise handelt. Und die Definition der Gesundheit, die ich zu Grunde lege, stammt von dem Kulturanthropologen und Autor Ashley Montagu. In seinem Buch *Growing Young* (Jung werden) sagt er, Gesundheit »ist die Fähigkeit zu lieben, zu arbeiten, zu spielen und gründlich zu denken.«

Auf denn zur Gesundheit.

1.

Der vierte Pol

Wir unternehmen jetzt zusammen eine Reise, Sie und ich. Sie werden Ihr Ziel auf keiner Landkarte finden. Aber es ist ein Gebiet, das manche Leute schon bereist haben, unabhängig davon, wo sie sonst noch gewesen sind. Dort, wo wir hinwollen, kommt man nicht mit dem Auto hin. Wir können in keinen Zug einsteigen, der dort hinfährt. Aber alle Geleise führen dorthin. Kein Flugzeug fliegt diesen Ort an. Aber alle Flüge enden dort. Kein Schiff segelt in diesen Gewässern. Und doch landen alle Schiffe in dem einen Hafen. Zu Fuß kommen wir nicht hin. Aber wo immer wir hingehen, wir kommen schließlich dort an. Das Internet reicht nicht an diesen Ort, denn er lässt sich im Cyberspace nicht finden.

Wir gehen zum vierten Pol.

Das verwirrt Sie vermutlich, denn in der Schule war im Zusammenhang mit den anderen Polen von diesem Pol nicht die Rede. Wir erfuhren etwas über den Nord- und den Südpol. Das war alles. Auch der dritte Pol wurde unterschlagen. Und wenn wir etwas über ihn lernten, so unter einem anderen Namen. Denn es ist der höchste Punkt der Erde, der Mount Everest. Angesichts des eben Gesagten könnten Sie auf den Gedanken kommen, bei dem vierten Pol handle es sich um den tiefsten Punkt auf der Erde. Sie könnten annehmen, dass er das Gegenteil des dritten Pols und also die tiefste Stelle im Ozean oder der Mittelpunkt der Erde sei. Aber das trifft nicht zu. Der vierte Pol ist der Mittelpunkt, sehr wohl, aber nicht unseres Planeten. Es ist der Mittelpunkt und der tiefste Ort in der menschlichen Seele. Es ist der Ort, den der Sufi-Dichter Dschelaleddin Rumi in seinem Gedicht beschreibt:

Gehe weiter, auch wenn es kein Ziel gibt.
Versuche nicht, durch die Weiten zu sehen.
Dies ist nichts für Menschen. Bewege dich im Innern,
Aber bewege dich nicht so, wie die Angst es dich lehrt.

Gehe zur Quelle.
Wandle wie Erde und Mond wandeln,
Umkreisend, was sie lieben.
Was immer sich dreht, kommt aus dem Zentrum.

Das Zentrum ist unser Ziel. »Bewege dich im Innern«, in der Tat. Wir gehen zu dem Mittelpunkt, in dem wir alle leben, gleichgültig wo wir leben. Wir gehen an unseren Verschiedenheiten vorbei zum Herzen unseres Wesens. Wir gehen auf eine Reise zum Zentrum des Menschen der Jetztzeit.

Und obwohl wir zusammen reisen, reisen wir allein. Das ist paradox. Warum? Warum nicht! Schließlich sind wir selbst ein Paradox. Wir sind dort, wo immer wir hingehen. Es gibt kein Dort, wo wir nicht sind. Es gibt dort kein Dort. Die anderen Pole sind unzugänglich und werden nur selten besucht. Der vierte Pol ist jedem von uns zugänglich, aber nur selten wird er bewusst aufgesucht. Warum? Weil normal ungesund ist. Wenn wir an Abenteuer denken, denken wir an Reisen in der äußeren Welt – wie Admiral Robert Pearys Reise zum Nordpol oder Sir Edmund Hillarys Gipfelbesteigung des Everest. Das Abenteuer hier ist ein inneres. Keine körperliche Bewegung ist dafür nötig. Ihr Wille ist Ihr Reisepass.

Warum sollen wir dorthin gehen? Weil »es da ist«? Nein, sondern weil wir da sind. Um ganz wir selber zu sein, um das Haus unseres Selbst umfassender zu verstehen, müssen wir wissen, dass unser Zentrum die Kernsubstanz ist, um die wir alle kreisen. Sie nicht zu kennen, heißt uns selbst nicht zu kennen. Sokrates sagte es so: »Erkenne dich selbst.« Unsere Aufgabe ist hier, uns selbst zu erkennen. Also ist das Zentrum das Ziel.

Alle Aktivitäten unserer Umlaufbahn entspringen diesem Zentrum; »was immer sich dreht, kommt aus dem Zentrum«. Und es ist das Zentrum, durch das wir alle miteinander verbunden sind. Erneut ein Paradox. Wenn wir uns selbst im Zentrum erkennen, wissen wir, wer sich im Inneren jedes anderen befindet. Und diese Verbundenheit erlaubt es, unsere Unterschiede richtig einzuordnen: Sie sind nichts als verschiedene Ausdrucksformen unserer gemeinsamen Menschlichkeit und gemeinsamen Schönheit. Niemand ist wichtiger oder bedeutender als der Nächste, vielmehr sind alle wichtig und bedeutend. Doch weil normal ungesund ist, fühlen wir uns häufig weder als das eine noch das andere.

Warum? Bleiben Sie dran! Das ist es, was unsere Reise enthüllen wird.

Rumis Gedicht spricht davon, nach innen zu gehen, »aber bewege dich nicht so, wie die Angst es dich lehrt«. Eine interessante Einschränkung ... Angst ruft Stressreaktionen hervor. Und die Stressreaktion ist eine Überlebensreaktion. Warum ermahnt uns Rumi, uns im Inneren furchtlos zu bewegen? Könnte es sein, dass, solange Furcht uns im Inneren gefangen hält, wir uns nur auf die Überlebenstauglichkeit unserer Lebensumstände konzentrieren können? Wenn unser einziges Anliegen das Überleben ist, sind unsere Erwartungen zu niedrig. Überleben ist wichtig, aber es ist nicht genug. Das Leben ist ein endlicher Prozess. Was sagt das über das Überleben aus? Nebenbei, wir können unser ganzes Leben überleben, ohne es jemals gelebt zu haben.

Aber Überleben ist ein Anfang, und wir stehen am Anfang. Also wollen wir hier beginnen. In diesem neuen Jahrtausend gibt es ein Gespür dafür, dass das Tempo des menschlichen Handelns immerzu schneller wird. Über die Geschwindigkeit der Veränderungen, die zur Norm geworden ist, wird täglich gesprochen und geschrieben. Es ist, als ob die Umdrehungszahl der Geschichte zunähme und uns in ihrem Windschatten mit sich risse. Wenn wir nicht mit der Zeit gehen, werden wir zurückgelassen. Und alle Anzeichen deuten darauf hin, dass der schnelle Schritt, der Dauerlauf des Lebens sich so bald nicht mehr verlangsamen wird. Vielmehr wird er sich möglicherweise noch beschleunigen.

Geradeso wie Michael Douglas in dem Film *Wall Street* sagte, dass Gier gut sei (*greed is good*), lautet heute »Geschwindigkeit ist gut« (*speed is good*) die Losung des Tages. Immer schnellere Computer erlauben immer schnellere Transaktionen. Schnelle Umschlagszeiten machen es möglich, dass Waren kurz nach der Bestellung an die Tür des Kunden geliefert werden. Service rund um die Uhr, Handel, Bestellungen und Reklamationen ermöglichen es uns, in der uns zur Verfügung stehenden Zeit mehr zu tun. Und mehr ist besser, nicht wahr? Gute Frage. Was meinen Sie?

Weil normal ungesund ist, antwortet die kulturelle Norm mit JA. Geschwindigkeit ist gut und mehr ist besser. Also wollen wir mehr, schneller. Wow, das passt perfekt ins Schema von »Gier ist gut«. Kein Wunder, dass es uns so schwer fällt zu erkennen, was genug ist. Das *Wall Street Journal* widmete kürzlich eine Titelseite den Besitzenden, die immer mehr wollen.

Ist »genug« also eigentlich ein veraltetes Konzept? Bessere Frage. Was meinen Sie?

Doch lassen Sie uns hier in diesem Moment ein wenig innehalten. Wir wollen für ein paar Augenblicke aus der Hektik der heutigen Tag-und-Nacht-Arbeitswelt heraustreten. Hören wir auf damit, unsere Worte und unser Leben zusammenzudrängen, damit wir immer schneller immer mehr in uns hineinstopfen können. Dann sehen wir vielleicht Möglichkeiten, die gesund, aber nicht normal sind. Können Sie mir hierher folgen? Ich weiß, es ist eine etwas seltsame Idee, aber, hey, wir können jederzeit zurückkehren.

Wenn wir alles entschleunigen, oder besser, wenn wir innehalten, um über unsere Situation nachzudenken, dann ergibt sich die Chance für einen Blick nach innen.

Ich weiß, es fühlt sich seltsam an, einen Blick nach innen zu werfen, wenn man gleichzeitig nach neuen Kunden Ausschau halten oder sich etwas anderem Wichtigen auf dem erwachsenen Weg zum Wohlstand widmen kann. Doch wir sind hier der Gegenstand der Untersuchung. Es ist schwer, ein bewegtes Ziel zu treffen. »Halt, wer da?«, fragt der Wächter vor der Schatzkammertür. Um unser Zentrum zu erforschen, müssen wir innehalten und herausfinden, wer da ist.

Anthony de Mello erzählt in seinem Buch *Eine Minute Weisheit* (Freiburg i. Br. 1998) die folgende Geschichte:

Als ein Schüler aus einem
Fernen Land kam, fragte
Der Meister: »Was suchst du?«

»Erleuchtung.«

»Du hast deine Schatzkammer in dir. Warum suchst du draußen?«

»Wo ist meine Schatzkammer?«

»In deiner Suche, die du
Begonnen hast.«

In diesem Moment wurde der Schüler
Erleuchtet. Jahre später
Sagte er seinen Freunden stets:
»Öffnet eure inneren Schatzkammern
Und erfreut euch eurer Schätze.«

Weil normal ungesund ist, suchen wir draußen nach dem Schatz. Manchmal weigern wir uns, innezuhalten und in unsere Schatzkammer zu schauen, bis uns eine Krankheit befällt oder wir ein anderes umstürzendes Erlebnis haben. Dann haben wir plötzlich die Zeit, um nachzudenken. Doch möglicherweise nutzen wir diese Zeit nicht produktiv. Die Krankheit erlaubt uns, die meisten unserer wichtigen, erwachsenen Pflichten abzugeben und wieder zu genesen. Doch stattdessen quälen wir uns oft mit dem Gedanken, wir müssten dringend etwas tun. Wenn wir nichts »tun« können, dann fühlen wir uns unproduktiv. Es ist »Ausfallzeit«. Also quälen wir uns.

Warum sollten wir aber auf ein umstürzendes Ereignis warten, um unser Leben einer Prüfung zu unterziehen? Dies ist tatsächlich der entscheidende Punkt. Der vierte Pol erwartet jeden von uns, der sich bereitwillig der Herausforderung stellen und die Tiefe erkunden will. Um ihn zu erreichen, müssen wir in unsere Innenwelt hinabsteigen.

Doch diese Ausfallzeit ist produktiv. Wenn wir uns »zur Quelle« begeben, zu unseren tiefen Wassern, investieren wir in unser Wohlergehen. Es ist die Schaffung eines Wohlstands im besten Sinne, denn Wohl meinte ursprünglich immer Gesundheit und Wohlbefinden.

2.

Die Wirklichkeit ist die Hauptursache für unseren Stress

»Ich habe Forschungen angestellt und fand heraus:
Die Wirklichkeit ist der Hauptgrund für den Stress derer,
Die mit ihr konfrontiert sind. In kleiner Dosierung kann
Ich sie ertragen, aber als Lebensstil
Fand ich sie zu beengend.
Sie war schlicht zu fordernd;
Sie wollte, dass ich die *ganze* Zeit zur Verfügung stehe,
Mit allem, was ich zu tun habe –
Und ich musste etwas aufgeben.

Seitdem mir die Wirklichkeit den Buckel runterrutschen
Kann,
Sind meine Tage erfüllt und voller Freude ...«

Dieses Zitat stammt aus Jane Wagners wunderbarem Buch *The Search for Signs of Intelligent Life in the Universe* (Die Suche nach Anzeichen für intelligentes Leben im Universum). Die Worte sind einer Stadtstreicherin in New York City in den Mund gelegt, einer Figur, die Lily Tomlin in ihrer Ein-Frau-Show berühmt gemacht hat. Anstecker mit dem Slogan »Die Wirklichkeit ist die

Hauptursache für unseren Stress« sind deswegen so beliebt, weil jeder etwas damit anfangen kann. Wir verstehen auch, was mit »meine Tage sind erfüllt« gemeint ist. Aber ein kleines Problem haben wir doch damit, sie »voller Freude« zu erleben.

Muss uns »die Wirklichkeit den Buckel runterrutschen«, damit wir Freude haben? Es hat fast den Anschein. Angesichts all der Probleme in der Welt und all des Stresses in unserem Leben scheint die Flucht vor der Wirklichkeit notwendig zu sein. Doch ebenso wie die harte, kalte Wirklichkeit der vorgeschichtlichen Welt den evolutionären Druck schuf, der zur Entstehung des *Homo sapiens* führte, genauso erzeugen unsere gegenwärtigen Lebensumstände den Druck auf uns, die Variation zu erleben und zu entdecken, die uns zu einer besseren Anpassung verhilft. Die Anpassungen, die wir leisten, dienen vielleicht unserer eigenen persönlichen Entwicklung. Möglicherweise entdecken wir, dass der Stress tatsächlich die Würze des Lebens ist und dass wir auch dabei ein bisschen mehr Spaß und Freude empfinden können. Das wäre nicht normal, aber es wäre gesund.

Das Leben ist ein einziger Stress, und dann sterben wir

Wir hören und reden fortwährend über Stress, also warum nicht damit beginnen? Um direkt in die Sache einzusteigen, ist es am einfachsten, frei über den Begriff *Stress* zu assoziieren. Denken Sie über Stress nach; was

Ihnen auch immer in den Sinn kommt, schreiben Sie es auf. Nur zu. Ich warte so lange.

Hier ist eine Liste mit Beispielen, die eine Gruppe zusammengestellt hat, mit der ich kürzlich zusammengearbeitet habe:

andere Menschen	Verkehr
Menschheit	Job
mir geht's gut; dir nicht	Technologie
Verlust der Kontrolle	Schuld
sich abschotten	Scham
Angst	Beziehungen
das Wetter	Ehe
Mangel an Ausgeglichenheit	vor der Ehe
Erschöpfung	Familie
Schlaflosigkeit	Kinder
Adrenalin	Nachbarn
Erwartungen	Kollegen
Perfektionismus	Maßhalten
mangelnde Zeit	Alter
zu wenig Geld	

Nun wollen wir uns der Sache systemisch nähern. Die folgende Graphik zeigt ein geschlossenes Kreissystem mit INput und OUTput. Wenn Sie sich dem Stressproblem mit einem systemischen Ansatz nähern, werden sofort ein paar Dinge deutlich – es gibt Stressoren und unsere Reaktion auf diese Stressoren. Die Stressoren sind die INputs, die wir für die Auslöser halten. Wenn wir Angst haben, dann gibt es normalerweise irgendeinen Grund für die Angst. Oft hat sie mit anderen Menschen,

mit Beziehungen zu tun. Wir haben Beziehungen in unserem Arbeitsleben und zu Hause. Vieles, was uns Stress bereitet, hat mit Beziehungen zu tun.

Sie haben schon von der Tropfenwirkung gehört? Sagen wir, eine Menge Dinge sind an einem Tag bei Ihnen schief gelaufen. Sie kommen nach Hause und Ihr Kind stellt etwas an, und Sie gehen an die Decke. Das ist der Tropfen. Nicht, was Ihr Kind gemacht hat, löst Ihren Wutanfall aus. Sondern es ist alles andere, was Sie mit sich herumschleppen und hinuntergeschluckt haben, es ist vielleicht die Arbeit, der Berufsverkehr oder sonst etwas. Sie kommen nach Hause und Ihr Kind bringt mit einem Tropfen das Fass zum Überlaufen. Sie explodieren einfach.

Wir haben Stress zu Hause, im Beruf, im Verkehr.

36

Stressoren, wohin wir auch blicken. Und wenn unser Familienleben und unser Berufsleben stressig sind, und wenn es nervenaufreibend ist, von hier nach dort zu gelangen, wäre es dann gerecht zu sagen, dass das Leben stressig ist? Ja. Ist das Leben gerecht? Nein. Wird es aber gerecht werden? Nein. Das Leben ist ein einziger Stress und dann sterben wir.

Das ist ein aufbauender Gedanke. Und wer weiß, vielleicht ist der Tod stressig. Selbst in dem besten vorstellbaren Szenario wird er, glaube ich, für mich mit viel Stress verbunden sein. Stellen Sie sich das Leben als einen Film vor, den wir mit Gott zusammen ansehen, bevor wir sterben. Ich weiß nicht, wie das bei Ihnen ist, aber mir würde das einen gewissen Stress bereiten. Ich hoffe darauf, dass Gott Humor hat.

Doch weil das Leben nicht gerecht ist, glaube ich, dass wir das Recht haben, zu wimmern, zu meckern, zu klagen und zu jammern. Vielleicht bringen wir sogar das kleine Äderchen an der Schläfe zum Pulsieren. Ich glaube, wir sollten uns jeden Tag fünf Minuten freinehmen und uns dem richtig hingeben – aber am Ende der fünf Minuten, was dann? Dass das Leben ungerecht ist, steht fest. Wenn das aber wahr ist, wie können wir inmitten der Ungerechtigkeit die Dinge besser machen?

Wir haben Stressoren. Das Leben lädt Stressoren – Familienleben, Berufsleben, Verkehr – in unsere INbox. Wir reagieren auf das Leben mit dem, was aus unserer OUTbox nach außen dringt. Diese Reaktionen, die wir äußern, wenn das Leben uns mit Stress konfrontiert, sind im Allgemeinen eher negativ als positiv.

So ist es uns möglich, negativ auf unser Leben zu reagieren. Würden bitte alle negativen Menschen da draußen mal aufstehen? Ich sehe mich selbst gewiss nicht als negativen Menschen an, aber ich weiß, wie ich eine schlechte Situation verschlimmern kann. Ich weiß, wie ich ein Problem mit meiner Reaktion darauf noch vergrößern kann. Warum sollten wir negativ auf das Leben reagieren? Wir sind keine negativen Menschen, zumindest die meisten von uns nicht.

Denken Sie einmal über das Folgende nach. Als Sie noch ein kleines Kind waren, wie haben Sie die Erwachsenen mit Stress umgehen sehen? Wut, Enttäuschung, Schreien ... negativ. Wenn es draußen schneite und jemand sollte Sie irgendwohin fahren, war dessen Reaktion negativ geladen. Es war eine Zumutung. »Wenn du bei diesem Wetter fahren müsstest, wärest du auch schlecht gelaunt!« Unsere konditionierten Reaktionen werden früh geübt. In gewissem Sinne tun wir, was wir wissen. Der Staffelstab wurde an uns weitergegeben, und jetzt sind wir wie sie. Wir sind die Leute geworden, über die wir früher den Kopf geschüttelt haben. Wir sind jetzt die Erwachsenen und können tun, was normal, aber ungesund ist. Genau das haben wir gelernt.

Reden wir über Kontrolle. Immer wenn wir über Stress nachdenken, müssen wir unsere Energie und Konzentration dorthin lenken, wo wir Kraft und Kontrolle haben. Die Energie folgt der Konzentration; worauf wir uns konzentrieren, dafür haben wir Energie. Doch worauf konzentrieren wir uns in diesem geschlossenen Kreissystem? Wir konzentrieren uns auf das, was aus dem äußeren Lebensumfeld auf uns eindringt. Wir fokussieren unsere Aufmerksamkeit auf den INput, auf andere Menschen.

Andere Menschen tun Dinge in unsere INbox. Wir konzentrieren uns auf das, was auf uns eindringt und lassen unser Verhalten und unsere Stimmung davon bestimmen. Und wie sehen am Ende unsere Gefühle aus? Negativ. Gestresst.

Wie viel Kontrolle haben Sie darüber, was Ihre Ex-Ehehälfte in Ihre INbox tut? Ihre Frau/Ihr Mann? Ihre Kinder? Ihre Kollegen? Die anderen Fahrer auf der Autobahn? Wie viel Kontrolle haben Sie über den INput in diesem System?

Manche mögen glauben, sie hätten durchaus etwas Kontrolle über das, was das Leben in ihre INbox lädt. Andere wiederum glauben das Gegenteil – dass sie nur eine sehr geringe Kontrolle über ihren INput haben. Ich tendiere zur letzteren Gruppe.

Nun habe ich von Kontrolle, nicht von Einfluss gesprochen. Und der Grund, warum ich hier unterscheide, ist der, dass es im Umgang mit Stress darauf ankommt, die Energie und Aufmerksamkeit darauf zu fokussieren, wo wir Kraft und Kontrolle haben. Und ich neige nun allerdings zu der Ansicht, dass wir keine Kontrolle darüber haben, was das Leben in unsere INbox tut. Wir haben keine Kontrolle darüber, wie andere Leute uns behandeln. Wir haben keine Kontrolle über den Abgabetermin, den unser Chef uns vorschreibt. Wir haben keine Kontrolle über unseren Kollegen, der sich einen Tag vor dem Termin krank meldet. Wir haben keine Kontrolle darüber, ob sich unsere Eltern scheiden lassen. Wir haben keine Kontrolle darüber, ob bei uns der Steuerprüfer auftaucht.

So ist also der Scheinwerfer unserer Aufmerksamkeit

auf das gerichtet, was aus der Umwelt in uns eindringt, darauf, was das Leben in unsere INbox steckt. Und unser Energiesystem wird durch das genährt, dem wir unsere Aufmerksamkeit zuwenden. Wir haben die Energie, um mit dem Verhalten all dieser Leute umzugehen. Aber sie bestimmen, wie wir unsere Energie nutzen.

Das ist der springende Punkt. Wie andere Tiere sind wir konditioniert durch das, was in der Vergangenheit aus der Umwelt auf uns eingewirkt hat. Wir haben als Reaktion auf bestimmte Stimuli eine Reihe von Verhaltensweisen entwickelt. Unsere Handlungen kommen aus dieser konditionierten Datenbank von Reaktionen. Vielleicht wissen andere Leute sogar etwas von diesem Angelernten. Sie wissen vielleicht, wie wir reagieren werden, und sie benutzen unsere Vorhersagbarkeit, um uns zu manipulieren. Und leider funktioniert das manchmal.

Die meisten unserer Beziehungen zu anderen Menschen drehen sich darum herauszufinden, was man in die INbox stecken kann, damit sie irgendetwas tun oder empfinden. Es geht nicht nur darum, dass andere Menschen uns zu kontrollieren versuchen. Wir versuchen ebenso, andere zu kontrollieren. Das ist ein gutes Beispiel für ungesunde Normalität. Herauszufinden, wie man andere Leute zu gewissen Dingen veranlassen kann, kostet eine Menge Energie. Aber manchmal funktioniert es. Also tun wir das, was wir gelernt haben, nicht anders als Kinder.

Stellen Sie sich folgendes Szenario vor. Nachbarskinder tun sich zusammen, um einen Plan auszuhecken. Die kleine Schwester hört den größeren Kindern bei dem Gespräch zu und bekommt mit, wie ihre große Schwester sagt: »Aber zuerst müssen wir meine Mama um Erlaubnis fragen.« Die jüngere Schwester weiß, dass es auch ihre Mama ist, und schon rennt sie los. Ihre größere Schwester sieht das und läuft ihr nach. »Was hast du vor?«

»Na, du hast gesagt, dass wir erst Mama fragen müssen. Da wollte ich sie fragen gehen ...«

»Du Dummerchen. Du kannst sie nicht einfach so fragen. Du musst warten, bis sie gute Laune hat.«

GUTE LAUNE.

Es kommt auf den richtigen Moment an. Haben Sie schon mal versucht, eine Kuh mittags zu melken? Man kann Kühe morgens und abends melken. Den Mittag können Sie vergessen. Der richtige Zeitpunkt ist alles. Und wir haben gelernt, wann wir unsere Eltern melken müssen. Erst warten, bis sie gut gelaunt sind, und dann angreifen. Und wissen Sie, was passiert? Es funktioniert. Also tun wir das, von dem wir wissen, dass es funktioniert. Wir tun, was wir gelernt haben und was uns vertraut ist. Aber nur, weil etwas funktioniert, heißt das noch lange nicht, dass es auch eine gute Idee ist.

Wenn wir unsere Energie darauf verwenden, andere zu manipulieren, dann fördert das keine gesunden Beziehungen. Und wenn jemand unsere Absicht durchschaut, leugnen wir alles ab. »Wie kannst du behaupten, ich würde manipulieren? Das stimmt überhaupt nicht. Ich verachte Leute, die manipulieren.« In Wahrheit haben wir genau das gelernt. Es ist normal, aber ungesund.

Aufgrund unserer Fähigkeit, andere zu manipulieren, fangen wir an, Kontrolle und Einfluss zu verwechseln. Sie sind nicht das Gleiche. Wir haben Einfluss auf andere und Kontrolle über uns selbst. Ein Teil der ungesunden Normalität besteht darin, dass wir glauben, wir sollten Kontrolle ausüben, wo wir es nicht können.

Nehmen wir an, jemand, mit dem oder der Sie eine Liebesbeziehung haben, ist niedergeschlagen. Wie fühlt es sich an, in seiner oder ihrer Nähe zu sein? Deprimierend. Sie versuchen, die richtige Kombination von Worten zu finden und sie in die INbox dieser Person zu legen, sodass er oder sie sich wieder besser fühlt. Sie versuchen es einige Male und haben keinen Erfolg. Sie denken: *Wenn ich nur klüger oder geschickter wäre, dann würde ich die richtigen Worte finden.* Tatsache ist, dass Sie nicht für die Gefühlslage eines anderen verantwortlich sind. Ihre eigene Gefühlslage ist Ihre Verantwortung. Aber wir geben unsere Kraft und Kontrolle an andere ab und erlauben ihnen, unsere Gefühle zu bestimmen. Damit nun werden sie für unsere Melancholie verantwortlich. Sagen Sie selbst: Ist das gesund?

Nebenbei, was geschieht, wenn andere herausfinden, dass wir sie zu manipulieren versuchen, damit sie etwas Bestimmtes tun oder fühlen? Das ist eine interessante Frage. Denken Sie an das Stereotyp des klassischen Verkäufers. Was stößt Sie ab, wenn Sie sich das Klischee vorstellen? Könnte es sein, dass von Verkäufern Druck ausgeübt wird, das zu tun, was sie wollen? Sowie wir diesen Druck spüren, beginnen wir uns dagegen zu wehren.

Die Beziehung zwischen Kontrolle und Motivation ist umgekehrt proportional. Je mehr wir andere kontrollieren, umso mehr Widerstand erzeugen wir in ihnen gegen das, was wir von ihnen wollen. Je mehr wir andere kontrollieren, desto mehr demotivieren wir sie, sich zu ändern. Wenn starke Kontrolle Erfolg damit hätte, Menschen zu verändern, dann würde unser Gefängnissystem prächtig funktionieren. Wir üben ein hohes Maß an Kontrolle über die Insassen aus, haben aber zugleich eine hohe Rückfallquote – intensive Kontrolle, wenig positive Veränderung.

Dennoch haben wir Kontrolle in diesem geschlossenen Kreissystem. Zwar keine Kontrolle darüber, was das Leben in unsere INbox tut, aber Kontrolle darüber, wie wir mit dem INput umgehen. Wenn wir uns darauf konzentrieren, was aus unserer OUTbox nach außen dringt, dann sind wir an dem Ort des Systems, wo wir Macht und Kontrolle haben. Hier bewirkt eine Wahrnehmungsverschiebung vom INput zum OUTput hin eine Verschiebung der Verantwortung. Bisher waren andere Menschen das Problem in meinem Leben. Jetzt sehe ich, dass ich selbst das Problem in meinem Leben bin. Ich bin DAS Problem. Aber ich bin auch die Lösung.

Was kann ich tun, um gesund zu sein, ohne irgendjemand anders zu ändern, ohne dass irgendjemand irgendetwas anders macht als bisher? Was kann ich tun, um eine gesündere Beziehung zu mir selbst, gesündere Beziehungen zu anderen Menschen herzustellen? Was kann ich tun, um in allem, was ich tue, effektiver zu sein und mehr Spaß am Leben zu haben, während ich spüre, wie ich mich verbessere? Das sind Dinge, an denen ich wirklich interessiert bin. Vergessen Sie nicht, Gesundheit betrifft unsere Arbeit, unser Lieben, Spielen und Denken.

Dass man selbst das Problem im eigenen Leben darstellt, soll nicht heißen, dass andere Menschen keine Stressoren wären. Aber wenn ich sie zu DEM Problem hochstilisiere, dann konzentriere ich meine Aufmerksamkeit und Energie darauf, sie zu ändern. Ich verbrauche enorm viel Energie und bekomme eine kümmerliche Rendite für meine Energie-Investition. Wenn ich mich selbst motiviere, mich zu ändern, erhalte ich eine viele bessere Rendite.

Das Unbehagen, das man spürt, wenn man unter Stress steht und in negativer Weise reagiert, kann lehrreich sein. Im besten Fall möchte ich das Unbehagen als ein Alarmsignal dafür sehen, dass ich mich ändern muss. Da die wohlbekannten Stressoren in meinem Leben sich nicht ändern werden, möchte ich allmählich auf gesündere Weise reagieren. Das wird nicht leicht sein. Nur ein Scharlatan würde behaupten, dass es leicht sei. Es ist leichter, weiterhin die Rolle des Opfers zu spielen. Aber das ist eine ohnmächtige Rolle. Und es ist eine Krankheitsfalle.

Doch eine durch Stress verursachte Krankheit zu verhindern ist erst der Anfang. Wenn auch ein guter Anfang. Am Ende jedoch steht das Ziel, die Ungerechtigkeit des Lebens, die Stressoren auf der Lebensreise als Stimulus für Wachstum und emotionale Reife zu nutzen.

3.

Von Mäusen (oder Ratten) und Menschen

Lassen Sie uns betrachten, wie die Opferrolle mit ungesunder Normalität zusammenhängt. Dazu werden wir ein bisschen Wissenschaft betreiben. Wir nehmen zwei genetisch identische Ratten – nennen wir sie Ratte 1 und Ratte 2 – und setzen sie in zwei identische Käfige. Wir geben beiden Ratten gleichzeitig gleich hohe Stromstöße.

Beide Ratten haben Drähte um den Schwanz. Die Drähte sind mit einem Stromgenerator verbunden. Ratte 1 hat eine Taste in ihrem Käfig, die mit dem Gerät verbunden ist. Wenn sie einen Stromstoß erhält, kann sie die Taste drücken und den Stoß beenden. Ratte 2 hat ebenfalls eine Taste in ihrem Käfig, die aber keine Verbindung mit dem Generator hat. Damit ist es gleichgültig, was sie tut. Es ändert sich dadurch nichts.

Wir werden die Ratten nach einem Zufallsprinzip drei Wochen lang Stromstößen aussetzen. Ratte 1 kann den Strom selbst abstellen und – dies ist wichtig zu beachten – unterbricht damit auch den Strom für Ratte 2. Um Erleichterung zu erfahren, muss Letztere darauf warten, dass ihre besser ausgestattete Partnerin den Strom abschaltet.

Die Stromstöße erfolgen unregelmäßig. Stellen Sie sich vor, was das für Ratte 2 bedeutet. Sie befindet sich in ihrem Käfig, schläft und isst. Und plötzlich erhält sie aus heiterem Himmel diesen elektrischen Blitz in ihre INbox. Was ist ihre erste Reaktion? Sie will weg von diesem schmerzhaften Stimulus und versucht den Ort zu wechseln. Sie sucht einen anderen Platz im Käfig auf, oder? Ist sie dort aber sicher?

Nein. Warum nicht?

Weil der Draht an ihrem Schwanz befestigt ist. Wo immer sie hinläuft, er folgt ihr. Sie läuft dorthin, wo sie sich sicher glaubt, und erhält erneut einen Stromstoß. Es ist wie in einer schlechten Beziehung. Wir bekommen, bildlich gesprochen, einen Stromstoß und sagen uns: »Nichts wie weg hier.« Dann geraten wir in eine neue Beziehung. »Mist, es ist die gleiche Person mit einem anderen Namen. Ich dachte, ich hätte dich hinter mir.«

Wenn die andere Person das Problem ist, dann kann es ratsam sein, ihn oder sie zu verlassen. Doch wenn ich selbst das Problem bin, was kann ich aus dieser gescheiterten Beziehung lernen? Was kann ich aus dieser Erfahrung für Schlüsse ziehen, sodass ich in der nächsten Beziehung gesündere Entscheidungen treffe?

Wir setzen die Ratten drei Wochen lang zu unterschiedlichen Zeiten ausgelösten Stromstößen aus. Am Ende der drei Wochen holen wir sie aus ihren Käfigen heraus und setzen sie ins Wasser. Was macht Ratte 1 im Wasser? Sie schwimmt herum und sucht nach einem sicheren trockenen Stück Boden unter den Füßen, weil sie dank ihrer Mühe gelernt hat, dass sie ihr Schicksal beeinflussen kann.

Was macht Ratte 2? Wie reagiert sie im Wasser? Sie versucht nicht, sicheren Grund zu erreichen. Sie strampelt einfach im Wasser herum und versucht, ihre Nase über Wasser zu halten, um nicht zu ertrinken. Wir nehmen sie heraus, bevor sie untergeht. Warum ist sie nicht darum bemüht, sicheren Boden zu erreichen? Weil sie gelernt hat, dass es keine Rolle spielt, was sie tut; es macht keinen Unterschied. Warum sich bemühen? Es würde ohnehin nichts bringen. Dies ist eine deprimierte Ratte.

Nachdem sie im Wasser waren, untersuchen wir die beiden Ratten. Ratte 1 ist gesund, doch Ratte 2, die deprimierte, hat Geschwüre. Beide Ratten wurden mit der gleichen Menge an Stromstößen konfrontiert. Was erklärt den Unterschied?

Ratte 1 hat Kontrolle gelernt. Fand die Kontrolle auf der Ebene des INput statt oder als Reaktion auf den INput? Als Reaktion auf den INput. Hat aber die Fähigkeit, den Stromstoß abzustellen, sie davor bewahrt, dass er wiederkommt?

Nein. Die Stromstöße kamen weiterhin drei Wochen lang in zufälliger Abfolge. Das ist eine sehr kranke Lebensumwelt. Ratte 1 blieb gesund, obwohl die Welt sie sehr ungerecht behandelte. Sie wurde gestresst, aber zugleich hatte sie eine Einwirkungsmöglichkeit. Ratte 2 jedoch war in einer ohnmächtigen Rolle, in der Rolle des Opfers. Und in der Rolle des Opfers wurde sie krank.

Wenn normal ungesund ist, dann heißt das, dass die Umwelt, in der wir funktionieren – zu Hause, unterwegs und bei der Arbeit –, zwar normal sein mag, aber nicht besonders gesund. Wie können wir in krank machenden

Umwelten gesund sein? Das ist die Schlüsselfrage. Wie können wir gesund sein, wenn andere Menschen es nicht sind?

Wir müssen tun, was wir können, um der Opferrolle zu entgehen. Wir müssen uns selbst Einwirkungsmöglichkeiten verschaffen, auch wenn andere es nicht tun. Wir müssen unsere Aufmerksamkeit und Energie dahin lenken, wo wir Gestaltungsmacht und Kontrolle haben. Dann können wir aus unseren alten, vorhersagbaren Mustern ausbrechen und beginnen, unser Leben kreativ zu leben, auch wenn andere es nicht tun. Das mag zwar nicht normal sein, aber es ist gesund.

4.

Der Höhlenbewohner lebt noch
(und kann uns umbringen)

Wenn wir unsere Gefühle ernst nehmen, dann werden wir merken, dass sie uns etwas zu sagen haben. Doch wenn wir so aufs Äußere fixiert sind, dass wir uns wie besessen damit beschäftigen, was die Welt uns angetan hat, verfehlen wir möglicherweise die Botschaft. Die Gefühle sind da, doch weil ANDERE sie in uns ausgelöst haben, verbrauchen wir unsere Energie, indem wir zu erreichen versuchen, dass sie nicht länger Kontrolle über uns haben.

Wenn ich mir sage: »Hey, warum fühle ich mich so?«, kann ich positiver damit umgehen. Ich kann sagen: »Ich will diesem schwierigen Menschen nicht erlauben, mein Verhalten oder meine Stimmung zu kontrollieren. Er versucht, mich zu manipulieren. Was wäre nun in meinem besten Interesse? Was wäre eine gesunde Entscheidung?« In diesem psychologischen Raum kann ich mich für eine bessere Reaktion entscheiden.

Und warum ist es nützlich, dies zu tun? Nun, die negativen Reaktionen, die wir gegenüber stresserfüllten Lebenssituationen entwickeln, sind nicht einfach nur psychologisch. Der Körper ist ein Sklave des Gehirns.

Was zwischen unseren Ohren stattfindet, schlägt sich in einer physiologischen Veränderung des Körpers nieder. Unsere Reaktionen sind psychophysiologische Geschehenseinheiten.

Wenn wir in Stress geraten, gehen spezifische physiologische Veränderungen in uns vor, die uns schlussendlich krank machen können. Warum? Wir sind aufgedreht, bereit zu physischer Aktivität, aber sie kann die falsche Antwort sein. Es ist, als führe man Auto mit einem Fuß auf dem Gaspedal und dem anderen auf der Bremse. Wenn wir so fahren, ist es nur eine Frage der Zeit, bis wir das Auto in die Werkstatt bringen müssen. Das Gleiche gilt für unseren Körper. Wenn wir ihn so fahren, dauert es nicht lange, bis wir mit einer stressgenerierten Krankheit den Arzt aufsuchen müssen.

Die Stressreaktion ist eine Überlebensreaktion. Wenn wir eine Stressreaktion durchmachen, stellt sich unser Körper auf eine Überlebenskampf-Situation ein, und durch einen Adrenalinausstoß werden eine Menge Vorgänge ausgelöst. Wir haben die gleichen körperlichen Voraussetzungen wie unsere Vorfahren, die Jäger und Sammler. Wir wollen einmal zurückschauen und uns überlegen, wie das Leben aussah, als wir Jäger und Sammler waren. Das Lebenstempo war sehr viel langsamer und einfacher.

Nehmen wir an, unsere Vorfahrin geht Beeren pflücken. Plötzlich taucht von der anderen Seite des Buschs eine riesige Bärin auf und zwei Bärenjunge tollen heraus. Das wäre ein überaus stressvoller Augenblick im Leben unserer Vorfahrin und im selben Moment bringt die Stressreaktion ihren Körper auf Hochtouren. Sie schüttet große Adrenalinmengen in ihren Blutkreislauf auf. Und die Vorfahrin mag auch noch etwas anderes verschütten. Ich bin sicher, dass ich das würde. Sie weiß unmittelbar, dass sie sich in großen Schwierigkeiten befindet.

Was tut sie also? Wie wird die Stressreaktion noch genannt? Kampf- oder Fluchtreaktion. Durch die Ausschüttung des Adrenalins hat sie die Energie erhalten, die es ihr ermöglicht, entweder wegzurennen oder mit der Bärin zu kämpfen. Sie rennt davon, doch die Bärin fängt sie. Sie rollt sich zu einer Kugel zusammen, um sich zu schützen, während die Bärin mit ihren Pranken zuschlägt, kratzt und beißt. Dann rennen die beiden Jungbären weg. Mutter Bär lässt von unserer Vorfahrin ab und folgt ihren Jungen.

Unsere Vorfahrin – unsere Ur-, Ur-, Ur-, Ur-, Ur-, Ur-, Ur- ... Urgroßmutter – liegt benommen am Boden. Was ist in dieser kurzen Zeit ihrem Körper widerfahren? Das ganze Drama dauerte nur zwanzig Sekunden. Die Zunahme des Adrenalins erfolgte unmittelbar. Sofort floss das Blut aus der Haut aller Extremitäten in die Muskeln, wo es eine erhöhte Muskelspannung verursachte (Muskeln brauchen Sauerstoff, um Leistung zu erbringen, und der Sauerstoff wird durch das Blut transportiert). Die Muskeln waren damit bereit zu der Extraleistung, die nötig war, um die Gefahr zu überleben, um zu kämpfen oder sich in Sicherheit zu bringen. Weil das Blut in den Muskeln und nicht in der Haut war, erlitt unsere Vorfahrin einen geringeren Blutverlust durch die Kratz- und Beißwunden.

Was für ihren physiologischen Zustand galt, das gilt

auch heute noch für unseren. Heute jedoch, da die meisten von uns nicht mehr täglich mit Bären konfrontiert werden und der Stress kontinuierlicher geworden ist, richten die Nebeneffekte der Überlebensreaktion mehr Schaden als Nutzen an. Die Extraspannung, die wir in unseren Muskeln aufgebaut haben, führt zu Spannungskopfschmerzen ebenso wie Rücken- und Nackenschmerzen und zum Mandibulargelenksyndrom (Costen-Syndrom).

Während der Stressreaktion unserer Vorfahrin geschah noch etwas anderes, das ebenfalls sehr nützlich war. Der Körper besitzt kleine Zellen, die Blutplättchen genannt werden und sich zu Klumpen zusammenballen, wenn ein Mensch in Stress gerät. (Darum empfehlen manche Ärzte, ein Aspirin pro Tag zu nehmen, weil Aspirin eine Verklumpung der Blutplättchen verhindert.) Die Blutplättchen unserer Vorfahrin klumpten zusammen, um zu verhindern, dass sie verblutete.

Was geschah mit ihrem Blutzucker? Er stieg an. Warum? Sie brauchte die zusätzliche Energie. Ihr Blutzucker nahm zu und ihre Blutplättchen ballten sich zusammen. Ihre Atmung ging schneller. Welche Veränderungen fanden noch in ihr statt? Ihr Blutdruck stieg ebenfalls, doch ihr Appetit nahm ab. Ihr Herzschlag beschleunigte sich. Was war mit ihrem Immunsystem? Das ist eine interessante Frage. Sofort trat das Immunsystem in Aktion. Warum? Waren diese Krallen und Zähne steril? Nein. Bakterien waren in den Körper gelangt, also wurden die weißen Blutkörperchen aktiviert, um dagegen vorzugehen. Sofort reagierte das Immunsystem auf die akute Invasion.

Chronischer Stress und das Immunsystem

Was geschieht bei lang anhaltendem Stress? Das Immunoder körpereigene Abwehrsystem wird geschwächt. Wir haben die gleiche Anzahl von weißen Blutkörperchen, doch sie arbeiten nicht mehr so gut. Unter Langzeitstress produzieren die Adrenalindrüsen Corticosteroide, die das Funktionieren des Immunsystems unterdrücken.

Forscher haben die Funktion der weißen Blutkörperchen über längere Zeit untersucht. Bei den untersuchten Personen handelte es sich um Menschen, die seit langer Zeit verheiratet waren. Wenn ein Ehepartner starb, stellten die Forscher zunächst eine vermehrte Tätigkeit der weißen Blutkörperchen in dem überlebenden Partner fest, der dann eine unterdurchschnittliche Tätigkeit der weißen Blutkörperchen folgte.

Was geschah mit dem überlebenden Partner? Was erzählen Menschen, die ihren langjährigen Lebenspartner verloren haben? Sie sind deprimiert. Haben Sie je darauf geachtet, was für eine Sprache sie sprechen? »Also, ich weiß einfach nicht, ob ich ohne sie (oder ihn) weiterleben kann ...« Und wissen Sie was? Ihr Immunsystem hört zu. Es gibt neuerdings ein ganzes Feld in der Medizin, das Psychoneuroimmunologie heißt. In diesem Feld

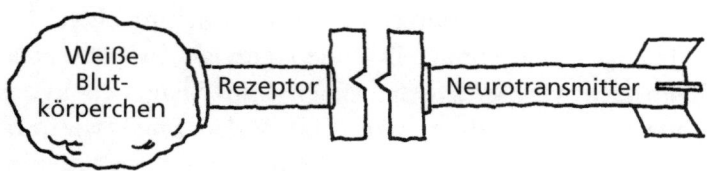

wird untersucht, wie unser psychologischer Zustand und unser Nervensystem mit unserem Immunsystem kommunizieren.

Wenn wir Gedanken denken – erinnern Sie sich an jene negativen Reaktionen –, sondern wir kleine Bündel von Chemikalien ab, die Neurotransmitter genannt werden: Neuropeptide und Neurohormone. Weiße Blutkörperchen haben Rezeptoren für jeden einzelnen Neurotransmitter, den wir produzieren. Warum aber haben wir an den weißen Blutkörperchen, den Kampfzellen unseres Immunsystems, Rezeptoren für Neurotransmitter?

Hier ist die Verbindung von Körper und Geist. Dies ist ein Beispiel dafür, wie die Psyche (Geist) das Soma (Körper) beeinflusst. Die Zahl der weißen Blutkörperchen ist eine wichtige Sache. Doch ihre Funktion, ob sie gut oder schlecht arbeiten, hat sehr viel mit unserem psychischen Zustand zu tun. Jemand hat einmal in einem Buch geschrieben, dass wir uns negative Gedanken nicht leisten könnten. Ich glaube, das ist ebenso übertrieben wie unrealistisch. »O verdammt, ich hatte gerade wieder einen! Welche Krankheit ich jetzt wohl kriegen werde? Ich muss ihn noch ändern. O verdammt, es ist zu spät.«

Diese Geist-Körper-Verbindung in uns beeinflusst alles, einschließlich des Immunsystems. Denken Sie an Krebs. Wir alle haben Zellen, die sich abnorm teilen. Und wir haben weiße Blutkörperchen, die abnorm sich teilende Zellen aufspüren und unschädlich machen.

Ich habe Patienten ein Video gezeigt, in dem eine Krebszelle von winzigen weißen Blutzellen, den Lymphozyten, angegriffen wird. Das Video zeigt, wie auf einer Krebszelle ein Kreis von Lymphozyten ein Loch in die Zellmembran frisst. Innen befindet sich der Zellkern. Wenn die Lymphozyten erst in die Zelle vorgestoßen sind, fressen sie sich durch den Kern und zerstören damit die Krebszelle. Eine Amöbe hat Pseudofüße, die ihre Form verändern und der Amöbe erlauben, durch ihre Umwelt zu schweben. Große weiße Blutkörperchen, die Makrophagen genannt werden, haben ebenfalls falsche Füße, die ihnen ermöglichen, sich um die Reste der Krebszelle herumzubewegen und die Zelltrümmer zu verschlingen. Als Endergebnis bleibt nichts von der abnorm sich teilenden Zelle übrig.

Vielleicht bekommen wir alle die ganze Zeit Krebs, aber unsere weißen Blutkörperchen hindern jene abnormen Zellen an der Teilung und daran, sich endgültig zum Krebs auszubilden. Doch wenn die weißen Blutkörperchen nicht richtig funktionieren, wächst stattdessen womöglich ein Tumor.

Ein weiteres großes Problem sind Herzerkrankungen, die Todesursache Nummer eins in den westlichen Industrienationen. Erinnern wir uns: Wenn wir eine Stressreaktion erleben, drängen sich unsere Blutplättchen zu Klumpen zusammen und unser Blutzuckerspiegel steigt an. Der Blutzucker steigt, um uns mit Extra-Energie zu versorgen, und stellt den Blutplättchen ein klebriges Bindemittel bereit. Jeder hat immer Blutfette oder Cholesterin in seinem Blutkreislauf. Wenn nun der Blutzucker sich auf die Blutplättchen-Klumpen legt, kann sich das Fett um diese klebrigen Substrate anlagern. Und wenn man dann noch einen Defekt in einem Blutgefäß hat, kann sich die Cholesterinplaque dort niederlassen und die Arterien verstopfen.

Akuter Stress und das Herz

Wir können etwa 50 Prozent der Herzerkrankungen mit Risikofaktoren wie Rauchen, erhöhtem Blutdruck, erhöhtem Cholesterin oder einer familiär bedingten Neigung zu Herzerkrankungen erklären. Die anderen 50 Prozent haben wahrscheinlich eine Menge mit Stress zu tun. Diese negativen Reaktionen, die wir hervorbringen, sind normal, aber nicht gesund, nicht nur im psychologischen, sondern auch im physiologischen Sinne. Geist und Körper arbeiten die ganze Zeit im Guten wie im Bösen zusammen. Sich in Richtung positiverer Reaktionen zu bewegen, ist in vielfältiger Hinsicht gesund.

Kehren wir zu unserem geschlossenen Kreissystem zurück: Wo haben wir Macht und Kontrolle? Wenn wir aus der Rolle des Opfers heraustreten, haben wir Macht und Kontrolle darüber, wie wir auf den INput des Lebens reagieren. Mit anderen Worten, wir haben Kontrolle nur über den OUTput. Wenn wir unsere Energie und Aufmerksamkeit auf diesen Teil des Systems richten, dann fokussieren wir uns darauf, wo wir Macht und Kontrolle haben. Ich habe den Verlust von Kontrolle erwähnt. Jedes Mal, wenn wir das Gefühl haben, wir hätten keine Kontrolle über das, was geschieht, ist der Stress übergroß.

Kontrolle – lassen Sie mich ein anderes Beispiel für Kontrolle und Stress geben. In den Sechzigerjahren des vorigen Jahrhunderts unternahm die NASA alle Anstrengungen, Menschen auf den Mond zu befördern. Es gab auch Leute bei der NASA, die andere Projekte verfolgten, doch ihnen wurden die Mittel gestrichen.

Ein sonderbares und trauriges Phänomen trat auf. Intelligente junge Ingenieure, die gerade mal in den Dreißigern waren, starben an Herzerkrankungen. Die NASA bat einen Herzspezialisten mit Namen Robert Elliot herauszufinden, was mit diesen Leuten geschehen war. Als Elliot die Herzen der Verstorbenen untersuchte, entdeckte er gerissene Muskelfasern, so genannte Läsionen des Kontraktionsbands. Eine Läsion ist eine Beschädigung, und ein Kontraktionsband ist einfach eine Muskelfaser. Elliot fand in den Herzen all dieser jungen Ingenieure gerissene Muskelfasern. Er dachte: *Oh, das ist seltsam.* Es war das gleiche Problem, auf das Kardiologen in den Herzen von Menschen stoßen, die an einem Phäochromozytom sterben. Dieser Tumor der Adrenalindrüsen führt dazu, dass der Erkrankte ununterbrochen große Adrenalinmengen ausschüttet.

Elliot nahm an, dass hohe Adrenalinwerte vorgelegen haben mussten, doch die Ingenieure hatten keine Tumore der Adrenalindrüsen. Er stellte sich die Frage, ob Adrenalin allein, auch ohne Tumor, ein Problem sein könnte. Daraufhin injizierte Elliot Laborhunden Adrenalin und Noradrenalin und obduzierte die Hunde später. Er stieß in den Hundeherzen auf gerissene Muskelfasern.

Elliot kehrte zum Ausgangsproblem zurück und entdeckte, dass die verstorbenen Ingenieure nicht am Projekt der Mondlandung beteiligt gewesen waren. Infolge der Budgetkürzungen hatten sie als Lohn für ihre gute Arbeit möglicherweise ihre Entlassung zu erwarten.

Die Ingenieure hatten keinerlei Kontrolle über diesen INput. Wenn das Projekt, an dem sie arbeiteten, erledigt war, war es auch mit dem Geld vorbei. Für einen Ingenieur der NASA in den Sechzigerjahren bedeutete ein Wechsel in eine andere Anstellung einen gewaltigen Schritt abwärts auf der Spirale von Status und sozialer Anerkennung. (Nebenbei: Jene Läsionen werden vom Körper repariert, wenn er die Chance hat, wieder ins Gleichgewicht zu kommen. Wenn Menschen die hektische Aktivität ihres Alltags mit einer Zeit der Ruhe ausgleichen, repariert sich der Körper selbst.)

Wir werden noch darüber sprechen, warum die Ingenieure plötzlich starben, aber zunächst wollen wir uns ansehen, wie ihre Situation der mancher Testpiloten ähnelt. Ich habe schon weiter vorne Technologie als Stressor erwähnt. Testpiloten müssen sehr gesund sein, um Flugzeuge im Versuchsstadium fliegen zu dürfen. Warum heißen diese Flugzeuge so? Die Technologie ist noch nicht vollständig erprobt und hat vielleicht noch Mängel. Ein Testpilot muss folglich strenge Gesundheitsprüfungen über sich ergehen lassen, bevor er diese Flugzeuge besteigen darf. Die Piloten werden manchmal mit Fernmessvorrichtungen verdrahtet, sodass ihre körperlichen Funktionen während des Fliegens überwacht werden können.

Es gibt einen speziellen kleinen Knopf am Gashebel. Das ist der Panikknopf, der den Piloten aus dem Cockpit eines nicht funktionierenden Flugzeugs katapultiert. Was passiert, wenn der Knopf nicht funktioniert? Stellen Sie sich vor, Sie seien der Testpilot. Sie schütten nicht nur große Mengen Adrenalin in Ihren Blutkreislauf, sondern Sie machen sich auch die Hose voll. Sie drücken immer wieder den Knopf, und er funktioniert nicht. Sie haben dann die endgültige Gewissheit, dass Sie sterben werden. Wissenschaftler, die Piloten in dieser Situation untersucht haben, stellten fest, dass das Herz der Piloten zu schlagen aufhörte, bevor sie auf dem Boden aufschlugen. Sie hatten sich buchstäblich zu Tode gefürchtet. Die Autopsien ergaben Läsionen der Kontraktionsbänder. Wie war es dazu gekommen?

Wir hatten zuvor über das Zusammenklumpen der Blutplättchen, über Cholesterin und Blutzucker in Verbindung mit Cholesterinplaque in den Blutgefäßen gesprochen. Diese Abfolge von Tatbeständen kann in einem Herzinfarkt enden. Ein Herzinfarkt tritt ein, wenn ein Blutgefäß, das Nährstoffe und Sauerstoff zuführt, verstopft ist. Der Herzmuskel auf der anderen Seite der Verstopfung stirbt ab. Wenn der Bereich des Muskelgewebes, der abstirbt, groß genug ist, stirbt der Mensch.

Es gibt eine weitere Todesursache, die plötzlicher Herzstillstand genannt wird. Das Herz sendet einen elektrischen Impuls durch seine Muskulatur. Wenn dieser Impuls auf ein Gebiet mit gerissenen Muskelfasern trifft, kann der Herzschlag unregelmäßig, also anormal werden. Zunächst beginnt das Herz schnell zu schlagen. Dann kann sich der Rhythmus der großen Herzkammern, der Ventrikel, in ein so genanntes Kammerflimmern verwandeln. Damit befindet sich das Herz in einem Zustand bloßen Zitterns. Es transportiert kein Blut mehr in die großen Kammern. Und dieses Kammerflimmern führt innerhalb kürzester Zeit zum plötzlichen Herzstillstand und damit zum Tod – maximal innerhalb von drei oder vier Minuten. Aber es kann auch schneller gehen.

Bei der Autopsie von Menschen, die diesen Tod erlitten, weisen die Herzen Läsionen der Kontraktionsbänder auf. Elliot fand heraus, dass die Ingenieure an plötzlichem Herzstillstand gestorben waren. An den gleichen Vorgängen im Herzen, an denen auch die Testpiloten gestorben waren. Dabei bestand der Stress der Ingenieure nicht in einer lebensbedrohlichen Situation – sondern im Verlust ihres Jobs.

Die negativen Reaktionen, die wir gegenüber stresserfüllten Lebenssituationen ausbilden, machen uns krank. Sie können uns in der Tat umbringen. Es mag normal sein, negativ zu reagieren, wenn wir in Stress geraten. Aber es ist offensichtlich nicht gesund.

5.

Ein Netzwerk von Verrückten

Wenn wir uns entschließen, auf gesündere Art und Weise darauf zu reagieren, was das Leben und andere Leute in unsere INbox stecken, dann können wir wachsam sein. Solange die gewöhnlichen stresserfüllten Stimuli sich nicht ändern, können die alten Muster nur durchbrochen werden, wenn wir aufpassen. Der Scheinwerfer unserer Aufmerksamkeit wandert von der INbox zur OUTbox. Die Energie folgt der Richtung unserer Aufmerksamkeit. Indem wir auf unsere Reaktionen Acht geben, gewinnen wir die Energie, die wir benötigen, um eine Veränderung herbeizuführen. Im Gegensatz zu den alten automatischen Reflexen wird damit kreatives Handeln eine unserer Optionen. Reagieren beinhaltet keine Kontrolle. Handeln beinhaltet Kontrolle.

Viele unserer Reaktionen auf Stress-Stimuli sind im Wesentlichen nur Reflexe. Um die Reflexe eines Patienten zu testen, schlägt der Arzt mit einem Gummihammer auf das Kniescheibenband. Dies bewirkt einen Reflexbogen, der vom Knie zum Rückenmark und wieder zurück zum Knie wandert. Das Gehirn ist an diesem Bogen nicht beteiligt. Der Arzt könnte sagen: »Ich möchte, dass Sie sich so stark wie möglich vornehmen, dass Ihr Bein, wenn ich gegen Ihr Knie schlage, ruhig bleibt.« Doch das Denken würde nicht helfen. Das Denken kann Reflexe nicht unterbinden, weil das Gehirn am Reflexbogen nicht beteiligt ist. Der Patient hat dabei keine Kontrolle.

Viele unserer Reaktionen auf Stresssituationen spiegeln eine Aktivität, die sich irgendwo unterhalb der Gehirnebene abspielt. Das Gehirn ist außerhalb des Bogens. Deshalb wird die Kontrolle durch den metaphorischen Hammer ausgeübt, den andere schwingen. Doch wenn wir das erst einmal durchschaut haben, können wir das Gehirn in den Bogen einschalten und die Kontrolle zurückgewinnen. Wir können Maßnahmen ergreifen und durch positive Handlungen unsere Lebensstressoren als Treibstoff für Wachstum und Entwicklung nutzen.

Kontrolle über unseren Reaktionsmechanismus auszuüben bedeutet, dass andere Leute uns nicht mehr so leicht manipulieren können. Wenn wir auf den INput kreativ reagieren, wird das denjenigen, die uns in der Vergangenheit manipuliert haben, möglicherweise nicht gefallen. In der Tat, wenn wir gesünder auf das reagieren, was andere in unsere INbox stecken, werden manche sich fragen, was mit uns nicht stimmt.

Welche Ironie! Wir tun, was gesund ist, und andere Leute wundern sich, was mit uns los ist. Wenn Ihr Kind Sie nicht dazu bewegen kann, ihm mehr Geld zu geben, weil Sie wollen, dass es den Wert des Geldes schätzen lernt, wird es das nicht toll finden. Und wenn Sie dann erklären, dass Sie nur versuchen, auf gesündere Weise zu reagieren, kann das die Antwort hervorrufen:

»Komm, sei wieder krank. Da hast du mir viel besser gefallen.«

Immer, wenn wir anfangen, uns im praktischen Leben anders zu verhalten, ist es, als ob wir einen Stein ins Wasser werfen. Das Wasser wird unruhig. Kreatives Handeln schlägt Wellen, die sich ringförmig ausbreiten und die entlegensten Stellen aufstören. Viele Menschen mögen veränderte Verhaltensmuster nicht, weil sie die indirekten Folgen davon fürchten. Als Frauen damit begannen, aus den alten kulturellen Stereotypen auszubrechen und ihre Rolle auf der Weltbühne zu erweitern, brachten sie das Boot ganz schön zum Schwanken. In den Familien im ganzen Land herrschte plötzlich raue See. Männer mussten sich ihr Essen selbst zubereiten oder hungern. Kinder lernten, Wäsche zu waschen, oder trugen eben schmutzige Sachen. Es war ein Gezeitenwechsel, der bis heute die Küsten der Welt in Atem hält.

Doch diese Veränderung erzwang zugleich einen kulturellen Fortschritt. Manche behaupten, sie stelle den ersten Schritt auf dem Weg zur Zerstörung des Familiensystems dar. Keineswegs. Das Gegenteil trifft zu. Der Status quo wurde überwunden. Aber er musste dringend überwunden werden. Die alten Verhältnisse taugten für eine alte Zeit, es war ein Anachronismus, der sich überlebt hatte. Die Frauen, die sich von ihren kulturellen Fesseln befreiten, präsentierten eine neue Idee, deren Zeit nun gekommen war. Der Widerstand war groß, doch die neue Idee war stärker. Sie bezeichnete eine Abweichung von der Norm, die eine bessere Anpassung an die gegenwärtige Welt beinhaltete. So findet Entwicklung statt.

Die Implikationen dieser Abweichung haben sich über

die Welt ausgebreitet. Gott sei Dank. Doch der Widerstand bleibt groß. »Keine Macht gibt etwas kampflos preis«, sagte Frederick Douglass, der ehemalige Sklave und schwarze Senator, nach dem amerikanischen Bürgerkrieg.

Die Frauen haben diese heroische Aufgabe gemeinsam vollbracht. Sie waren in ihrem jeweiligen Familiensystem auf sich allein gestellt. Aber sie verbündeten sich außerhalb ihrer Kernfamilien, um ein gemeinsames neues Bewusstsein zu bilden. Warum? Weil normal ungesund ist. Selbst Menschen, die uns lieben, wissen oft nicht, wie sie uns gesunde Unterstützung geben können. Die Frauen gingen hinaus aus ihren Familien und trafen sich, um sich die gesunde Unterstützung zu geben und zu holen, die sie für ihre schwere Aufgabe benötigten.

Für den Mut, aus alten Mustern auszubrechen und etwas Neues zu schaffen, bedürfen wir alle der Unterstützung. Für den Mut zur Veränderung und für die Anstrengung, die es braucht, um eine neue Abweichung zu etablieren, ist jeder von uns auf gesunde Unterstützung angewiesen. Warum? Zuerst einmal ist es schwer, etwas Neues und Ungewohntes zu tun. Es ist einfacher, den vertrauten Mustern treu zu bleiben, selbst wenn sie nicht mehr funktionieren und ungesund sind.

Zweitens, wenn wir etwas tun, was wir noch nie zuvor getan haben, ist das nicht nur seltsam, sondern wir können dabei auch auf die Nase fallen. Wie können scheitern. Und schließlich ist es gut möglich, dass unsere Familie, unsere Freunde und Kollegen uns ihre Unterstützung entziehen, wenn wir nicht mehr das tun, was für sie voraussehbar und vertraut ist.

Um den Mut zur Veränderung aufzubringen, brauchen wir Ermutigung. Wenn wir etwas Schwieriges unternehmen, brauchen wir gesunde Unterstützung, die uns, wenn wir scheitern, ermutigt, wieder auf die Beine zu kommen und es von neuem zu versuchen. Wir können von niemandem, auch nicht in der eigenen Familie, erwarten, dass er oder sie dies leistet. Sie wissen vielleicht, wie sie uns helfen können, aber diese Hilfe enthält möglicherweise eine »Wenn-dann«-Klausel, die ungesund ist. Die Bedingungen, die sie an ihre Unterstützungsbereitschaft knüpfen, sind vielleicht zu restriktiv. Womöglich tun sie ihr Bestes aufgrund der kulturellen Informationen, die sie über Beziehungen erhalten haben und darüber, wie man am besten Unterstützung gibt. Sie tun, was sie von den Erwachsenen gelernt haben. Doch wie gelungen waren die Beziehungen der Erwachsenen? Wie gut war die Unterstützung, die sie gaben?

Selbst in unseren primären Liebesbeziehungen enden 50 Prozent der Ehen mit Scheidung. Was keineswegs heißt, dass diejenigen, die verheiratet bleiben, notwendig in gesunden, gleichberechtigten, nichtkontrollierenden, liebe- und verständnisvollen Beziehungen leben. Manche Leute sitzen es einfach aus.

»Wie lange sind Sie verheiratet?«

»Wie lange ich verheiratet bin? Weiß nicht ... es kommt mir vor wie gestern. Und Sie wissen, was für ein scheußlicher Tag gestern war! Lassen Sie mal nachdenken, dreißig Jahre. Dreißig Jahre! Vielleicht hatte Milton Berle Recht. Zuerst kommt der Verlobungsring, dann der Ehering, dann der Boxring.« Es ist vielleicht normal, aber nicht gesund. Es ist vielleicht eine normale Unterstützung, aber keine gesunde Unterstützung.

Wenn ich in der Opferrolle bin und von irgendeinem ungerechten INput gequält werde, möchte ich nicht gern in dieser Rolle bleiben. Es ist eine ohnmächtige und uninspirierte Rolle, die nicht gesund ist. Sie macht mich krank. Ich suche gesunde Unterstützung. Wenn ich auf neue Art und Weise auf das Gewohnte meines Lebens reagieren will, bedarf ich gesunder Unterstützung. Aber ich muss aufpassen, wo ich sie suche. Warum? Weil die Menschen nur tun können, was sie kennen.

Jemand könnte mit mir verheiratet sein. Jemand könnte mein Bruder oder meine Schwester sein. Es könnten meine Eltern sein. Jemand könnte mein Freund oder meine Freundin sein und doch nicht wissen, wie er/sie mich auf gesunde Weise unterstützt. Ich muss wählerisch sein. Ich erwarte nicht einfach von jedem, dass er mich gesund unterstützen kann. Warum? Weil normal ungesund ist und die Beziehungsintelligenz, die die meisten Leute mit sich herumschleppen, sie disqualifiziert.

Fokus und Filter

Wissen Sie, wer die erste italienische Ärztin war? Wahrscheinlich haben Sie schon einmal ihren Namen gehört.

Maria Montessori.

Wenn wir an Montessori denken, was fällt uns da als Erstes ein?

Schule. Sie war Pädagogin. *Arzt* hat etymologisch mit Arznei zu tun, während *Doktor* auch Lehrer bedeutet.

Maria Montessori wurde als Doktorin der Medizin keine Ärztin, sondern Pädagogin. Sie war eine geistige Riesin von nicht zu überschätzender Bedeutung, die nicht die ihr gebührende Anerkennung fand.

Montessori schrieb ein wundervolles Buch mit dem Titel *Das kreative Kind: der absorbierende Geist* (Freiburg 1989). Wir kommen mit einem absorbierenden Geist auf die Welt und wir absorbieren durch Wahrnehmen und Versuchen – wir lernen. Das Lernen findet ursprünglich unbewusst statt. Das Organ, mit dem wir lernen, ist das Gehirn. Es ist interessant zu sehen, wie das Gehirn arbeitet. Die meiste Gehirnenergie dient dem Unterbinden von Informationsfluss.

Warum ist es wünschenswert, dass das Organ des Lernens die meiste Energie damit verbraucht, den Informationsfluss aufzuhalten? Durch zu viel Informationen auf einmal würden die Regelkreise unseres Gehirns überlastet. Also macht das Gehirn zwei Dinge. Es filtert manches aus, damit wir den Scheinwerfer unserer Aufmerksamkeit auf eine Sache konzentrieren können. Es erlaubt uns, uns zu konzentrieren, während wir ausfiltern. Wir filtern Dinge aus, sodass wir uns einer anderen Sache zuwenden und uns auf sie konzentrieren können. Wir tun dies von Beginn unseres Lebensfilms an.

Ich möchte Sie bitten, über den Begriff *vorzeitig* frei zu assoziieren: Babys, Tod, Haarausfall …

Woran ich gedacht habe – und ich bin sicher, Sie hätten auch bald daran gedacht –, ist die vorzeitige kognitive Festlegung. Lange bevor wir voll entwickelt sind, noch im Säuglingsstadium beginnen wir, in bestimmten Bahnen zu denken. Kognition bedeutet einfach Denken. Lange bevor wir voll entwickelt sind, nehmen wir vorzeitige kognitive Festlegungen vor. Wir legen uns auf gewisse Wahrnehmungsweisen bezüglich des Selbst und der Welt fest.

Wir funktionieren in einem Beziehungsfeld mit anderen Menschen, wir lernen und wir absorbieren Kultur. Wir haben einen absorbierenden Geist. Wir absorbieren Kultur und geben sie wie einen Staffelstab von einer Generation an die nächste weiter. Die Erwachsenen geben ihn an uns weiter, und wir geben ihn an die nächste Generation weiter. Dabei haben wir manches Gute bekommen, aber auch manches, das wir wahrscheinlich nicht weitergeben möchten. Ich weiß verschiedene Dinge, die ich nicht weitergeben möchte.

Doch zurück zu jenem Lernprozess, dem Prozess der Konzentration und des Ausfilterns: Wenn jemand sich auf eine gewisse Wahrnehmungsweise des Selbst und der Welt festlegt, werden Dinge, die nicht mit den eigenen Neigungen übereinstimmen, ausgefiltert. Das setzt seiner oder ihrer Fähigkeit Grenzen, bestimmte Dinge wahrzunehmen. Diese Grenzen werden Wahrnehmungsgrenzen genannt. Wir sehen bestimmte Dinge, glauben bestimmte Dinge und filtern andere Dinge aus. Und wenn wir nicht glauben, dass etwas möglich ist, dann ist es eben unmöglich.

Wenn wir die vorzeitige kognitive Festlegung vorgenommen haben, dass wir uns in der Nähe einer bestimmten negativen Person schlecht fühlen, was dann? Genau: Es ist ein sich selbst erfüllender OUTput. Dann müssen wir mit dieser Grenze leben. Und so leben wir im Gefängnis unserer Konditionierung.

Ich habe einmal gehört, wie Robert Bly von dem Dichter Rainer Maria Rilke erzählte. Rilke, der Sekretär des Bildhauers Rodin war, schrieb ein bedeutendes Gedicht mit dem Titel »Der Panther«. Kennen Sie es? Haben Sie je im Zoo die großen Raubkatzen beobachtet? Was tun die Raubkatzen? Sie gehen hin und her. Hin und her. Wenn man gegen das Glas klopft, um ihre Aufmerksamkeit zu erregen, was machen sie dann? Sie gehen weiter hin und her.

Sein Blick ist vom Vorübergehn der Stäbe
So müd geworden, daß er nichts mehr hält.
Ihm ist, als ob es tausend Stäbe gäbe
Und hinter tausend Stäben keine Welt.

Der weiche Gang geschmeidig starker Schritte,
Der sich im allerkleinsten Kreise dreht,
Ist wie ein Tanz von Kraft um eine Mitte,
In der betäubt ein großer Wille steht.

Nur manchmal schiebt der Vorhang der Pupille
Sich lautlos auf. – Dann geht ein Bild hinein,
Geht durch der Glieder angespannte Stille –
Und hört im Herzen auf zu sein.

Als die Katze in den Käfig kam, blieb sie anfangs vermutlich stehen, wenn jemand gegen das Glas klopfte. Damals sprang die Katze auf das Glas los. Doch mit der Zeit lernt sie, dass Springen nutzlos ist, und lässt sich nun in ihrem Trott nicht mehr beirren. »Nur manchmal ... geht ein Bild hinein,/ Geht durch der Glieder angespannte Stille –/ und hört im Herzen auf zu sein.«

Warum springen? Warum sich die Mühe machen? Und die Katze geht einfach weiter hin und her.

Die Sache ist nun die, dass wir nicht wie der Panther sind. Der Panther muss warten, bis jemand kommt, der den Käfig öffnet. Wir hingegen können frei sein, ohne dass jemand die Tür aufschließt. Wir haben selbst den Schlüssel, um uns hinauszulassen. Aber es gibt da Dinge, die gegen uns arbeiten. Eines davon ist die Tatsache, dass es sich unangenehm und seltsam anfühlt, wenn man etwas Ungewohntes tut. Können Sie erraten, was viele Gefängnisinsassen tun, wenn sie wieder in Freiheit sind?

Sie gehen gleich wieder hinein.

Haben Sie schon mal den Film *The Shawshank Redemption* gesehen? Ein Häftling namens Brooks sollte entlassen werden, aber er sah seiner Zukunft mit gemischten Gefühlen entgegen. Er glaubte nicht, dass er es draußen schaffen könnte. Er war ein »Anstaltsmensch«. Er hatte keine Unterstützung, um sich auf sein neues Leben vorzubereiten. Also beging er noch im Gefängnis eine Gesetzesübertretung, sodass er da bleiben konnte. Als er schließlich irgendwann doch entlassen wurde, konnte er mit seiner Freiheit nichts anfangen. Als freier Mann nahm er sich das Leben.

Wir brauchen Unterstützung. Wir brauchen gesunde Unterstützung. Wir werden neue Verhaltensweisen lernen müssen, weil die alten vielleicht normal, aber nicht gesund gewesen sind. Welche vorzeitigen kognitiven Festlegungen haben wir vorgenommen und welche Grenzen haben wir unserer Wahrnehmungsfähigkeit auferlegt? Wozu sind wir fähig? Wozu reicht unsere Fähigkeit nicht aus?

Als ich neu in die Highschool kam, nahm ich die vorzeitige kognitive Festlegung vor, dass ich dumm sei. Also
rasselte ich weiterhin in Latein, in Algebra und im
Maschinenschreiben durch. Und in Sozialkunde, Geschichte und Englisch bekam ich bestenfalls »Ausreichend«. Meine beste Note war ein »Befriedigend« in
Sport. Ich hatte die vorzeitige kognitive Festlegung vorgenommen, dass ich dumm sei, und meine Noten waren
der Beweis dafür. Aber ich funktionierte innerhalb von
Grenzen. Und diese Grenzen waren sehr mächtig. Und
wenn man glaubt, man sei dumm, was geschieht dann?
Man verhält sich dumm.

(Bald lernte ich dann, dass ich doch nicht dumm war.
Ich bin langsam, aber lernfähig. Es gibt nichts, was ich
nicht lernen könnte. Vielleicht brauche ich nur länger
dafür als andere. Aber ich habe auch gelernt, dass dies
so gut wie für jeden gilt.)

Frühzeitig in unserer Entwicklung nehmen wir kulturelle Konzepte auf. Wir lernen, aus welchem Blickwin-
kel das Selbst und die Welt anzusehen sind, und wir sind
verdammt sicher, dass wir Recht haben. Unseren Vor-
liebenkatalog fassen wir unter dem Begriff des »gesunden Menschenverstands« zusammen. Haben Sie schon
mal bemerkt, dass der gesunde Menschenverstand für
verschiedene Leute Verschiedenes bedeutet? »Klar, sie
ist'n kluges Mädchen, aber sie hat keinerlei gesunden
Menschenverstand.« Albert Einstein sagte, der gesunde
Menschenverstand sei nichts anderes als eine Sammlung
von Vorurteilen, die wir im Alter von achtzehn Jahren
abgeschlossen hätten. Erinnern Sie sich noch, wie Sie mit
achtzehn schon so ziemlich alles wussten?

Die schwammgleiche Qualität des jungen Bewusstseins trifft keine Auswahl. Wir hatten keinerlei Kontrolle darüber, was wir aufnahmen; wir können mit der Information, die wir bekommen haben, das Bestmögliche tun. Wir können Kultur aufnehmen und wiedergeben, aber wir sind unfähig, sie in eine gesunde Richtung zu lenken. Solange wir die Grenzen unserer eigenen Konditionierung nicht erkennen, sind wir nur fähig, wiederzugeben, was wir in uns angesammelt haben.

Es ist faszinierend, einen phylogenetischen Blick auf diese Dinge zu werfen. Wenn wir uns natürliche evolutionäre Beziehungen ansehen, so finden wir Gruppierungen von biologisch sehr einfachen Lebensformen bis hin zu immer komplexeren Organismen. Und wenn wir in phylogenetischer Perspektive die Entwicklung betrachten, dann sind Flöhe und Fliegen recht weit unten auf der Leiter des Lebens angesiedelt. Stecken wir Flöhe und Fliegen eine Weile lang in ein Glas und versehen den Deckel mit kleinen Löchern. Wir lassen sie eine Weile in Ruhe dort leben und heben dann den Deckel ab. Was werden die Flöhe und Fliegen wohl tun?

Die meisten von ihnen bleiben im Glas. Es gibt nur ein paar Verrückte, die über den Rand hinauswollen. Die meisten bleiben drin, weil das Glas ihre Welt ist. Wir heben die Grenze auf, und sie bleiben bei dem, was sie kennen. Nur ein paar Verrückte gehen oben über den Rand hinaus ins Freie. Wenn Flöhe sprechen könnten, stellen Sie sich vor, was die, die im Glas bleiben, über diejenigen, die abhauen, sagen würden. »Oje, jetzt sind sie wirklich übergeschnappt.« Verstehen Sie: Auf unserem Weg zur Gesundheit, zur Ganzheit, zur emotionalen Reife und

Freiheit können wir keine Unterstützung von denen erwarten, die in dem metaphorischen Glas hocken bleiben.

Tatsächlich kann unser eigenes Wachstum sogar bedrohlich auf die wirken, die in ihrer Entwicklung stehen bleiben. Sie wollen uns vielleicht zurückholen, weil sie ungern etwas Vertrautes verlieren, während wir uns in etwas begeben, das sie nicht kennen. Deshalb ängstigen sie sich und fragen: *Was stimmt mit dir nicht? Komm wieder zu uns herein.* Und also müssen wir andere finden, die ebenso verrückt sind wie wir.

Richtig. Es braucht ein Netzwerk von Verrückten. Erwarten Sie keine Unterstützung von denen, die in dem metaphorischen Glas bleiben. Wir müssen andere Verrückte finden, die uns unterstützen. Schon ein Verrückter ist viel. Zwei sind besser, drei sind noch besser, vier sind großartig. Und wenn Sie nach anderen Verrückten Ausschau halten, wissen Sie, was dann geschieht? Sie finden sie. Sie finden Verrückte und Sie finden die Unterstützung, die Sie benötigen, aber Sie müssen weiterhin aufpassen und wählerisch sein. Sie können nicht erwarten, dass jemand, der im metaphorischen Glas bleibt, weiß, wie er Ihnen gesunde Unterstützung geben kann. Eher wird er sagen: »Was ist los mit dir?« und die Unterstützung verweigern.

Kleine Fischkunde

Die Macht der Konditionierung und der Grenzen vergangener Lernerfahrungen lässt sich auch am Beispiel von Fischen zeigen. Tun Sie junge Fische in ein Aquarium und teilen Sie das Aquarium mit einer transparenten Scheibe in zwei Kammern. Lassen Sie die Fische sich auf beiden Seiten entwickeln und dann nehmen Sie die Trennscheibe heraus. Wie, glauben Sie, werden die Fische sich verhalten? Sie bleiben auf ihrer jeweiligen Seite. Warum? Diese Seite ist ihre Welt. Hier kennen sie sich aus. Sie tun, was sie gelernt haben. Sie sind zur Fischschule gegangen. Was geschah, als die Trennscheibe eingesetzt wurde? Sie taten sich weh. Sie stießen mit ihren kleinen Fischköpfen gegen die harte Scheibe und lernten, diese Grenze nicht zu überqueren. Sie blieben im sicheren Bereich und taten, was sie gelernt hatten.

Wie mächtig sind diese Grenzen? Nehmen wir Hechte und setzen sie auf die eine Seite sowie Elritzen, Futter für die Hechte, auf die andere Seite. Dann lassen wir die Fische sich wieder an ihre jeweilige Seite gewöhnen. Die Hechte sehen die Elritzen. Was tun sie? Sie stoßen mit ihren Köpfen gegen die Scheibe, wenn sie versuchen, an ihr Essen zu kommen. Sie lernen, dass es sich um einen Trick handelt. Und nun nehmen wir die Trennscheibe wieder heraus. Schwimmen die kleinen Fische hinüber, um den Hechten einen Besuch abzustatten? Nicht die Spur. Sie bleiben auf ihrer Seite. Und ebenso verweilen die Hechte auf der ihren ... und hungern: Sie tun eben, was sie gelernt haben. Sie hungern angesichts des Überflusses von Nahrung. Indem sie tun, was sie gelernt haben, wissen sie nicht, wie sie in ihrem eigenen besten Interesse handeln müssen.

Ich glaube, dies lässt sich auch auf die Menschen übertragen. Wir können mit den Informationen, die wir bekommen haben, das Beste aus unserem Leben machen und doch nicht wissen, wie wir in unserem eigenen besten Interesse handeln müssen. Menschen können in einer Beziehung leben, in der sie missbraucht werden, aber sie sind daran gewöhnt. Sie kennen es. Sie malen sich die schlimmsten Szenarios aus, die eintreten werden, wenn sie es wagen, das Ungewohnte zu tun und wegzugehen. Sie atmen, sie haben die gewohnten Brustschmerzen, aber sie atmen. Ihre Symptome – Herzrasen, Rücken- und Kopfschmerzen – lassen sie spüren, dass sie am Leben sind. Sie überleben.

Aber es gibt auch die Möglichkeit, dass Menschen mit Hilfe gesunder Unterstützung in das Neue hinüberschwimmen. Meist besteht das Stressmanagement daraus, bei erhöhtem Komfort auf unserer Seite des metaphorischen Aquariums zu bleiben. Es besteht darin, von negativen Stressreaktionen zu positiveren Verhaltensweisen überzugehen, sodass man den Stress mit gesundem Verhalten meistert. Und wissen Sie was? Wenn Ihre Ehe nicht funktioniert, gehen Sie joggen. Wenn Ihre Beziehung nicht funktioniert, meditieren Sie. Indem wir über die Runden kommen, brauchen wir uns nicht mit dem auseinanderzusetzen, was der Auseinandersetzung bedarf. Wir können Veränderungen vermeiden, indem wir uns mit den Dingen abfinden. Sich mit dem Status quo abzufinden ist die Antithese zur Veränderung.

Was wir wirklich tun wollen, woran ich wirklich interessiert bin, ist etwas anderes, als nur mit dem Status quo auf gesunde Weise über die Runden zu kommen. Ich möchte die Stressoren meines Lebens als Stimulus für Veränderung nutzen. Ich bin interessiert daran, auf die andere Seite des metaphorischen Aquariums zu schwimmen. Ich habe ein Interesse, mich ins Neue vorzuwagen, im Bewusstsein, dass ich gesunde Unterstützung erhalte, wenn ich es tue. Das heißt, ich muss mich mit jemandem treffen, der schon hinübergeschwommen ist und der mich beraten kann. Oder ich suche nach einem anderen Verrückten, der sich mit mir in das Abenteuer stürzt.

Und wir wissen, dass Veränderung möglich ist. Ein guter Therapeut, der mit einem einzelnen Patienten arbeitet, kann diesem helfen, die Reise ins Neue anzutreten. Aber nicht immer bedarf es eines guten Therapeuten. Was Sie vielleicht brauchen, ist das Wissen darum, wie Sie in Ihrem eigenen besten Interesse handeln müssen, und andere Verrückte, die Ihnen gesunde Unterstützung geben können. Andere Verrückte werden Sie ermutigen, das zu tun, was notwendig ist, um gesund zu sein. Um den Mut für Veränderungen zu haben, brauche ich persönliche Ermunterung. Es ist leicht, in alte vertraute Reaktionsmuster zurückzufallen, die mir durch die Kultur eingeprägt wurden.

Die Gefängnistüren sind vergittert, aber sie sind uns so vertraut; das ist unser Zuhause. Man gibt uns drei einfache Mahlzeiten täglich. Damit lässt sich auskommen. Und wir gehen einfach hin und her … Wir sind auf andere Verrückte angewiesen, die uns darauf aufmerksam machen, dass wir wieder einfach nur hin und her gehen.

Es ist wichtig, sich gut auszusuchen, bei wem man nach Unterstützung sucht. Manche Freunde glauben, man hülfe Ihnen am besten, indem man Sie ermutigt, mit dem Freund zusammen in Ihrer gegenwärtigen Situation stecken zu bleiben. »O Mann, ist das schlimm. Ich verstehe gut, dass du schlecht drauf bist. Ich wäre auch schlecht drauf, wenn mir das passieren würde. Und weil ich dir helfen will, sorge ich jetzt dafür, dass es mir auch schlecht geht. Ich helfe dir, das Tief zu halten. Komm, vielleicht können wir den ganzen Tag ruinieren.« Auweia, vielen Dank ... oder besser: Nein, danke.

Wenn Ihnen aber jemand erzählt, was und wie Sie alles machen müssen, wollen Sie wissen, ob es sich um gesunde Unterstützung handelt. Ich glaube, was Sie wirklich suchen – was ich suche –, ist jemand, der oder die wie ein Spiegel zeigt, was er oder sie sieht. Wenn ich in einer Sackgasse stecke, dann möchte ich, dass dieser Mensch mir das ehrlich sagt. Aber ich will nicht nur Ehrlichkeit. Ehrlichkeit allein ist scharf wie eine Messerklinge. »Du willst, dass ich ehrlich bin. Also ich gebe dir Ehrlichkeit!« Ich will, dass Ehrlichkeit und Einfühlungsvermögen Hand in Hand gehen. Ich will, dass ein bisschen Wärme aus dem Körper des anderen zu mir spricht. Ich will Wärme spüren. Wenn ich keinerlei Wärme spüre, filtere ich wahrscheinlich das, was er oder sie sagt, aus.

Wenn ich mit Menschen in einer Gruppe arbeite, frage ich immer, wie viele gute Lehrer sie in ihrem Leben gehabt haben. Ich bitte sie, einen Finger zu heben für jeden wirklich guten Lehrer. Ich spreche von professionellen Lehrern in der Schule, die bezahlte Pädagogen sind. (Es gehört zum Normal-Ungesunden, dass ich so gut wie nie jemanden sehe, der beide Hände benutzt.) Was hat diese Lehrer ausgezeichnet?

Sie waren engagiert. Sie waren ihrem Beruf leidenschaftlich hingegeben, und sie kümmerten sich wirklich um ihre Schüler. Heißt das, dass sie immer angenehm waren? Nein. Heißt das, dass sie immer Dinge sagten, die wir hören wollten? Nein! Aber wir spürten ihre Wärme. Wir spürten, dass es ihnen um uns ging. Manchmal kam es auch vor, dass sie uns etwas zutrauten, das wir uns selbst nicht zugetraut haben. Goethe machte eine sehr treffende Beobachtung über den Umgang mit anderen. Sinngemäß sagte er: Wenn wir andere Menschen so behandeln, wie sie sind, dann bleiben sie so. Wenn wir andere Menschen so behandeln, wie sie ihrer Fähigkeit nach werden können, dann werden sie das, was ihren Fähigkeiten entspricht.

Wenn wir nach gesunder Unterstützung Ausschau halten, dann sollte das Netzwerk von Verrückten dafür sorgen, dass wir Ehrlichkeit verbunden mit Wärme finden und das Vertrauen, dass wir uns ändern können, selbst wenn wir scheitern und auf die Nase fallen. Ich beschäftige mich seit Jahren mit dem Material, das ich hier vor Ihnen ausbreite. Ich war ein normaler genesender Mensch, habe lange Zeit aktiv nach einem gesünderen Leben und gesünderen Beziehungen zu mir selbst und anderen gestrebt. Und ich habe auch Fortschritte dabei gemacht. Aber ich leide an psychischer Narkolepsie.

Ich kann in einer Nanosekunde in psychischen Tiefschlaf fallen und alles vergessen, was ich weiß. In kürzester Zeit kann ich wieder zur alten vorhersehbaren reflexartigen Reaktionsweise zurückkehren und erneut in die Opferrolle schlüpfen. Ich brauche gesunde Unterstützung. Und mit dieser Art Unterstützung kann ich tun, was schwerfällt. Ich kann Verantwortung übernehmen, ohne anderen die Schuld für mein Schicksal zuzuschieben. Und wenn ich vergesse, was ich weiß, und in die alten Reaktionsmuster zurückfalle, gibt es nur eins, was ich zu tun habe. Bedürftig sein.

Als Arzt fühle ich mich geehrt, wenn Menschen mir erlauben, sie zu behandeln. Sie gestatten mir, eine Rolle von gewisser Bedeutung in ihrem Leben zu spielen. Raten Sie mal, was ich tue, wenn ich anderen Menschen erlaube, mich zu unterstützen? Ich ehre sie. Ich erlaube ihnen, eine bedeutungsvolle Rolle in meinem Leben zu spielen. Und wissen Sie was? Es gefällt ihnen. Ich gestatte mir also selbst, bedürftig zu sein.

Als Vertreter des medizinischen Berufsstands erwartet man von mir eher, dass ich mich um die Bedürftigen kümmere. Wenn Patienten zu mir kommen, dann erlauben sie mir, meine Befähigung im Dienst anderer einzusetzen. Das trifft umgekehrt auch zu, wenn ich anderen erlaube, mich zu »behandeln«. Ich erlaube ihnen, ihre Befähigung im Dienst eines anderen Menschen einzusetzen. Ob ich psychisch wach bin oder schlafe, mein gesunder Freundeskreis ist immer da, um mich zu unterstützen, wenn ich es brauche. Diese gesunde Unterstützung ermutigt mich, zu der Veränderung zu stehen, die ich in der Welt sehen möchte; sie reicht mir ein Paar Schwimmflossen, damit ich ins Neue hinüberschwimmen kann.

6.

Stress als Treibstoff für Spitzenleistungen

Kehren wir noch einmal zurück zu Goethe: Was sind unsere Fähigkeiten? Wir wissen, dass wir Dinge vermasseln können. Wir wissen, dass wir unter Umständen unseren eigenen Erwartungen oder den Erwartungen anderer nicht gerecht werden. Dass wir negativ auf das Leben reagieren können. Doch wozu sind wir in positivem Sinn fähig? Ich nahm in meiner Kindheit die vorzeitige kognitive Festlegung vor, dass ich dumm sei. Und dann machte ich dumme Sachen. Meine Schulnoten belegten nur, was ich wusste. Es war also wissenschaftlich erwiesen.

Ich ging auf die Medical School, also muss offensichtlich etwas geschehen sein. Was geschah, war Folgendes: Ich machte die Entdeckung, dass ich zwar langsam, aber lernfähig war, jedenfalls nicht dumm. Ich konnte alles lernen: Nur brauchte ich dazu länger als manche andere. Ich fand außerdem heraus, dass eine Menge der »Wahrheiten«, die einem andere Leute erzählen, keineswegs wahr sind, wenn man sie überprüft. Wir alle haben wahrscheinlich Dinge gehört, die wir, ohne sie zu überprüfen, geglaubt haben und die jetzt Teil unseres Glaubenssystems sind. Wir müssen solche Überzeugungen in Frage stellen und prüfen, um dann bewusst zu entscheiden, was wir behalten und was wir abstoßen wollen.

Ein Gramm Vorbeugung wiegt ein Kilo Heilung auf, davon bin ich überzeugt. Ich will nicht darauf warten, dass irgendwann in meinem Leben ein so großer Stressor auftaucht, dass er den Status quo zerstört und mir keine andere Wahl lässt, als etwas Neues zu versuchen. Ich will vielmehr die kleineren, vertrauteren Stressoren in meinem Leben als Stimulus für eine Veränderung nutzen. Auf diese Weise wird sich der Status quo immerfort ändern, denn das Leben wird immer voller Stress sein.

Sie haben vielleicht schon von dem Profigolfer Paul Azinger gehört. Was ist seine Geschichte?

Er bekam Krebs. Er war sehr erfolgreich, sehr gut in seinem Sport. Was sagten die Erwachsenen immer zu uns Kindern, wie wir Erfolg haben könnten? Hart arbeiten.

Harte Arbeit war der Schlüssel zu allem. Als wir aufwuchsen, war harte Arbeit das Geheimnis des Erfolgs.

Haben die Erwachsenen je zu ihren Kindern gesagt: »Wisst ihr, irgendwie spielt ihr Kinder zu wenig. Wenn ihr wirklich vorankommen wollt in der Welt, dann solltet ihr mehr spielen.« Wohl kaum.

Natürlich wird im Leistungssport das Spiel zu Arbeit. Azinger arbeitete hart und wurde ein guter Golfer. Er gewann einen der bedeutendsten Wettkämpfe, das *PGA*-Turnier. Azinger arbeitete hart und war sehr erfolgreich. Dann bekam er Krebs. Ein Jahr nach seiner Erkrankung gab er ein Interview im Fernsehen. Ich sah es zufällig. Was hat er über seine Krebserkrankung gesagt?

Es sei das Beste, was ihm je passiert war.

Das Beste, was je passiert war! Glauben Sie, dass so seine erste Reaktion aussah? Glauben Sie, als der Arzt Azinger mitteilte, dass er Krebs habe, hätte er gesagt: »Krebs? Was für einen? Lymphom. O Mann! Genau den wollte ich haben!« Doch ein Jahr darauf war es die beste Sache von der Welt.

Es war ein signifikantes, umstürzendes Ereignis.

Azinger hatte hart gearbeitet und immerzu einen kleinen weißen Ball über einen grünen Platz in ein kleines Loch getrieben. Und er machte es wirklich famos. Dann plötzlich bekam er Krebs, und der Status quo war zerstört. Er konnte nicht mehr weitermachen wie bisher. Der Scheinwerfer seines Bewusstseins richtete sich auf etwas anderes. Unvermittelt sah er das bisher Vertraute mit neuen Augen. Er sah, was ihm in seinem Leben am wichtigsten war. Vielleicht hatte er bis dahin die Beziehung zu seinen Kindern oder zu seiner Frau nicht genug gepflegt? Die Krebserkrankung trieb ihn in tiefere Beziehungen mit anderen und mit seinen höchsten, innersten Wertvorstellungen. In seiner Reaktion auf den zerstörten Status quo tat er etwas Neues.

Manche mögen sagen, Azinger habe keine Wahl gehabt. Das stimmt nicht. Er hätte die Rolle des Opfers, das arme Ich spielen und in tiefster Verzweiflung verharren können. Ich will nicht auf dieses umstürzende Ereignis in meinem Leben warten. Ich möchte lieber die kleinen Stressoren, wenn sie sich zeigen, als Antrieb benutzen – und zwar so effektiv wie möglich –, um ins

Neue hinüberzuschwimmen. Ich möchte das Leben auf gesunde Weise bewältigen. Aber Bewältigung ist nicht genug.

Ich bleibe in meinem Leben stecken. Dann kann ich gesunde Bewältigungsstrategien benutzen, um das zu tun, was ich bereits kenne, nur auf einem höheren Niveau des Lebenskomforts. Aber ich will meine stresserfüllten Lebenssituationen, die Ungerechtigkeit ihres Auftretens nutzen, um meine Entwicklung voranzutreiben und meine Fähigkeiten zu entfalten. Da normal ungesund ist, ist dies sehr schwierig, es sei denn, wir erleben ein signifikantes Trauma.

Wenn wir unter einer offenkundigen Dysfunktion leiden, wird uns Hilfe zuteil – Behandlungszentren, Selbsthilfegruppen, Krankenhäuser. Doch ohne offenkundige Dysfunktion gibt es zur Zeit kein funktionierendes Netzwerk für uns Verrückte. Wir müssen es erst noch schaffen. Das Netzwerk ist das Sicherheitsnetz. Es ermutigt uns, Risiken einzugehen und gesunde Verhaltensweisen zu erproben, sodass wir uns sicher genug fühlen, der Realität unseres stresserfüllten Lebens ins Auge zu sehen.

Wir sehen es so oft in den Zeitungen und im Fernsehen. Irgendein großes Ereignis oder Trauma ereignet sich. Die Empfänger des INput mobilisieren ihre Energie und finden einen neuen Lebenszweck oder eine neue Leidenschaft, was natürlich fabelhaft ist – aber es ist überaus schade, dass dies als Folge einer Tragödie geschehen muss. Ein umstürzendes Ereignis erlaubt uns in tiefster Hinsicht zu erkennen, dass wir alle im Kern durch unsere Werte verbunden sind. Dann sehen wir über die Unterschiede hinweg, ohne sie zu ignorieren, und erkennen den Wert der Ungerechtigkeit im Leben.

Bill W., der Mitbegründer der Anonymen Alkoholiker, nannte umstürzende Lebensereignisse die schreckliche Gnade Gottes.

Tragödien öffnen das Leben, und Gutes kann daraus erwachsen, was auch häufig geschieht.

Die Menschen werden von den Lebensumständen dazu getrieben, loszulassen und mit voller Kraft in die Wirklichkeit zu springen, und plötzlich ist das Netz da ... oder uns wachsen Flügel.

Der Weg der Liebe ist kein
Leiser Streit.

Die Tür dorthin
Ist Verzweiflung.

Vögel beschreiben große Himmelskreise
Ihrer Freiheit.
Wie lernen sie das?

Sie fallen, und fallend
Wachsen ihnen Flügel.

Der Sufi-Dichter Rumi ist zur Zeit mein Lieblingsdichter. Geboren 1207 im heutigen Afghanistan, verbrachte er den größten Teil seines Lebens im türkischen Konya, am Ende der Seidenstraße. Ein erstaunlicher Dichter. Er verfasste seine Gedichte ganz spontan, manchmal zehn am Tag, und seine Schüler schrieben sie auf. Oft reimten sich mehrere Wörter in einer Zeile. Auch wenn es nicht normal sein mag, so wäre es jedenfalls gesund, einen Band mit Rumis Versen zu besorgen und täglich darin zu lesen. Wenn Sie ihn durchhaben, besorgen Sie den nächsten. Das ist eine fabelhafte Art, mit dem Inbegriff der Gesundheit Kontakt zu halten.

Sufis sind muslimische Mystiker. Die mystische Sufi-Tradition innerhalb des Islam ist sehr stark. Und die Mystiker aller Religionen sprechen die gleiche Sprache. Sie sprechen über die Erfahrung von etwas Gegenwärtigem und nicht davon, dass man einen Lutscher bekommt, wenn man nur laut genug schreit. Eine Definition eines Sufi ist »die Person, die jene Freude empfindet, die aus einer plötzlichen Enttäuschung kommt«. Nun, das ist nicht einfach. Buddhisten kennen den Satz, »freudig am Leid der Welt teilzuhaben«. Ich sprach einmal mit meinem Freund und Mentor Elmer Green darüber und er sagte: »Weißt du, Bowen, das Allerbeste ist, freudig am eigenen Leid teilzuhaben.« Danke, Elmer – hast wieder mal ins Schwarze getroffen.

Die Verzweiflung, der Paul Azinger ausgesetzt war, erlaubte ihm, seine Flügel zu finden und aus dem metaphorischen Glas seiner Konditionierung herauszufliegen. Es ist interessant, wie ein solch signifikantes Geschehen uns aufweckt, sodass wir Acht geben und unsere Energien in neue Richtungen lenken.

Spitzenleistung

Kehren wir zu den Ungerechtigkeiten im Leben zurück und überlegen uns, wie sie uns vielleicht dienlich sein können. Dazu schauen wir uns noch einmal unsere Laborratten an. Diesmal sind es drei genetisch identische Ratten. Ratte 1 und Ratte 2 sind wieder angeschlossen wie im vorhergegangenen Experiment. Ratte 1 kann etwas gegen die Stromstöße tun, Ratte 2 nicht. Ratte 3 hängt ebenfalls an einem Draht, empfängt aber keinerlei Stromstoß, da der Draht mit keinem Stromgenerator verbunden ist. Diese Ratte empfängt in ihrer INbox nicht die Ungerechtigkeit wie die beiden anderen.

Ungerecht geht es allerdings insofern zu, als wir allen drei Ratten Krebs implantieren. Wir werden das Krebswachstum beobachten, um herauzufinden, welche der Ratten sich am besten dagegen wehren kann. Wir geben Ratte 1 und Ratte 2 in unregelmäßigen Abständen Stromstöße, nur Ratte 3 bleibt davon verschont. Wir werden sehen, wie ihre Immunsysteme auf den Krebs reagieren. In Kenntnis des vorangegangenen Rattenversuchs erraten Sie wahrscheinlich, welche der Ratten sich am besten gegen den Kebs zur Wehr setzt. Was glauben Sie, wie die meisten Menschen die Frage beantworten würden, welche der Ratten das geringste Krebswachstum aufweist? (Ratte 3, weil sie nicht so viel Stress erleiden muss wie die anderen beiden.) Welche Ratte aber hätte das größte Krebswachstum? (Ratte 2, die den Stromstößen wehrlos ausgeliefert ist.) Und welche hätte ein mittleres Wachstum? (Ratte 1.)

Das tatsächliche Ergebnis des Experiments zeigt, dass

Ratte 2 das größte Krebswachstum hat, Ratte 1 aber das geringste. Ratte 3, diejenige, die von Stromstößen verschont blieb, ist in der Mitte. Ratte 3 hat ein größeres Krebswachstum als Ratte 1. Ratte 1 ist diejenige, die Gestaltungsmacht hat.

Ratte 1 mobilisiert offensichtlich ein gewisses Potenzial in sich, zu dem Ratte 3 mangels Stresserfahrung keinen Zugang hat. Jedes Mal, wenn wir das Gefühl haben, eine Situation entziehe sich unserer Kontrolle, empfinden wir übermäßigen Stress. Je mehr Kontrolle wir dagegen haben, desto mehr Macht haben wir – nicht nur im psychologischen, sondern auch im physiologischen Sinne.

Das Immunsystem von Ratte 1 funktioniert besser als das von Ratte 3, die überhaupt keine Stromstöße erhält. Warum sind Schmerz und Leid und Ungerechtigkeit in der Welt? Natürlich haben mich Patienten gefragt, und vielleicht haben Sie die gleiche Erfahrung gemacht: »Wenn es wirklich einen Gott gibt, wie kann dann so etwas geschehen?« Ich weiß nicht, welche Antwort ich darauf geben soll. Ich glaube, ich kann hier nur für mich selbst sprechen. Als Arzt bin ich ja kein Gott in Weiß. Aber vielleicht helfen uns Leid und Ungerechtigkeit, mit einem Potenzial in uns selbst in Kontakt zu kommen, das wir anders nicht entdecken würden.

Tatsache ist, dass wir keine Spitzenleistung erbringen können, ohne unter Stress zu stehen. Besser wäre es daher vielleicht, nach dem Zweck oder Sinn zu fragen? Wenn wir nach dem Sinn suchen, finden wir ihn oft und lernen etwas Nützliches für unsere eigene Entwicklung. Nach dem Sinn suchen und ihn finden ist eine Abweichung von der Norm, die uns eine bessere Anpassung an eine ungerechte Welt erlaubt.

Ein bedeutendes Beispiel der Erfahrung von Ungerechtigkeit und der Sinnfindung ist Viktor Frankls *Der Mensch auf der Suche nach dem Sinn*. Frankl, ein jüdischer Psychiater, schrieb diesen Klassiker, nachdem er aus einem Konzentrationslager der Nazis entlassen worden war. Er schrieb das Buch in neun Tagen. Er wollte nicht, dass sein Name darauf stand, denn es ging ihm nicht um Reputation. Das Buch ist sein Geschenk an uns alle. Es handelt davon, was er während zwei Jahren in der Hölle lernte.

Frankl erkannte, dass die Nazis Kontrolle über alles hatten: wann er aß, wann er schlief, wann er arbeitete, wie er arbeitete, welche Kleidung er trug. Sie entschieden darüber, was in seine INbox drang. Sie hatten die totale Kontrolle. Nun, fast total. Es gab eine Sache, die sie nicht kontrollieren konnten: seine Einstellung gegenüber dem, was ihm widerfuhr. Und indem er sich auf diese eine Sache konzentrierte, die er selbst in der Hand hatte, nämlich wie er auf den INput reagierte, fand Frankl Sinn. Er fand Sinn unter den entsetzlichsten Umständen.

Wenn Frankl dies in einem Konzentrationslager der Nazis schaffte, was ist dann mit uns? Wir leben vergleichsweise im Schlaraffenland. Wenn wir darüber nachdenken, was ein großer Teil unseres Planeten in diesem Moment durchmacht, dann geht es nicht um Zentralheizung und fließend warmes Wasser. Wir leben im Überfluss. Eine Hälfte unseres Planeten hat noch nicht einmal ungehinderten Zugang zu Trinkwasser, zu schweigen von warmem Wasser aus dem Wasserhahn. Wir genießen die Annehmlichkeiten eines sehr hohen Lebensstandards. Was aber tun wir? Wir spielen die Rolle des Opfers.

Wo liegt der Sinn? Wir haben eine zielorientierte Gesellschaft, in der jeder nach Erfolg strebt. In einem Vorwort zu einer späteren Auflage seines Buchs bemerkte Frankl, dass von *Der Mensch auf der Suche nach dem Sinn* (Freiburg i. Br. 1972) viele Millionen Exemplare verkauft worden seien, mehr als von jedem anderen seiner Bücher. Für ihn war dieser Erfolg eine Ironie, da er noch nicht einmal seinen Namen hatte darauf setzen wollen. Er wollte nicht im Scheinwerferlicht der kollektiven Aufmerksamkeit stehen.

Vielmehr wollte Frankl erreichen, dass die Menschen sich mit dem Inhalt beschäftigten und den Scheinwerfer ihrer Aufmerksamkeit auf sich selbst und auf ihre Einstellung gegenüber dem Leben richten. Zwar stand schließlich doch sein Name auf der Titelseite des Buchs, aber ursprünglich hatte er auf dem Einband gefehlt.

Frankl schrieb das Folgende über seine Erfahrung mit Erfolg und Glück:

»Wieder und wieder ermahne ich deshalb meine Studenten in Europa und Amerika: Strebt nicht nach Erfolg – je mehr ihr danach strebt und ihn zum Ziel macht, je mehr werdet ihr ihn verfehlen. Denn Erfolg, wie Glück, kann man nicht erzwingen; sie müssen sich ergeben ... Glück muss sich von selbst ergeben, und das Gleiche gilt für Erfolg: Man muss ihn geschehen lassen, ohne sich darum zu kümmern. Ich möchte, dass Sie darauf hören, was Ihre innere Stimme Ihnen zu tun befiehlt, und dass Sie es nach Ihren besten Möglichkeiten zu tun versuchen.«

Interessante Vorstellung. Vielleicht ist Glück wie Erfolg. Es kommt exakt deshalb zustande, weil wir uns keine Gedanken darüber machen. Wenn wir uns darauf konzentrieren, unmittelbar glücklich zu werden, suchen wir nach einem »Patentrezept«, welches das Ziel zu garantieren scheint. Wir konzentrieren uns auf den INput. Was haben wir in den USA zwischen fünf und sieben Uhr am Nachmittag? Happy hour! Alkohol ist das Mittel Nr. 1 zur Stressbewältigung in unserer Kultur. Und er erfreut sich weltweit großer Beliebtheit.

Wenn wir direkt nach Glück streben, bewegen wir uns in Richtung Sucht und Abhängigkeit. Das ist unvermeidlich. Das Problem dabei ist, dass es in einem gewissen Grade funktioniert. Es ändert tatsächlich die Art, wie wir uns fühlen. Es ändert die Stimmung.

Doch die Idee, unser Leben auf gesunde Weise zu leben, auf eine Weise, die mit Erfüllung zu tun hat, bedeutet, dass wir die Fülle des Lebens erfahren wollen. Das heißt, das volle Maß an Freude und auch das volle Maß an Leid. Sich besser fühlen heißt in Wirklichkeit, die Gefühle besser fühlen und nicht den Schmerz wegmedikamentieren. Schmerz erfahren erlaubt uns, durch unsere eigene Lebenserfahrung eine Verbindung zu anderen Menschen herzustellen, die sonst unerreichbar für uns geblieben wären. Und diese Verbindung ändert etwas in uns. Wenn wir dem Leid der Menschheit ausgesetzt sind, können wir unseren Kopf nicht in den Sand stecken.

Aktive versus passive Willenskraft

Da wir gerade von Stressbewältigung sprechen, ein Wort zum gesunden Umgang damit. Sagen wir, wir können keinen Alkohol mehr trinken. Wir können nicht länger auf die Droge unserer Wahl zurückgreifen, ja, wir müssen auf jede stimmungsverändernde Substanz oder Aktivität verzichten. Wir haben unser altes Mittel zur Stressbewältigung verloren; wir verfügen nicht mehr über das Mittel, das uns half, mit dem Stress fertig zu werden. Es muss durch etwas anderes ersetzt werden.

Wie stellen wir die Stressreaktion ab und die Entspannungsreaktion her? Tatsächlich können wir lernen, dies ohne chemische Substanzen zu tun. Unser Körper erzeugt ununterbrochen chemische Substanzen; wir sind kleine Chemiefabriken. Wir können lernen, entspannende Chemikalien zu produzieren, ohne Pillen zu schlucken. Ein Mittel dazu ist das Biofeedback. Was wir in Stresserholungs-Workshops lernen, ist Selbstberuhigung. Wir reden über Psychophysiologie und die Verbindung von Geist und Körper.

Ich gebe den Leuten im Workshop ein kleines Biofeedbackgerät, das sie an einem Finger befestigen. Das Gerät zeigt ihnen digital ihre Hauttemperatur an. Wenn sie sich entspannen, werden ihre Hände wärmer. Warum? Weil Blut aus den Muskeln abfließen kann, da es weder für Kampf noch für Flucht gebraucht wird. Wenn wir uns entspannen, brauchen wir keine Kraft, und also fließt das Blut aus den Muskeln in die Haut, und unsere Hände werden warm.

Wir können uns nicht vornehmen, unsere Hände zu

wärmen. Einfach sagen: »Also, ich lasse jetzt meine Hände warm werden. Die werden jetzt richtig warm.« Damit setzen wir uns nur unter Druck und wahrscheinlich kühlen sie eher ab. Wir müssen aufhören, uns anzustrengen, damit Wärme in unsere Hände fließt.

Wir wollen, dass etwas geschieht, in diesem Fall, dass unsere Hände warm werden. Aber wir können es nicht erzwingen. Der Teil unseres Willens, den wir jetzt trainieren, wird passive Willenskraft genannt. Aktive Willenskraft, der aktive Aspekt des Willens, ist der dominierende Teil von uns: »Jetzt gehe ich los und sorge dafür, dass das passiert, da werden sich alle mal umschauen.«

Passive Willenskraft, der passive Aspekt des Willens, schafft die Voraussetzungen, dass etwas geschehen kann, und es geschieht. Es geschieht nicht durch Willensanstrengung (nicht aktiv), sondern weil wir es geschehen lassen (also passiv). Mit einem Wort: Es geht um Loslassen. Oder mit einem anderen Wort: Hingabe.

Ich denke, das ist ein wichtiger Punkt. Eine gewisse Freiheit resultiert daraus, dass wir Dinge in ihrem eigenen Rhythmus geschehen lassen und nicht durch die aktive Einwirkung unserer Willenskraft. Wir wissen, dass Suchtabhängige mit ihrer Willenskraft nichts an ihrem Suchtverhalten ändern können. Bei ihnen geht es nur darum, Hilfe zu bekommen.

Müssen wir warten, bis wir Hilfe bekommen? Nein. Wenn wir Entspannung als Lebenstechnik erlernen, dann können wir etwas tun, um uns selbst zu helfen. Was, glauben Sie, geschieht, wenn Menschen einfach eine Weile still da sitzen? Sie nehmen Kontakt auf.

Anthony de Mello sagt in *Eine Minute Weisheit*: »Stille ist nicht das Fehlen von Geräusch, sondern die Abwesenheit des Selbst.« Wir leeren das Selbst und nehmen Kontakt auf – zu wem oder was?

Es besteht die Möglichkeit, dass sich vielleicht irgendein Kontakt ergibt. Darüber haben wir keine Kontrolle. Mein Freund Don Campbell stand jeden Morgen früh auf und verbrachte eine Stunde damit, still zu sein. Er las eine Weile, und dann saß er einfach still. Er sagte, er ginge in Gottes Wartezimmer. Er ging dort hinein und wartete. Manchmal ließ Gott sich blicken, manchmal nicht. Aber immerhin: Er war im Wartezimmer, für alle Fälle. Wenn wir aufhören, andere Dinge zu benutzen, um das Loch in uns zu füllen, tritt Gott ein. Es ist wirklich ein göttlich geformtes Vakuum. Wir leeren das Selbst vom Selbst. Was bleibt übrig?

Aktive Willenskraft ist der egozentrische Teil von uns, der will, dass die Dinge nach unserer Pfeife tanzen. Herrschaft und Macht schwingen da mit. Wenn wir diesen Teil von uns *entleeren*, dann sind wir *offen* dafür, dass etwas anderes das Vakuum füllen kann:

Krüge voll Frühlingswasser reichen
Nicht mehr. Führ uns zum Fluss hinunter!

Das Gesicht des Friedens, die Sonne selbst.
Kein schlüpfriger, wolkengleicher Mond mehr.

Gib uns einen klaren Morgen nach dem andern
Und den, dessen Arbeit unvollendet bleibt,

Der unsere Arbeit *ist*, wenn wir schwinden, müßig,
Obwohl beschäftigt, leer und offen.

Mit unserem eigenen Schmerz und Leid versucht das
Leben vielleicht nur, unsere Aufmerksamkeit zu gewinnen. Vielleicht ziehen wir einen Gewinn aus der Erfahrung, ähnlich wie Ratte 1. In der Physik, wie im Leben
allgemein, gibt es potenzielle und kinetische Energie.
Potenzielle Energie ist ruhende Energie. Kinetische Energie ist Energie in Bewegung. Ich glaube, dass wir potenzielle Energie in uns ruhen haben. Wenn wir gesunde
Unterstützung erhalten und uns darauf konzentrieren,
gesunde Dinge zu tun, bringen wir etwas, das vielleicht
in ruhendem Zustand war, in Bewegung.

Ratte 1 hatte starke Stressoren: Zunächst war sie den
Stromstößen ausgesetzt und dann kam die große Krise,
nämlich Krebs. Aber ich glaube nicht, dass wir »die große Krise« brauchen, um unser Potenzial zu ergreifen und
es in Bewegung zu bringen, um es zu aktivieren. Wenn
wir unsere alltäglichen Stressoren nutzen können und
keine Opferrolle spielen, dann können wir mehr von
unserem Potenzial anzapfen.

Woher willst du wissen, wie schwierig es ist,
Ein Mensch zu sein, wenn du immer
Zur blauen Perfektion abhebst?

Wo willst du deine Trauersamen pflanzen?
Wer arbeitet, braucht Erde zum Hacken und Graben,
Nicht den Himmel unbestimmter Sehnsucht.

Noch einmal: Wir haben das Recht, zu klagen, zu murren, zu jammern, weil das Leben ungerecht ist. Wir verweigern denen, die leiden, nicht unser Mitgefühl. Aber man kann mit Menschen, die leiden, zusammen sein, ohne nur dafür zu sorgen, dass sie in ihrem Elend nicht zu Grunde gehen. Es geht vielmehr darum, ihnen zu erlauben, Kontakt aufzunehmen, eine Verbindung mit dem Sinn, dem Sinn für sie in ihren gegenwärtigen Lebensbedingungen.

Und manchmal brauchen Menschen schlicht nur dies, Kontakt aufzunehmen, und gewinnen dadurch eine neue Wahrnehmungsfähigkeit, die ihnen hilft, gesündere Entscheidungen zu treffen. Dann können sie ihre eigene potenzielle Energie in Aktivität verwandeln und ihre »Trauersamen« pflanzen.

Der erste Teil
des Films

7.

Wir Lenker des Universums

Betrachten wir das Leben als Film. Zu Beginn beziehen wir uns auf das Außen, sind nach außen fokussiert. Wir lernen in Beziehung zu unserer Umwelt zu leben. Wenn das Leben ein Film ist, konzentrieren wir uns auf unsere »Produzenten«. Unsere ganze Aufmerksamkeit gilt ihnen. Wir konzentrieren uns wahrscheinlich sogar nur auf einen Teil eines Elternteils.

Laut Piaget und Freud erscheint die Welt einem Baby als ein Gegenstand zum Saugen. Säuglingsschwestern nehmen bei einem Neugeborenen den so genannten APGAR-Test vor. Sie prüfen Atmung, Pulsschlag, Grundtonus, Aussehen und Reflexe. Sie stecken dem Baby einen Finger in den Mund, um zu sehen, ob es daran saugt. Wenn dieser Reflex nicht einsetzt, hat das Kind einen signifikanten neurologischen Defekt. Also ist die Welt für ein Baby etwas zum Saugen. Wir kommen an und saugen die Welt in uns ein.

Körperliche Nahrung kommt von außen zu uns herein. Und betrachten Sie sich die Dynamik dieses Vorgangs. Wir sind erst leer, dann nehmen wir etwas zu uns und sind voll. Die Leere in uns wird von außen gefüllt.

Wir lernen unbewusst, dass, wenn innen etwas fehlt, dieses Etwas von außen kommen muss, aus der Umwelt. Wir brauchen körperliche Nahrung zum Überleben. Um die Riesen um uns herum darauf aufmerksam zu machen, dass es Zeit ist, den Tank mit Nahrung zu füllen, was tun wir da? Schreien. Und wenn wir schreien, kontrollieren wir die Riesen, die uns füttern.

Also lernen wir zu Beginn unseres Lebensfilms, das Universum zu dirigieren. Haben Sie bemerkt, dass das Dirigieren des Universums eine ziemlich kräftezehrende Arbeit ist? Es ist so anstrengend, all die Planeten in ihrer Umlaufbahn zu halten. Wir schreien. Wir werden gefüttert.

Wir brauchen körperliche Nahrung. Was brauchen wir noch von unseren Eltern? Wir benötigen seelische Nahrung.

Seelische Nahrung ist wie körperliche Nahrung. Sie kommt von außen herein. Was tun wir, um seelische Nahrung zu erhalten? Schreien. Das funktioniert. Es funktioniert am Anfang des Films, aber später funktioniert es nicht mehr. Familien- und Kinderärzte empfehlen Eltern, ihre kleinen Kinder nachts schreien zu lassen, sodass die Eltern ein bisschen Ruhe bekommen. Dann müssen wir andere Wege beschreiten, um seelische Nahrung zu erhalten. Wir lernen, uns unseren Eltern, unseren Produzenten, anzupassen. Wir lernen, wie wir uns zu verhalten haben, wie wir ihnen mit unserem Verhalten eine Freude machen. Daraufhin geben sie uns Wärme, seelische Nahrung.

Alles hängt von unseren Produzenten ab. Wir sind nicht so ausgestattet, dass wir ohne sie bekämen, was wir brauchen. Wir passen uns ihnen an und finden heraus, was wir tun müssen, damit unsere Bedürfnisse gestillt werden. (Damit lernen wir, im Laufe der Zeit so zu werden, dass wir den Bedürfnissen anderer Leute entsprechen.) Der Scheinwerfer unserer Aufmerksamkeit ist nach außen gerichtet. Wir lernen, Menschen zu gefallen. Für unsere inneren Prozesse verfügen wir über ein äußeres Bezugssystem. Wir beziehen uns auf das Außen und vernachlässigen das Innen.

Am Anfang haben wir das Innen keineswegs vernachlässigt. Wir waren sehr anspruchsvoll. Wir standen für uns ein. Wir riefen. Wir schrien. Wir taten alles Mögliche, um zu bekommen, was wir brauchten. Im Laufe unserer Entwicklung haben wir dann gelernt, wie wir uns auf der Weltbühne zu verhalten hatten. Wir lernten, so zu sein, wie andere Leute uns brauchten.

Dies nennt man unterwürfiges Verhalten. Kennen Sie ein anderes Wort für ein unterwürfiges Kind? Wohl erzogen. Braver Junge. Liebes Mädchen. Oh, was für eine kleine Dame du schon bist. Was für ein kleiner Kavalier du bist.

Ein anderer Begriff dafür wäre *unauthentisch*. Oder man könnte auch sagen: *anständig*. Sinn für Anstand zu haben bedeutet, sich dem anzupassen, was in der Umwelt geschieht, und dann zu tun, was richtig ist.

Als Kind war ich Pfadfinder. Ich legte den Pfadfinder-Eid ab: »Bei meiner Ehre, ich werde mein Bestes tun – meine Pflicht gegenüber Gott und meinem Vaterland erfüllen und das Gesetz der Pfadfinder achten; anderen Menschen immer helfen; mich selbst körperlich stark, geistig rege und moralisch aufrecht halten.« Ein Pfadfinder ist vertrauenswürdig, loyal, hilfsbereit, freundlich, höflich, folgsam, fröhlich, sparsam, mutig, sauber und ehrerbietig.

Ein Pfadfinder erfüllt seine Pflichten gegenüber Gott und seinem Vaterland und er hilft anderen Menschen bei jeder Gelegenheit. Vorn in meinem Handbuch befand sich das Bild eines Pfadfinders, der vor der amerikanischen Flagge salutiert. Darunter standen die Worte: »Ich bin an dritter Stelle.« Haben nicht manche von uns Ähnliches im Religionsunterricht gehört? Gott kommt zuerst, dann kommen alle anderen, und an dritter Stelle komme ich? Wir lernen, nach außen hin fokussiert zu sein und das Innere zu vernachlässigen.

Der gute Pfadfinder wird ein echter Gentleman. Als ich aufs College kam, trat ich einer Studentenverbindung bei. Wir mussten etwas auswendig lernen, das sich »der wahre Gentleman« nannte. »Der wahre Gentleman ist ein Mann, dessen Benehmen sich aus Güte und einem ausgeprägten *Sinn für Anstand* speist. Dessen Selbstbeherrschung allen Notsituationen gerecht wird. Der einen Armen niemals seine Armut spüren lässt, den Unbedeutenden niemals seine Unbedeutendheit oder irgendeinen Menschen seine Minderwertigkeit oder Behinderung. Der selbst demütig ist, wenn die Umstände es erfordern, dass er einen anderen erniedrigt. *Der an die Rechte und Gefühle anderer eher als an seine eigenen denkt.* Und der sich in jeder Gesellschaft zu bewegen weiß. Ein Mann, dem die Ehre heilig und bei dem die Tugend sicher aufgehoben ist.« (Hervorhebungen durch den Autor)

Dies wird von der Kultur unterstützt. Wir passen uns

dem an. Wir absorbieren es. Und wir lernen, aufs Außen hin bezogen und unserem Inneren gegenüber unachtsam zu sein. Der Pfadfinder wird ein wahrer Gentleman. Der Pfadfinder lernt: »Ich bin an dritter Stelle.« Der echte Gentleman denkt »an die Rechte und Gefühle anderer eher als an seine eigenen« und hat »einen ausgeprägten Sinn für Anstand«. Wir tun, was anständig ist, aber wir sind unauthentisch.

Wir *unterdrücken* unsere Gedanken und Gefühle, und wir *drücken nur aus*, was sich gefahrlos sagen lässt. Haben Sie diese Erfahrung in Ihrer Familie gemacht? Wissen Sie, was passiert, wenn man seine Gedanken und Gefühle unterdrückt und nur ausdrückt, was sich gefahrlos sagen lässt? Was ist die Folge, wenn man sich selbst unterdrückt? Was tue ich auf psychischer Ebene? Ich setze mich selbst herab, ich *deprimiere* mich.

Wir stoßen uns selbst hinab. Haben Sie von der *Incredible String Band* aus den Sechzigerjahren gehört, die aus den schottischen Highlands kam? Die Leute machten eine hinreißende Musik. Da gab es den Text eines alten Lieds, der etwa so lautet: *Königin Kleopatra, Richard Löwenherz, der Metzger, der Bäcker, der Kerzenzieher, wir sitzen alle im selben Boot. Schwierige Reise bei ruhiger See.*

Das Wetter da draußen ist nicht das Problem. Es ist das Wetter zu Hause, innen drin, unter dem Dach, in uns selbst, das für Ungemach sorgt.

Wir suchen nach einem »Patentrezept« für das unfreundliche Wetter im Inneren. Wir suchen nach Mitteln, wie wir dieser Depression und Niedergeschlagenheit Herr werden können. Wir suchen nach Wegen, wie wir uns wieder besser fühlen können. Ein paar Dinge von außen funktionieren zeitweise. Ich spreche hier von Suchtverhalten, von Medikamenten. Statt uns mit dem auseinanderzusetzen, was unsere gegenwärtigen Gefühle uns mitteilen wollen, suchen wir nach dem Patentrezept, das, wie wir gelernt haben, draußen zu finden ist, und wir nehmen es in uns auf.

Anstatt das Boot zum Schwanken zu bringen, indem wir sagen, was wir denken und fühlen, anstatt authentische Risiken einzugehen, bleiben wir lieber im sicheren Bereich. Das Boot zum Schwanken zu bringen widerspricht dem Überlebensgebot.

Ich habe einen wunderbaren Freund, der zufällig Rechtsanwalt ist. Er ist sehr kreativ, spielt fabelhaft Ragtime auf dem Klavier, zeichnet tolle Cartoons. Er ist unglaublich witzig. Aber er arbeitet als Rechtsanwalt, muss eine Familie ernähren und hat sich auf Zwangsvollstreckungsklagen spezialisiert. Obwohl er gut ist in seinem Job, möchte er gern etwas anderes tun. Er möchte gern Mediator werden.

Aber er hat ein Problem. Er sagt: »Ich habe zwei Freunde, die mich nie verlassen. Wo immer ich hingehe, wo immer ich bin, ich wache mitten in der Nacht auf, und sie warten auf mich: Verdrängung und Vermeidung. Stets sind sie da, wo ich auch hingehe. Und wenn ich etwas nicht länger verdrängen kann, dann vermeide ich es.« Vermeidung passt gut zur Verdrängung. Wenn wir sie zusammenfügen, ergibt sich ein regelrechter synergetischer Effekt. Ich bin sehr vertraut mit diesen beiden, wie steht es mit Ihnen?

Aber das ist normal. Gibt es vielleicht irgendeinen

anderen Begriff für diese nach außen fokussierte, innerlich unachtsame, unauthentische, inkongruente, zugleich kontrollierende Form des Verhaltens? *Kodependenz.*

Die Definition der Kodependenz ist die Verankerung in einem äußeren Bezugssystem. Wenn wir in äußeren Beziehungen verankert sind, sind wir auf das fokussiert, was uns umgibt, und werden dadurch zum Handeln getrieben. Der aktiv trinkende Alkoholiker, der vom Schnaps abhängig ist, betritt das Haus und prägt die Stimmung der ganzen Familie. Der Rest der Familie ist in einem äußeren Bezugssystem gefangen, beobachtet die abhängige Person, um ihr eigenes Verhalten danach auszurichten. Kann ich ihm gefahrlos näher kommen, oder sollte ich besser fern bleiben?

Die Laune des Kodependenten wird bestimmt durch denjenigen, der vom Alkohol abhängig ist. Selbst wenn er nüchtern ist, prägt der Trinker die Stimmung der Familie, weil sie immer noch kodependent ist. Wir wurden abhängig (dependent) geboren. Dann wurden wir dazu erzogen, kodependent zu sein. Wir leben unser Leben und versuchen so zu sein, wie andere Menschen uns brauchen. Und wir können sterben, ohne je zu wissen, wer wir wirklich sind. Das ist ein erhebender Gedanke. NEIN!

Ein achtundvierzigjähriger Börsenmakler mit hohem Blutdruck suchte mich eines Tages auf. Wir sprachen über Familiensysteme, auch über Unterwürfigkeit und Kodependenz. Und plötzlich sagte er: »Wissen Sie, worüber Sie da reden, das hat nicht das Geringste mit mir zu tun.« Nach einer Pause: »Denn als ich ein Kind war, lief ich nicht die ganze Zeit herum, um meinen Eltern zu gefallen. Es war nämlich unmöglich für mich, meinen Eltern zu gefallen.«

Ich sagte: »Fahren Sie fort.« Er sagte: »Na ja, ich war Baseball-Spieler in der *Little League*. Ich war ein *Pitcher*, und zwar ein ziemlich guter. In einem Spiel gewann ich neunzehn von einundzwanzig Schlägen.« (Es gibt nur einundzwanzig *Outs* in Spielen der *Little League*.) Ich sagte: »Das ist unglaublich. Das ist nicht nur gut, das ist großartig!«

»Mein Vater war allerdings anderer Meinung. Er sagte: ›Komm, Junge, wir müssen härter arbeiten. Du hast es noch nicht richtig raus, oder?‹« Sie können sich denken, dass es seinem Vater wahrscheinlich darum ging, dass sein Sohn sich nicht allzu viel auf sich selbst einbildete. Vielleicht wollte er nur, dass er nicht aufhörte, hart an sich zu arbeiten.

Der Börsenmakler fuhr fort: »Wir wohnten in Indiana und als ich in die Highschool kam, schaffte ich es, in die Hihgschool-Basketball-Auswahl von ganz Indiana aufgenommen zu werden.« (Wie heißt die Religion von Indiana? Basketball.) »Gleichzeitig ein großer Baseball- und Basketballspieler, das ist einzigartig.« »Mein Vater war anderer Meinung. Er sagte: ›Highschool-Auswahl, Junge, das ist noch keine Universitätsmannschaft. Komm, Junge, du kannst mehr.‹«

Ich sagte dem Makler, dass ich das traurig fände. Er sagte: »Es war nicht so traurig. In den oberen Klassen ging ich nicht mal mehr hin, um mir die Spiele anzusehen.« Ich sagte: »Sie waren ein toller Sportler, sowohl im Baseball wie im Basketball. Sie hätten wahrscheinlich mühelos ein Stipendium bekommen können. Warum haben Sie sich vom Sport abgewandt?« Was glauben Sie, warum er das getan hat? Was immer er auch tat, es war nie gut genug. Das ist verletzend. Wie konnte er sich an seinem Vater rächen, den er nie zufrieden stellte?

Indem er *keinen* Sport mehr trieb. Statt der Unterwerfung wählte er den Trotz. Er rebellierte gegen seinen Vater. Er trotzte der Autorität. Seine Kameraden spendeten ihm Beifall. »Starkes Stück. Ich hätte gern das Gesicht von deinem Vater gesehen, als du es ihm gesagt hast. Echt cool, Mann!«

Die Ironie ist nun, dass Rebellion und Unterwerfung zwei Seiten ein und derselben Medaille sind. Das Bezugssystem für das Verhalten liegt immer noch außen. Und so vernachlässigte der Makler sein Inneres, denn er wollte eigentlich gern in der Schulmannschaft mitspielen. Er nahm auf seine eigenen Bedürfnisse keine Rücksicht; er handelte nicht in seinem besten Eigeninteresse, sondern er verhielt sich seinem Vater und auch seinen Kameraden gegenüber kodependent. Er wollte sich mit der mangelnden Unterstützung durch seinen Vater nicht auseinandersetzen.

Der Makler schlug eine sportliche Karriere aus, um seinem Vater nicht zu entsprechen. Er und sein Vater führten einen Tanz auf, bei dem der Vater die Schrittfolge vorgab. Und während der Sohn gegen ihn rebellierte, unterwarf er sich den Kameraden. Auf diese Weise sind Unterwerfung und Rebellion zwei Seiten derselben Medaille. Der Rebell ist genauso dependent wie das unterwürfige Kind, wenn auch nicht folgsam gegenüber der Autoritätsperson.

Dies sind unsere Wahlmöglichkeiten: braver oder schlechter Junge; braves oder schlechtes Mädchen; gehorsam oder widerspenstig. Dies sind aber nicht genug Möglichkeiten, das ist das Problem. Eine Gruppe Gleichaltriger, in der wir akzeptiert und anerkannt sind, ist eine wunderbare Kompensation für Minderwertigkeitsgefühle. Kinder möchten von einer Gruppe akzeptiert werden. Dann erleben sie die Macht der Gruppe. Indem sie an der Gruppenmacht partizipieren, fühlen sie sich sicherer, wohler.

Eine Neuntklässlerin an der Highschool wird von einem Elftklässler angesprochen, der überdies auch noch in der Football-Mannschaft mitspielt. Was geschieht mit ihrem Status in den Augen ihrer Mitschülerinnen? Er steigt. »Wow! Hast du aber Glück. Er ist so süß.« Sie treffen sich ein paar Mal, und er bedrängt sie, sich sexuell auf ihn einzulassen. Wenn sie sich nicht unterwirft, wird er sie fallen lassen. Was wäre die Folge für ihren Status? Er würde sinken. Also stellt sie sich die Frage: »Tue ich, was er von mir will, um *seine* Bedürfnisse zu befriedigen?«

Ich finde, wir sollten über diese Dynamik sprechen. Es ist eine große psychische Kompensation für die Minderwertigkeitsgefühle des Mädchens, von dem coolen Typen ausgeführt zu werden. Sie fühlt sich daraufhin akzeptiert. Wenn er sie fallen lässt, ist sie es nicht mehr. Wenn ihr Wert von seiner Aufmerksamkeit abhängt, ist sie in dem Moment, da sie sich nicht mehr in seinem Licht sonnen kann, entwertet. Wenn sie sich selbst genug schätzte, könnte sie dem sozialen Druck besser widerstehen. Selbst wenn sie nicht gelernt hat, sich selbst wertzuschätzen, könnte sie, wenn sie die Dynamik dieses Vorgangs durchschaute, eine gesunde Entscheidung treffen.

Die Umwelt liefert das Mittel, um das innere Minus in ein Plus umzuwandeln, sowohl was unsere körperlichen wie unsere seelischen Bedürfnisse anbelangt. All unsere suchterzeugenden Verhaltensweisen haben hier ihre Wurzeln. Sie verändern, wie wir uns fühlen. Chemische Abhängigkeit ist nur eine davon.

Beziehungen können süchtig machen. Der Mann in mittleren Jahren fragt sich, ob er auf Frauen immer noch attraktiv wirkt. Aber es funktioniert beidseitig. Hier ist sie, die Frau von fünfzig Jahren. Jemand will etwas von ihr. Boah! Wie fühlt sich das an? Ziemlich gut. »Er hat wirklich ein Auge auf mich geworfen!« Wir sind darauf geeicht, unseren Wert von anderen bestimmen zu lassen. Warum? Weil wir normal sind. Und wir haben Bedürfnisse, die nicht ausreichend gestillt worden sind. Wir nehmen nicht den Scheinwerfer unserer eigenen Aufmerksamkeit und richten ihn auf uns selbst. Das ist in unserer Wahrnehmung nicht vorgesehen.

Im ersten Teil unseres Films lernen wir, so zu sein, wie die anderen uns brauchen, damit wir ihren Bedürfnissen entsprechen. Wenn wir anderen eine befriedigende Vorführung liefern und sie uns dafür mögen, dann ist das eine fabelhafte psychische Kompensation für jedes Gefühl inneren Mangels. Wenn sie uns mit einem Plus belohnen, dann fühlen wir uns nicht so sehr im Minus. Es hilft uns, uns besser zu fühlen.

In unseren Beziehungen äußern wir vielleicht nur das, wovon wir glauben, der oder die andere möchte es hören. Ich habe gelernt, mich auf das einzustellen, was mit den Leuten um mich her los ist, und zu tun, was »richtig« ist. Und für die Person A sollte ich a sein. Für die Person B sollte ich b sein. Und für die Person C sollte ich c sein. Sie wissen, was ich damit sagen will, oder?

Haben Sie *Zelig* gesehen? Der Held in Woody Allens Film ist ein menschliches Chamäleon. Er ändert die Farbe, um sich der Umgebung anzupassen. Und wenn er sich in der Nähe von Fidel Castro aufhält, dann sieht er plötzlich selbst wie Fidel Castro aus. Wenn wir lernen, so zu sein, wie andere uns brauchen, dann buchstabieren wir uns nach dem Alphabet anderer. Ich weiß, wie man das macht. Und wissen Sie was? Es macht einen fertig.

Es ist kräftezehrend, sich nach dem Alphabet anderer zu buchstabieren. Es ist für mich jetzt mit viel weniger Stress verbunden, ein und derselbe Mensch für alle Leute zu sein. Ich kann das schaffen, wenn ich wach bin und mich wohl fühle mit meiner Unangepasstheit. Aber wenn ich wegdöse und auf Autopilot schalte, dann vergesse ich mich und falle zurück in den Zustand, eine Buchstabensuppe von einem Menschen zu sein.

Shakespeare sagt: »Deinem Selbst bleibe treu.« Aber es ist beileibe nicht leicht, sich selbst treu zu sein.

Was ist schlimmer? Ist es schlimmer, einen Teil von uns aufzugeben, um von anderen Leuten gebraucht und geschätzt zu werden, oder sich selbst treu zu bleiben, wahrhaft man selbst zu sein und damit Gefahr zu laufen, ihre Wertschätzung zu verlieren?

Hier ist das Paradox: Wenn wir versuchen, diejenigen

zu sein, die andere Leute brauchen, wenn wir ihnen gestatten, unseren Rang im Leben zu bestimmen, nimmt unsere Wertschätzung in ihren Augen ab. Sie wird nicht größer. Im Extremfall kommt der »Jasager« heraus.

Hier liegt die Ironie. Wenn wir authentisch, wenn wir wirklich wir selbst sind, stellen andere Menschen, weil es so ungewöhnlich ist, an uns etwas Merkwürdiges, Interessantes fest. Sie sehen in uns vielleicht einen Bilderstürmer oder Exzentriker. Das muss nicht unbedingt negativ besetzt sein. Denken Sie an Gandhi. Er war wirklich, sich selbst treu und gewaltlos. Er führte Indien in die Unabhängigkeit von Englands kolonialer Herrschaft und trug dabei traditionelle indische Kleidung.

Gandhi war in einer Position, in der er die führenden Staatsmänner der Erde traf. Haben Sie je ein Bild gesehen, worauf er einen westlichen Anzug trug? Ich nicht. Glauben Sie, dass jene Staatsmänner sich je hinter seinem Rücken über ihn lustig gemacht haben? Vielleicht haben sie das sogar getan, aber ich glaube nicht, dass ihn das sonderlich beschäftigt hat. Unsere Welt spricht immer noch von Gandhi. Und über welche Leute, die damals dabei waren, wird nicht mehr gesprochen? Die Typen in den Anzügen. Das ist das Paradox. Wenn wir uns darum kümmern, Achtung in den Augen anderer zu gewinnen, werden wir durch unsere Mühen nichts erreichen. Wir betrügen uns selbst. Es ist ein Bluff. Aber wir kaufen den Bluff.

»Als ich mich traute, einfach nur ich selbst zu sein, traten Menschen, die ich wirklich mochte, in mein Leben. Die Menschen, die wirklich in mein Leben gehörten, waren plötzlich da. Und all die anderen Leute, mit denen

111

ich sowieso nicht viel zu tun haben wollte, kamen mir nicht mehr so nahe. Also musste ich sie auch nicht loswerden. Wenn man sich selbst treu ist, lernt man die richtigen Menschen kennen. Mit denen man sich versteht. Gleich und Gleich gesellt sich gern.« Das sagte Alex, eine kluge achtunddreißigjährige Frau, jüngst in einem Gespräch. Man nennt dies das Gesetz der Anziehung.

Ich glaube, da steckt eine Menge Bedenkenswertes drin. Wenn ich an manches zurückdenke, was ich getan habe, dann hatte es sicher mit meinem Ego und dem Wunsch zu tun, von anderen bewundert oder anerkannt zu werden. Wenn das Bild, das ich in den Augen anderer abgebe, mein Hauptinteresse ist, welcher Teil von mir bestimmt dann mein Verhalten? Mein Ego. Ich kann nicht so tun, als ob ich keines hätte. Wir alle haben eines; das gehört dazu. Aber wie können wir ein gesundes Ego haben? Nun, indem wir uns selbst schätzen und uns selbst wert genug halten, um uns in unserem Anderssein wohlzufühlen. Das Motto lautet: Ich bin unmöglich, du bist unmöglich, aber es ist okay.

Von meiner Entwicklung her sehe ich, dass ich Fortschritte gemacht habe. Kürzlich musste ich nach Boston reisen. Ich hatte vor, bei dieser Gelegenheit mit Bob, einem Freund, der bei American Express arbeitet, zu Abend zu essen. Ich habe viel mit Bob zusammengearbeitet, und wir kennen uns recht gut. Auf dem Flug von Kansas City, meiner Heimatstadt, nach Boston trug ich bunte, weite Schlabberhosen. Es macht Spaß, lustige Kleidung zu tragen. Ich sitze im Flugzeug, und jemand sieht mich an und fragt: »Was sind Sie von Beruf?« Und ich sage: »Ich bin Arzt.« Das ist toll.

In Boston angekommen, ging ich ins Hotel und machte mich frisch, bevor ich mich mit Bob traf. Dann dachte ich: *Das Restaurant hat vielleicht gewisse Kleidungsvorschriften. Ich will nicht, dass Bob sich meinetwegen schämen muss.* Ich begann also mich umzuziehen, doch dann dachte ich: *Nein, wir gehen aus und essen irgendwo, wo ich mir darüber keine Gedanken machen muss. Bob ist es sicher egal. Ihm wird meine Kleidung nichts ausmachen.* Diese Szene malte ich mir jedoch nur im Kopf aus.

Die Sache stellt sich allerdings etwas anders dar, wenn wir andere Menschen in unsere Gleichung einbeziehen. Es ist eine Sache, sich selbst auszustellen. Aber es ist etwas anderes, jemand anders ins Rampenlicht zu zerren, der nicht bereit ist, sich einer solchen unbehaglichen Situation auszusetzen. Ich bin durchaus nicht unsensibel in diesen Fragen, aber ich nehme sie wahrscheinlich nicht mehr ganz so ernst wie früher. Ich sehe, dass ich diesbezüglich mehr Entscheidungsfreiheiten habe. Heißt das, dass es mir egal ist, wie ich aussehe? Nun, nicht ganz. Es ist mir nicht egal, wie ich herumlaufe, aber ich habe die Wahl. Und immer öfter entscheide ich mich für lustige Kleidung.

Tragisches versus komisches Ethos

Wir können unsere Erwartungen ändern. Es gibt ein wunderbares Buch von Joe Meeker: *The Comedy of Survival* (Die Komödie des Überlebens). Meeker ist Doktor der Vergleichenden Literaturwissenschaft und früher war er mal Förster. Er ist ein sehr interessanter Mann. Sein Buch handelt eigentlich von unserem Thema, warum normal ungesund ist. Er sagt, dass unser ethisches System einer Kultur entspringt, die ein tragisches Ethos besitzt – ein griechisch-hebräisch-christlich-tragisches Ethos.

Im Theater haben Tragödien sehr hehre Ideale und am Ende des Stücks sind eine Menge Leute tot. Wir können das tragische Ethos durch ein komisches Ethos ersetzen und unsere Erwartungen ein wenig herunterschrauben. Ein großer Teil des Lebens besteht darin herumzulaufen, irgendwo anzuecken, etwas zu lernen und öfter mal zu lachen. Ich finde, Meeker trifft hier einen nicht unwesentlichen Punkt. Aber wiederum ist es schwierig, das Gesunde zu tun, wenn wir im Stress stehen. Wir kommen an die komische Energie nicht heran. Unsere Philosophie lautet etwa: »Tja, das hätte nicht passieren dürfen!« Aber warum eigentlich nicht?

Vielleicht müssen unsere Erwartungen heruntergeschraubt werden. Es gibt Menschen, die eine Therapie mit dem Namen kognitive Restrukturierung machen. Dabei geht es um eine Veränderung unserer Philosophie, unseres Glaubenssystems. Der Therapeut sagt: »Was meinen Sie damit, wenn Sie sagen: Das darf nicht passieren?« Der Patient antwortet: »Tja, es hätte nicht passieren *dürfen*; es war ungerecht.« Dann sagt der Therapeut: »Na schön, aber ist das Leben gerecht?«

Das ist ein irrationaler Gebrauch des Wortes *dürfen*. Wenn wir darauf warten wollen, dass das Leben gerecht wird, dann können wir lange warten. Achten Sie auf sich selbst – auf das, was *Sie* tun, nicht, was andere Leute tun *dürfen*.

Es ist wirklich komisch, wie wir irgendwelchen funktionsgestörten Leuten Zugriff auf unser Verhalten und unsere Gefühlslage erlauben. Aber was war denn unser Glaubenssystem, als wir aufwuchsen? Ein schlechter Apfel verdirbt die ganze Obstkiste. Wir sind keine Äpfel. Aber in etwa so verhalten wir uns in der Nähe schlechter Leute. Wir gestatten ihnen, uns mit ihrer Art von negativer Energie anzustecken. Gegen ihren Bazillus müssen wir uns tüchtig impfen.

Wir können unsere Erwartungen herunterschrauben und dafür auf unserem Weg mehr Grund zum Lachen finden. Unsere Gefühle zeigen uns vielleicht, dass wir einen zusätzlichen Antrieb brauchen. Was kann ich tun, um zu positiveren Reaktionsformen zu kommen? Möglicherweise will ich jetzt im Moment nicht mit dieser bestimmten Person reden. Gerade jetzt will sie mit mir reden; aber ich will jetzt nicht, verstehen Sie. Ich kann sagen: »Ich glaube nicht, dass es gut wäre, dich jetzt zu besuchen. Ich muss meine Gedanken sortieren. Ich bin im Moment verwirrt und ich weiß nicht, worauf das hinausläuft.«

Ist es in Ordnung, verwirrt zu sein? Ist es in Ordnung, nicht genau zu wissen, was wir zu tun haben? Was sagt unser Glaubenssystem darüber? Mit einem komischen Ethos kann ich verwirrt sein, ohne mich schämen zu müssen.

Normalerweise wird erwartet, dass wir Bescheid wissen. Doch wenn wir die Erwartungen herunterschrauben, gestatten wir uns selbst, unsere Verwirrung einzugestehen. Es ist ein großartiges Mittel zur Stressbewältigung. Das garantiere ich.

Von mir als Arzt erwartet man, dass ich, wenn ein

Patient mit einem Problem zu mir kommt, genau das Richtige zu tun weiß. Doch was glauben Sie, was in meiner Arztpraxis schon alles geschah? Patienten kamen herein, und ich hatte keinen blassen Schimmer, was ich mit ihnen anstellen sollte. Da wurde mir Folgendes klar: Menschen sind verschieden; nicht alles stimmt mit den klassischen Beispielen der Lehrbücher überein. Dinge können verwirrend sein, und ich kann mir erlauben, selbst verwirrt zu sein. Ich kann Kollegen nach ihrer Meinung fragen und offen dafür sein, etwas Neues zu lernen. Wenn ich mir hingegen sicher bin, Recht zu haben, bleibe ich innerhalb dessen befangen, was ich schon weiß.

Der Psychologe und Autor Eric Hoffer schreibt: »In Zeiten radikalen Wandels sind es die Lernenden, die die Zukunft erben. Die, die ausgelernt haben, sind ausgerüstet für ein Leben in einer Welt, die nicht länger existiert.« Indem wir uns selbst erlauben, verwirrt zu sein, öffnen wir uns dafür, Neues zu lernen.

Da wir von komischem Ethos sprechen, folgt hier ein Beispiel dafür, wie ungesund normal ist. Jemand niest und jagt Bazillen durch den ganzen Raum und wir sagen: »Gesundheit.« Wann wünschen wir Leuten noch Gesundheit? Nicht, wenn sie krank darniederliegen, nicht, wenn es ihnen schlecht geht, nicht in unserer täglichen Konversation. Sondern nur, wenn sie niesen.

Das ist alles. In meinem Alltag, wenn ich so herumkomme, höre ich nicht viele Leute, die anderen Gesundheit wünschen. Und es kommt mir irgendwie komisch vor, dass wir auf das Niesen warten. »Niesen oder husten Sie? Husten? Oh, Verzeihung, ich hätte Ihnen fast aus Versehen Gesundheit gewünscht.«

Den Teller leer essen

Wenn wir zu positiveren Reaktionsformen kommen wollen, so kann das heißen, dass wir in einen psychologischen Raum vorstoßen müssen, damit es uns gelingt. Einfach eine Weile sich auf neutralem Boden zu bewegen kann sicher hilfreich sein. Eine psychologische Position, die vielleicht nicht normal, dafür aber gesund ist, könnte sich so äußern: »Wer in meinem Leben, meinem stressbeladenen Leben, ist DAS Problem? Andere Leute? Mein/e Ex? Meine Kinder? Meine Kollegen? Mein Chef? Wer ist das Problem? Ich selbst. Ich bin das Problem.«

Steht irgendein Politiker je auf und sagt: »Ich bin das Problem«? Ist Richard Nixon aufgestanden und hat gesagt: »Ich bin das Problem«? Oder ist Bill Clinton aufgestanden und hat gesagt: »Ich bin das Problem«? Nein. Wir sehen nur, dass die einen den anderen Schuld zuweisen: Republikaner beschuldigen Demokraten, Demokraten beschuldigen Republikaner, Konservative beschuldigen Liberale, Liberale beschuldigen Konservative. Wenn nur *sie* sich ändern würden, dann würde alles besser werden. Und in unseren Ehen: »Wenn nur *er* oder *sie* sich ändern würde, dann würde alles besser werden.« In unseren Beziehungen mit Menschen: »Wenn nur *die* anderen sich ändern würden ...«

STOPP! DIE ANDEREN SIND NICHT DAS PROBLEM. ICH BIN ES SELBST. Doch wenn ich das Problem in meinem Leben bin, was bin ich außerdem?

Die Lösung. So ist es.

Aha! Das ist eine wesentliche Erkenntnis. Wenn ich das Problem meines Lebens bin, dann bin ich auch die

Lösung. Was kann ich tun, um gesund zu sein und gesunde Beziehungen zu anderen Menschen zu haben, ohne sie zu ändern? Wie kann ich effektiver tun, was ich tue, und mehr Spaß haben, indem es mir besser geht?

Diese Dinge interessieren mich. Einschließlich der Leistung. Ich neige dazu, mein Soll unterzuerfüllen, und mit Ihnen steht es vermutlich nicht anders. Verglichen mit dem, was wir mit unseren Fähigkeiten leisten könnten, bleiben wir alle hinter unseren Möglichkeiten zurück. Komisch ist nur, dass es gerade die stresserfüllten Lebenssituationen sein können, die uns auf die nächste Ebene der Leistung heben. Erinnern Sie sich an Ratte 1? Ohne Stress können wir keine Spitzenleistung erreichen.

Sind Sie schon einmal befördert worden und haben sich dann stärker unter Druck gefühlt? Sie waren gut in Ihrem Bereich und dann: Dong! Was geschah? Der Chef kam herein und hat Sie befördert. Mist. Jetzt tragen Sie mehr Verantwortung. Aber das ist guter Stress. Unsere Stressoren, die negative Reaktionen hervorufen, können gut (*Eustress*) oder schlecht (*Distress*) sein.

Wenn ich das Problem bin, dann bin ich auch die Lösung. Das heißt, ich richte meine Aufmerksamkeit auf das, was auf meinem Teller ist, und esse es auf. Der Chef legt mir eine neue Aufgabe auf den Teller. Wie kann ich mich am besten auf diesen neuen INput einstellen und eine gesunde Variation als Führungsperson darstellen? Welche Führungseigenschaften früherer Vorgesetzter möchte ich übernehmen? Wen kann ich in diesem neuen Job um Rat fragen?

Ich kann die Leute, denen ich jetzt vorstehe, fragen,

wie ich sie am besten unterstützen kann. Das wird sich etwas merkwürdig anfühlen; sie waren zuvor meine gleichgestellten Kollegen. »Ich bin froh über diesen neuen Stress in meinem Leben, aber ich weiß nicht, wie ich den Job am besten ausfülle, ich bin verwirrt. Ich kriege es schon heraus, aber ich brauche eure Hilfe. Ich habe wie wir alle nur ein kleines Gehirn, aber zusammen haben wir ein großes Gehirn. Helft mir, und ich werde es schließlich schaffen. Ihr wisst doch, ich bin langsam, aber lernfähig. Irgendwann hole ich auf.« Ich glaube, ich werde ihnen sagen, dass ich mich nicht ganz wohl in meiner Haut fühle. Ich werde sie um Nachsicht bitten, dass ich eine Weile brauche, um mich in die ungewohnte Aufgabe einzuleben. Mit ihrer Hilfe werde ich irgendwann die Sache meistern.

Möchten wir in Beziehungen mit anderen Menschen – im übertragenen Sinne – hin und wieder von deren Tellern kosten? Bei unseren eigenen Kindern, dürfen wir da nicht von deren Tellern essen? »Ich habe das Essen bezahlt; lass mich mal probieren.« In einem metaphorischen Sinne tun wir genau das. Wir naschen gegenseitig von unseren Tellern. Wenn ich das esse, was auf meinem Teller liegt, was muss ich dann wohl tun? Mein eigenes Zeug essen.

Wenn ich esse, was auf meinem Teller ist, dann bekomme ich womöglich ein gewisses Völlegefühl oder Verdauungsstörungen und ich fühle mich etwas unwohl. Es schmeckt mir nicht. Warum? Weil ich mich dann vielleicht verändern müsste.

Genau! Es schmeckt uns nicht so gut wie das Essen von jemand anders. Doch wenn ich mich auf meinen eigenen Teller konzentriere, dann stelle ich mich darauf ein, meine Erfahrungen als Brennstoff für mein Wachstum zu nutzen.

Und wenn ich meinen Teller leer esse, dann muss ich möglicherweise mein Verhalten und meine Reaktionsweisen ändern. Das Wunderbare an uns, das, was uns von den Tieren unterscheidet, ist die Fähigkeit zur Veränderung. Aber das ist mit Stress verbunden! Es ist in mancher Hinsicht weniger stressig, zu versuchen, einen anderen dahingehend zu manipulieren oder zu kontrollieren, dass er sich verändert. Zu unserem eigenen Kram zu stehen ist mit Stress verbunden. Selbst unser Lebensproblem zu sein, das ist stressig. Es ist weniger stressig, die Rolle des Opfers zu spielen und die Schuld den Menschen zuzuschieben, mit denen wir in unserer Kindheit und Jugend zusammenlebten.

Vielleicht können die stressbeladenen Situationen und die Ungerechtigkeit des Lebens uns dazu dienen, uns zu entwickeln, zu wachsen und zu reifen – zu dem zu werden, was unseren Möglichkeiten entspricht. Anstatt einfach zu tun, was die Erwachsenen taten, können wir den Kreis durchbrechen. Dies ist einer der Gründe, warum ich gern darüber spreche, dass normal ungesund ist. Eine Menge Leute, die selbst oder in ihrer Familie keine offensichtlichen Fehlfunktionen haben, glauben, sie seien auf dem richtigen Weg und brauchten keine Veränderung.

8.

Unser bestgehütetes Geheimnis

Ist es leicht, neue Reaktionsweisen im Leben zu entwickeln, ohne den INput zu verändern? Nein. Wenn jemand sagt, dass es einfach sei, so weiß er nicht, wovon er spricht. Es ist nicht leicht. Es ist vielmehr schwer. Es ist leichter, das zu tun, was wir bereits kennen, selbst wenn es nicht funktioniert. Es ist leichter, den Weg des geringsten Widerstands zu gehen.

Was die Sache noch schlimmer macht: Wenn ich aufhöre zu tun, was vorhersehbar ist, wenn ich aufhöre, Kontrolle und Gestaltungsmacht an andere Leute abzugeben, wenn ich Verantwortung für meine eigene Situation übernehme und daran arbeite, mich zu ändern, werden andere Menschen, die mich bisher dahingehend beeinflussen konnten, dass ich vorhersehbaren Reaktionsmustern folgte, meinen neuen Verhaltensweisen ihre Unterstützung versagen. Vielleicht sagen sie sogar: »Ich glaube, er ist endgültig übergeschnappt.«

Das ist die Ironie. Wir tun etwas Gesünderes und die Leute, sogar die in unserer eigenen Familie, sagen: »Was ist mit dir los?« Das alte Unterstützungssystem bricht zusammen oder funktioniert nicht mehr so wie früher.

Aber wir brauchen gesunde Unterstützung. Um den Mut aufzubringen, mich zu ändern, meinen eigenen Problemen ins Gesicht zu sehen und damit aufzuhören, anderen die Schuld zuzuschieben, bin ich auf Ermutigung angewiesen.

Ich brauche andere Verrückte in meinem Unterstützungssystem. Wenn ich etwas tue, was ich noch nicht kann, was mache ich da wohl zunächst und vielleicht immer wieder? Ich mache Fehler. Ich falle auf die Nase. Und wenn ich auf die Nase falle, ist das so beschämend, dass ich womöglich zu meinen alten Reaktionsweisen zurückkehre.

Es ist unangenehm, so verletzlich zu sein. Es durchzustehen ist schwer. Es ist doppelt unangenehm, weil Verletzlichkeit keinen hohen Stellenwert in unserem Glaubenssystem hat. Haben wir je in unserer Jugend gehört, dass es sinnvoll ist, verletzlich zu sein?

Nein.

Haben Sie schon mal an einem Mannschaftssport teilgenommen? Haben Sie je den Trainer in der Halbzeitpause sagen hören: »Okay, Leute, jetzt will ich, dass ihr auf den Platz geht und verletzlich seid.« Ich erinnere mich an keine solche Halbzeitansprache. Verletzlich zu sein ist für die meisten von uns sehr peinlich, und deshalb bedürfen wir der Hilfe.

Ich habe über unseren Lebensfilm gesprochen. Lassen Sie uns dieses Bild mit der Frage der Unterstützung und der Beziehungen verknüpfen. Ich verwende die Analogie von Leben und Film, weil es ein einfaches Modell ist, das jeder kennt. Alle waren wir schon im Kino und haben den Anfang, den Mittelteil und den Schluss von

Filmen gesehen. Wir wissen, dass sich im Film eine Geschichte entwickelt. Der Film ist eine Form, eine Geschichte zu erzählen. Jeder verhält sich logisch im Kontext seines Lebensfilms.

Das Problem ist nun, dass wir in unseren Beziehungen jeweils in den Mittelteil der anderen Filme eintreten. Wir wissen nicht, warum andere Menschen so verdreht sind, weil wir sie nicht im Kontext ihrer Entwicklung gesehen haben.

Es ist so, als ob wir frühzeitig in einen Kinokomplex gingen, Popcorn und Süßigkeiten besorgten und uns in eines der Kinos setzten. Wir glauben, dass wir noch bei der Vorschau seien, doch da merken wir, dass wir uns in der Mitte eines Films befinden, weil wir uns im Kino geirrt haben. Wir sehen fünf Minuten des Films an und dann gehen wir ins richtige Kino, um den Film anzuschauen, für den wir eigentlich gekommen sind.

In dem fünfminütigen Ausschnitt sehen wir einen Helden, mit dem offensichtlich etwas nicht stimmt. Wir denken: *Was für ein Widerling.* Wir haben weder Sympathie noch Mitgefühl mit ihm, weil er so ein Fiesling ist. Zwei Wochen später gehen wir noch einmal ins Kino. Diesmal sehen wir diesen Film von Anfang an. Wenn wir zu dem fünfminütigen Ausschnitt kommen, erleben wir den Helden im Kontext seiner Geschichte. Jetzt empfinden wir Sympathie und Mitgefühl für ihn. Wir können uns sogar mit ihm identifizieren, weil wir ihn verstehen.

Die ersten Jahre

Wir können unseren Film nicht an den Anfang zurückspulen und uns dann Bild für Bild ansehen. Diesen Prozess finden wir in der Psychoanalyse. Leute können zehn
Jahre lang an fünf Tagen der Woche eine Stunde damit
zubringen, den Film zurückzudrehen. Für die meisten
von uns ist das wahrscheinlich unnötig. Ich glaube nicht,
dass wir das tun müssen.

Auch müssen wir berücksichtigen, dass, wenn wir alle
unsere Filme zurückspulen und dann auf *Play* drücken,
eine Menge Unterschiede zwischen uns sichtbar würden.
Aber wie Sie schon bemerkt haben, möchte ich über die
Dinge sprechen, die wir gemeinsam haben, völlig unabhängig von unseren Unterschieden. Eines, was wir
gemeinsam haben, ist, dass wir alle unsere Filme auf die
gleiche Weise beginnen.

Unser Leben beginnen wir in einem Zustand der
Abhängigkeit. Wir werden vollkommen abhängig geboren. Wir befinden uns neun Monate lang abhängig im
Mutterleib. Gegen Ende dieser Zeit erfolgt ein erstaun-
liches Wachstum im Gehirn, im Organ des Lernens. Die
Forschung zeigt, dass wir im Mutterleib hören. Dann,
wenn wir geboren werden, nehmen wir den Videoteil
hinzu. Wir betreten den »Mutterleib mit Aussicht«.

Ich sage Mutterleib mit Aussicht, weil die Welt, die
das Neugeborene bewohnt, wie ein äußerer Mutterleib
ist. Wir sind insofern halb Beuteltiere, als die direkte
Umwelt des Neugeborenen ganz ähnlich dem Beutel der
Beuteltiere ist. Im Säuglingsalter sind wir von der Mutter oder der uns ernährenden Person genauso abhängig

wie der Fötus. Zu der Information, die wir im Uterus aufgenommen haben, zur tonalen Qualität und dem Stress in den Stimmen der Menschen kommt bei der Geburt die visuelle Komponente hinzu. Wenn das Kind geboren ist, tritt möglicherweise eine Verbindung zwischen dem Lernen im Uterus und dem Lernen nach der Geburt ein.

Jedenfalls dauert der abhängige Zustand, in dem wir uns im Mutterleib befanden, noch lange nach der Geburt an. Tatsächlich haben wir von allen Tieren die längste Abhängigkeit von Eltern oder elternähnlichen Personen. Wir sind keine Gnus, können nicht eine Stunde nach der Geburt in der Herde mitlaufen. Wir brauchen zwei Jahrzehnte, um mit den Erwachsenen mithalten zu können.

Im Dschungel, der die Welt ist, können wir uns nicht selbst erhalten. Wir beginnen den Film unseres Lebens in einer abhängigen Rolle. Ungeachtet unserer kulturellen oder ethnischen Unterschiede ist uns dies allen gemeinsam.

Wir werden mit nach außen gerichtetem Blick geboren. Wissenschaftler wissen, dass unser Gehirn gleich nach der Geburt aktiv ist und Informationen aufsaugt. Unser Gehirn ist wie ein Schwamm, der durch Osmose aufnimmt, was um uns herum geschieht.

Wir sehen ins Spielfeld. Wenn das Leben ein Film ist, dann fangen wir unser Leben in Beziehung zu unseren Produzenten an: den Riesen, den magischen Wesen, die gehen, reden, all ihre Glieder bewegen können, uns herumtragen und uns ernähren – unseren Eltern. In der Abhängigkeitsbeziehung zu unseren Eltern beginnen wir den ersten Teil in unserem Lebensfilm, und wir fangen an, über uns selbst und die Welt zu lernen.

Eine Implikation dieser langen Zeit der Abhängigkeit – das heißt, der Unfähigkeit, für uns selbst zu sorgen – ist, dass jedes Kind Gefühle des eigenen Ungenügens ausbildet. Jedes Kleinkind, Kindergarten- und Vorschulkind, jedes Schulkind bis hinauf in die letzten Klassen hat diese Gefühle des Ungenügens und der Unsicherheit. Wann hören diese Gefühle auf?

Hören sie auf, wenn wir die Schule oder unser Studium erfolgreich abschließen? Hören sie auf, wenn wir unseren Magister- oder Doktortitel erwerben? Hören sie auf, wenn wir Eltern werden? Wenn wir dreißig oder vierzig sind oder wenn wir Großeltern werden? Hören sie auf, wenn wir ins Firmenmanagement aufsteigen oder der oberste Fritze der Kompanie werden?

Unsere Gefühle des Ungenügens hören nie auf. Doch pssst ... das ist ein Geheimnis, das wir teilen, worüber wir aber nicht reden wollen. Also laufen wir herum und tun so, als ob wir wüssten, was wir tun. Ärzte sind besonders gut darin. Wir sind eine Ewigkeit zur Schule gegangen und tragen bestimmte Abkürzungen vor unseren Namen. Glauben Sie, dass die Ärzte im Krankenhaus beieinander sitzen und über ihre Gefühle des Ungenügens sprechen? »Hallo, schicke deine Patienten zu mir; ich fühle mich so ungenügend«, hat nicht allzu viele Überweisungen zur Folge.

Mein Vater war Arzt. Immer wenn wir mit der ganzen Familie ins Restaurant gingen – welchen Namen hinterließ er bei der Reservierung? Doktor White. Warum nannte er sich Doktor? War das, was er war, oder war es, was er tat? Ein Teil der ungesunden Normalität ist, dass wir das, was wir sind, mit dem verwechseln, was wir tun.

Warum hören diese Minderwertigkeitsgefühle nie auf? Weil sie sehr früh in unserer Entwicklung in unsere Psyche hineingewoben wurden, als wir noch sehr offen waren und unbewusst INput in uns aufnahmen. Wie? Benutzen Sie die Datenbank Ihrer Lebenserfahrung. Wie zeigen wir als Eltern unsere Kompetenz? Die Art, wie sich unsere Kinder benehmen, zeigt die Qualität unserer Erziehung an. Den Scheinwerfer unserer Aufmerksamkeit richten wir auf das Verhalten unserer Kinder. Wir legen ihr Verhalten unters Mikroskop.

Als Folge davon erhält das Verhalten des Kindes ein übergroßes Gewicht in Bezug auf seine primären Bezugspersonen. Um ihre eigenen Minderwertigkeitsgefühle zu kompensieren, möchten die Eltern das Beste von ihrem Kind sehen.

In Amerika gibt es Autoaufkleber, auf denen steht:

UNSER KIND HAT EIN STIPENDIUM
AN DER MAPLEWOOD SCHOOL.
DIE STOLZEN ELTERN

Ich bin ein guter Vater. Danke schön. Ich wollte nur, dass Sie es wissen, und habe es deshalb aufs Auto geklebt.

Es gibt natürlich auch scherzhafte Autoaufkleber:

MEIN KIND HAT IHREN STIPENDIATEN NASS GEMACHT

Ich fühle mich auch gut, Freundchen.

Aber man sieht nie Aufkleber wie:

WIR SIND STOLZE ELTERN: EGAL WIE SIE ABSCHNEIDEN,
MEINE KINDER HABEN BEI MIR IMMER EINE EINS

Warum sehen wir keine solchen Aufkleber? Könnte es sein, dass wir ein Geheimnis teilen, über das wir lieber nicht reden? Ich glaube, wir sollten darüber reden, und zwar aus folgendem Grund: Wenn unsere Kinder denken, dass wir nur auf sie stolz sind, weil sie Dinge gut oder richtig machen, dann gibt es eine große »Wenn-dann«-Klausel in der Beziehung.

»Wenn« du gute Noten nach Hause bringst, dann erfüllt es mich mit Stolz, dein Vater zu sein. »Wenn« du gute Noten nach Hause bringst, dann bin ich stolz, deine Mutter zu sein. »Wenn« du dein Zimmer aufräumst, »wenn« du die Küche sauber machst oder was immer.

In der Beziehung zu meinen vier Töchtern möchte ich keine solche »Wenn-dann«-Klausel haben. Nicht, »wenn« du etwas gut machst, bin ich stolz, dein Vater zu sein. Vielmehr bin ich unabhängig davon, was du tust, glücklich, dein Vater zu sein. Du bist ein Schatz in meinem Leben. Nicht, weil du etwas richtig oder gut machst, sondern einfach weil du du bist – du bist ein Schatz. Ich bin einfach dankbar. Jeden Tag danke ich Gott für meine Kinder. Jeden Tag frage ich sie: »Habe ich euch heute schon gesagt, wie toll ihr seid? Habe ich euch heute schon gesagt, dass ihr eine Eins bei mir habt?«

Wenn es in der Beziehung zu meinen Kindern eine

»Wenn-dann«-Klausel gibt, dann höre ich vermutlich nur von ihren Erfolgen. Wenn Dinge gut laufen, möchte ich es wissen. Aber sie brauchen meine gesunde Unterstützung vor allem dann, wenn die Dinge nicht so gut laufen, wenn es ihnen schlecht geht. Sie sollen wissen, dass sie auch mit ihren schlimmsten Misserfolgen zu mir kommen können, und dass ich sie unterstütze.

Nun, als wir damals aufwuchsen, hat man wohl vergessen, uns ins Auge zu schauen und uns zu sagen, dass wir Schätze sind. Nicht weil wir etwas richtig oder gut gemacht hatten. Nicht weil wir irgendeine Leistung vollbracht hatten. Nicht weil die Erwachsenen gerade sahen, wie gut wir uns benahmen – dass wir perfekte kleine Gentlemen oder Damen waren ... Nicht aus einem Grund, der in irgendeiner Weise damit zu tun hatte, wie wir aussahen oder eine Aufgabe erledigten.

Wir bekamen viele Botschaften. Wir hörten und absorbierten immer wieder Botschaften. Anfangs regt sich keiner darüber auf, wenn wir in die Hose machen, unser Essen ausspucken, sabbern oder sogar jemanden nassmachen. Doch mit der Zeit ändert sich das. Wir lernen, dass man Dinge richtig und falsch machen kann.

Zu Beginn unseres Lebensfilms kennen wir die Regeln noch nicht. Aber unabhängig von unseren kulturellen oder ethnischen Unterschieden lernen wir bald, dass »es nur eine Methode gibt, etwas zu tun, nämlich die richtige. Was sich zu tun lohnt, ist es wert, richtig gemacht zu werden. Wenn man etwas nicht gut machen kann, dann lässt man es besser bleiben. Und wenn du etwas wirklich gut gemacht haben willst, dann mache es selbst.«

Jawohl! Und wie reagieren Eltern, wenn Kinder etwas falsch machen? Sie ermahnen sie natürlich. Aber, lernt dieses strahlende kleine Kind bei der ersten Ermahnung, es richtig zu machen? Natürlich nicht. Kinder brauchen, nicht anders als Erwachsene, Wiederholung, Wiederholung und noch einmal Wiederholung, um die meisten Dinge zu lernen.

Und viele von uns haben noch die Worte im Ohr: »Ich habe dir schon tausend Mal gesagt, dass du mit geschlossenem Mund essen sollst. Bist du taub? Müssen wir deine Ohren sauber machen? Hast du deinen Verstand im Auto vergessen? Müssen wir deinen Verstand holen gehen und ihn in deinen Kopf zurücktun?«

Ich werde Ihnen ein Beispiel geben. Sagen wir, Larry ist mein fünf Jahre alter Sohn, und wir waren soeben im Gottesdienst. Er hat seinen kleinen Festtagsanzug an. Nach dem Gottesdienst essen wir zu Mittag, und er bekleckert seinen schönen Anzug, weil er mit offenem Mund isst. Nun, was ist jetzt meine Aufgabe als Larrys Vater?

Ihn zu ermahnen, ihn zu korrigieren. Dafür muss man nicht studiert haben.

»Larry, würdest du bitte mit geschlossenem Mund essen.« Und Larry, der ein heller Junge ist, wird er es gleich beim ersten Mal lernen? Nein! Wir müssen es wiederholen, wiederholen und noch mal wiederholen. «Larry, ich habe dir schon tausendmal gesagt, iss mit geschlossenem Mund.«

Au weia, tausendmal. Wenn er es mir tausendmal gesagt hat, bin ich wirklich ziemlich dumm, denkt Larry.

Als Larrys Vater wache ich morgens nicht mit dem Gedanken auf: *Ich glaube, ich werde Larry heute Morgen eine kleine religiöse Unterweisung zukommen lassen.* Ich bin auch nicht mit dem Plan aufgewacht, Larrys Minderwertigkeitsgefühle zu verstärken. Ich tue das, was mit mir getan wurde. Ich trage meine Kultur wie einen Staffelstab mit mir und gebe ihn an die nächste Generation weiter.

»Schließlich ist aus mir etwas Rechtes geworden, oder? Das habe ich meinem Vater zu verdanken.«

Ist unsere Funktion als Eltern, einfach und kritiklos die Verhaltensweisen derer zu wiederholen, die uns großgezogen haben? Nur weil etwas funktioniert, heißt das noch nicht, dass es auch gut ist.

»Sehen Sie, wenn mein Sohn etwas falsch macht, dann ist es meine Aufgabe, ihn zu ermahnen, ihn zu korrigieren.«

Genau. Spare dir die Zuchtrute, verwöhne das Kind. Korrigiere es. Und der Staffelstab geht vom Vater zum Jungen über.

»Hören Sie, es ist nicht nur, dass sein Verhalten auf mich und die ganze Familie zurückfällt. Er muss die sozialen Konventionen lernen, sodass er sich gesellschaftlich zu bewegen weiß.«

Großeltern besuchen ihre Kinder und Enkel. Die Großeltern lassen ihre Enkel Dinge tun, die sie ihren Kindern nie erlaubt hätten. Und die Eltern sagen: »Das habt ihr uns nie erlaubt, als wir Kinder waren.«

»Natürlich haben wir das nicht! Wir wussten ja nicht, was wir taten!«

Eigentlich sollten die Menschen Großeltern sein,

bevor sie Eltern werden. Das liegt daran, dass Großeltern längst nicht so besessen sind wie Eltern. Der Grund, warum das Benehmen unserer Kinder uns so beschäftigt, ist, dass es der Welt offenbart, wie wir als Eltern sind.

Schließlich haben wir als Kinder die sozial akzeptierten Verhaltensnormen gelernt. Wenn wir uns richtig benommen haben, fiel hin und wieder mal eine Bemerkung für uns ab wie: »Deine Mutter und ich sind sehr stolz darauf, dass du mit geschlossenem Mund isst.« Nachdem sie uns das beigebracht hatten, konnten sie sich auf den nächsten Benimmfehler konzentrieren!

Unser Gefühl des Ungenügens wurde von Eltern, Trainern, Lehrern, Gleichaltrigen, Geschwistern, Pfadfinderleitern und Pfarrern immerfort bestärkt. Was die Pfarrer anbelangt, mussten wir natürlich nicht eigens Fehler begehen. Wir brauchten überhaupt nichts falsch zu machen. Schon etwas zu denken war das Gleiche, wie es zu tun; und ob wir etwas getan hatten oder nicht, war egal, denn wir hatten alle daran gedacht.

Indem wir also aufwuchsen und lernten, uns richtig zu benehmen, erhielten wir sehr viel mehr negatives als positives Feedback. Das Geheimnis, das wir teilen und über das wir nicht sprechen wollen, besteht darin, dass unsere Minderwertigkeitsgefühle öfter bestätigt wurden als die guten Gefühle, die wir auch hatten.

Wenn wir gelobt wurden, so im Zusammenhang mit der Erledigung von Aufgaben. Das »wenn« wurde mit einem »dann« verbunden: »Wenn« du etwas gut machst, »dann« bekommst du Lob von mir, »dann« gebe ich dir Wärme.

Sehen Sie, wie dies damit zusammenhängt, dass wir im ersten Filmteil gelernt haben, emotionale Nahrung von den Riesen zu bekommen, von denen wir abhingen? Es ist eine symbiotische Beziehung. Das Verhalten des Kindes zeigt die Qualität der Eltern. Das Kind erfreut die Eltern und erhält umgekehrt dafür eine Portion Zuwendung in Gestalt von Wärme und Lob. Das Lob der Eltern fühlt sich gut an. Also strebt das Kind, zumindest das folgsame Kind, nach dem, was sich gut anfühlt. Das Kind findet heraus, wie es seinen Eltern Freude bereitet.

Indem es mit seinem Verhalten anderen gefällt, kompensiert das Kind seine Minderwertigkeitsgefühle. Die Eins auf dem Zeugnis zeigt, dass das Kind eine Eins für Anpassung erhält. Und alle sind glücklich und zufrieden.

Die gleiche Dynamik wird später im Leben verstärkt, wenn das Kind die Schule gut abschließt oder an die Universität kommt; es ist immer das gleiche Spiel. Wenn unser Kind z. B. ein Begabtenstipendium erhält, würden wir dann einen Aufkleber aufs Auto kleben oder einen subtileren Weg wählen, um die Leute darauf aufmerksam zu machen?

Wenn das Kind seinen Eltern keine Freude machen kann oder nicht das Gefühl hat, dass es das könnte, wird es jemand anders finden, dem es gefallen kann, jemand, der oder die es akzeptiert. Vielleicht wird das Kind unterwürfiges Mitglied in einer Jugendbande. Nun ist die Stärke der Gruppe eine große psychische Kompensation für Minderwertigkeitsgefühle. Bandenmitglieder haben ihre eigenen Symbole, um anderen ihren Sozialstatus erkennbar zu machen.

Minderwertigkeitsgefühle sind ein Geheimnis, das wir alle teilen, worüber wir aber nicht reden. So verstärken Erwachsene, wenn Kinder Fehler machen, deren Minderwertigkeitsgefühle. Wir tun das nicht bewusst. Wir wachen nicht morgens auf und denken: *Heute verstärke ich Tracys Minderwertigkeitsgefühle.* Doch am Ende tun wir es doch, weil wir alle Kulturträger sind und unsere Kultur von Generation zu Generation weitergeben. Wir tun, was uns von den Erwachsenen, die vor uns kamen, vorgelebt wurde. Jetzt sind wir die Leute, über die wir früher geklagt haben. Es ist an der Zeit, den Kreislauf zu durchbrechen.

Wir durchbrechen den Kreislauf, indem wir bei uns selbst beginnen. Geben Sie sich nicht mit dem Spiel der Schuldzuweisungen ab. Das bringt nicht sonderlich viel. Die Erwachsenen in unserer Kindheit gaben sich alle Mühe, sie wussten es nicht besser. Wenn wir ihre Filme zurückspulen und dann Bild für Bild anschauen könnten, würden wir die vollkommene Logik ihres Verhaltens erkennen. Sie hätten gar nichts anders gekonnt. Wenn wir dies Geheimnis heute teilen und nicht darüber reden, dann haben sie gewiss nicht darüber geredet, als wir kleine Kinder waren.

Wir wissen nicht immer gleich zu Anfang, wie man Dinge richtig macht. Wir müssen lernen. Es gibt verschiedene Lernmethoden: visuell, auditiv, kinetisch.

Doch was ist letztlich die verbreitetste Methode, etwas zu lernen? Erfahrung. Wir sehen jemanden etwas tun und dann versuchen wir es selbst. Werden wir es gleich beim ersten Mal richtig machen? Sehr wahrscheinlich nicht. Was braucht man zum Lernen? Übung. Warum?

Weil wir uns das Erlernte auf altmodische Weise verdienen müssen: Fehler für Fehler.

Die verbreitetste Lernmethode ist, durch Fehler zu lernen. Wir lernen durch Ausprobieren. Während des Lernprozesses unterlaufen uns Fehler. Doch schließlich lernen wir, wie man es richtig macht. Sie machen nicht mehr in die Hose, oder?

Wenn wir den Film unseres Lebens beginnen, wissen wir noch nicht, wie man die Dinge richtig macht. Wir müssen fast alles lernen. Jeder von uns lernt allerhand richtig gut. Aber welche Gefühle lernen wir in Bezug auf uns selbst? Wir wissen, wie wir uns fühlen, wenn wir einen Fehler machen. Sind wir dann freundlich, mitfühlend, sanft und verzeihend? Kaum.

Welche Gefühle wurden uns eingetrichtert, wenn wir einen Fehler gemacht hatten? Was genau war die richtige Reaktion auf einen Fehler?

Beschämung. »Schämst du dich nicht?«

Stimmt. »Ungezogener Junge, lass deinen Bruder in Ruhe!«

»Du bist ein böses Mädchen. Ich will das nicht noch einmal sehen!«

»Larry! Willst du das lassen! Wir sind in der Kirche, verdammt noch mal. Ich habe dir gesagt, du sollst in der Kirche nicht in der Hose herumfummeln.«

Nicht nur, dass wir Fehler machen. Eigentlich gehören wir bestraft, beschimpft. Also machen wir uns selbst fertig. Wir sollen uns schlecht fühlen, wenn wir etwas vermasseln, und wir lernen, den Scheinwerfer unserer Aufmerksamkeit auf den Fehler zu richten.

Wir konzentrieren uns nicht auf das, was wir lernen;

stattdessen schämen wir uns. Wir haben gelernt, etwas richtig zu machen, aber das heißt keineswegs, dass wir gelernt hätten, auf uns selbst stolz zu sein. Wir fühlen uns vielleicht gut, weil wir etwas gut machen, aber dieses Gefühl dauert nur ein paar Sekunden. Wir scheinen das gute Gefühl nicht aufrechterhalten zu können, weil schon die nächste Aufgabe auf uns wartet. Und da liegt die Latte höher.

Haben wir uns gleich von Anfang an schlecht gefühlt, wenn wir Fehler machten? Nein! Kinder bleiben bis in den vierten Monat ungefähr dort, wo wir sie hinlegen. Wenn das zwei Monate alte Baby in der Wiege im Wohnzimmer liegt, dann können wir ziemlich sicher sein, dass es immer noch dort ist, wenn wir nach ein paar Minuten zurückkehren. Mit etwa vier Monaten beginnen die Babys sich umzudrehen. Kurze Zeit später fangen sie an herumzurobben. Nach ein paar Monaten krabbelt das Baby an eine bestimmte Stelle und zieht sich hoch. Es hält sich fest, um sein Gleichgewicht zu finden, aber es ist verdammt mutig und lässt los. Und was geschieht dann? Es fällt um. Was tut es jetzt?

O verdammt, das gibt's doch nicht, dass ich noch nicht laufen kann. Der kleine Jimmy ist zwölf Monate alt und läuft überall in der Wohnung herum – ich dagegen! Was zum Teufel stimmt mit mir nicht?

Nein. Es zieht sich wieder hoch, versucht es erneut, fällt hin, rappelt sich hoch, lässt wieder los.

Kinder sind unermüdlich Lernende, die immer wieder versuchen zu laufen. Macht ihnen das Scheitern etwas aus? Nein. Vielmehr gehört es zum Abenteuer des Lernens. Kinder ziehen los, um ihre Welt zu erforschen.

Doch nach einiger Zeit lässt unser Forscherdrang nach. Wir haben zu viele negative Verstärkungen in uns aufgenommen. Wir bekommen sie von überall. Weil wir ein gemeinsames Geheimnis haben, über das wir nicht sprechen, bestärken wir schließlich, wenn unsere Kinder Fehler machen, ihre Minderwertigkeitsgefühle.

Der kulturelle Angleichungsprozess, den wir durchlaufen, gilt für uns alle, unabhängig von kulturellen Unterschieden. Die Unterschiede sind gering, weil es keine Rolle spielt, um welche Kultur es sich handelt. In jeder Kultur gibt es die richtige Art und Weise, wie man Dinge zu tun hat.

Kinder kennen die richtige Art und Weise nicht. Also bringen wir sie ihnen bei. Dieser Unterricht findet sowohl formell wie informell statt. Wir lernen die richtige Art, Dinge zu tun – und gleichzeitig die falsche Art des Selbstwertgefühls. Selbst wenn wir uns gut fühlen wegen etwas, das wir gemacht haben, können wir uns schlecht fühlen wegen dem, was wir sind.

Es gibt primitive Kulturen, die das Kind und den kindlichen Entwicklungsprozess ehren. Den Kindern wird erlaubt, die Kultur herauszufordern. Die neuen Dinge, die Kinder im Gegensatz zu den Erwachsenen tun, werden in die Kultur einbezogen – in die Tänze, in die Tradition. Die Erwachsenen beobachten die Kinder und sehen, was die Kinder aus der anderen Welt mitbringen.

Neotenie

Ashley Montagu schreibt in seinem wundervollen Buch *Growing Young* (Jung werden) über Entwicklung. Montagu sagt, dass wir keineswegs daraufhin angelegt sind, uns zu der Art von Erwachsenen zu entwickeln, die wir werden. Es ist nicht vorgesehen, dass wir alt werden; wir sollen jung werden. Seine These wird durch die Geschichte der Fossile gestützt. Sie wird durch die Evolutionstheorie gestützt. Ich will Ihnen das an einem Beispiel illustrieren.

Betrachten Sie einmal das Profil des jungen Schimpansen auf der nächsten Seite. Wem sieht er ähnlich? Er ähnelt einem menschlichen Kind, abgesehen von den großen Ohren und der starken Behaarung. Betrachten Sie dann den alten Schimpansen. Noch mehr Haare, aber was sonst? Was ist mit dem flachen Gesicht geschehen? Es ist nach vorne ausgewachsen. Das flache Gesicht ist verschwunden.

Die unreifen Züge des jungen Schimpansen erhalten sich in der Entwicklung nicht. Das flache Gesicht ist verschwunden. Jetzt ragt da der große Unterkiefer vor. Warum? Der Schimpanse behält in seiner Entwicklung die Gesichtszüge des Jungen nicht bei. Aber wir schon. Betrachten wir ein kindliches Profil – flaches Gesicht; wir betrachten ein erwachsenes Profil – flaches Gesicht. Wir behalten den unreifen Gesichtszug in unserer gesamten Entwicklung bei. Wir sind neotenisch. In *Growing Young* schreibt Montagu über die Neotenie. *Neotenie* ist ein sehr guter Begriff, aber keiner, der in die Alltagssprache Eingang gefunden hat – zumindest noch

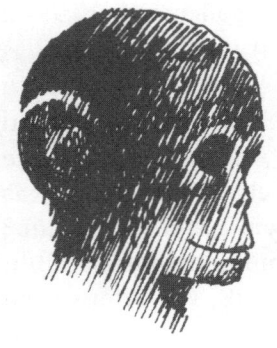

nicht. Es ist eine witzige Worterfindung und zugleich ein gutes Konzept. Wir sind das neotenischste aller Tiere. Damit wird die Tatsache beschrieben, dass wir die Anlagen des jungen Körpers im Erwachsenenalter beibehalten.

Ein anderes Wort für Neotenie ist *Pädomorphismus*. *Pädo* heißt ›Kinder betreffend‹. *Morphismus* heißt ›Gestalt‹. Die Entwicklungsforschung zeigt uns, dass wir die Gestalt, die Morphologie des Kindes in unserer gesamten Entwicklung beibehalten – Pädomorphismus.

Neotenie bedeutet, dass wir in unserer Entwicklung an den körperlichen Anlagen des Kindes festhalten. Montagu argumentiert als Kulturanthropologe, dass wir eigentlich darauf angelegt sind, unsere Verhaltenseigenschaften ebenso beizubehalten.

Wir sind keineswegs so gedacht, dass wir alt werden. Wir sollen jung werden und unser ganzes Leben hindurch im Entwicklungsprozess bleiben. All jene wundervollen Verhaltenseigenschaften des Kindes – Plastizität, Authentizität, Spieltrieb, Spontaneität, Lachen,

Weinen, Experimentierfreudigkeit – sollen eigentlich im gesamten Lebenszyklus beibehalten werden. Doch was geschieht?

Wir lernen, wie man Dinge richtig und gut macht, und erreichen damit, dass wir in den Augen anderer Leute bestehen können. Dann tun wir auch weiterhin das, was wir kennen, nämlich das, womit wir bestehen. Warum? Weil der Teil von uns, der sich minderbemittelt fühlt, sich in Sicherheit wiegt, wenn er weiß, wie er etwas zu tun hat.

Welche Haltung nimmt der Teil, der sich minderbemittelt fühlt, gegenüber Veränderung ein? Was hält dieser Teil davon, etwas Neues zu lernen? Ein unbekanntes Gebiet zu erforschen? Er hat Angst davor. Genau. Denn was braucht man zum Lernen?

Fehler.

Und wenn ich Fehler mache, als was betrachten mich andere dann?

Als minderbemittelt.

Wie kann ich also auf der sicheren Seite bleiben?

Indem ich nichts Neues probiere.

Mich nicht verändere. Nichts lerne. Immer tue, was ich schon kenne. Mich nicht entwickle. Wir kompensieren das, was in unserer Seele ungelöst ist, damit, wie wir uns in der Welt verhalten.

In gewisser Hinsicht bin ich deshalb Arzt geworden, um meine Minderwertigkeitsgefühle zu kompensieren. Das gesamte Medizinstudium handelt davon, was mit anderen Menschen nicht stimmt. Wir beschäftigen uns nicht einen Tag damit, was mit uns selbst nicht stimmen könnte. Da herrscht eine gewisse Unausgewogenheit.

Ärzte tragen eine spezielle Kleidung, sie dürfen besondere Abkürzungen vor ihren Namen setzen, sie genießen einen besonderen Status in manchen Kreisen. Doch in seinem Inneren trägt jeder Arzt ein Geheimnis.

9.

Der Furchtsame

Der Furchtsame. Ich nenne denjenigen Teil in mir, der sich minderbemittelt fühlt, ›den Furchtsamen‹. Wir alle tragen einen Furchtsamen in uns. Es ist ein Geheimnis, das wir alle teilen, worüber wir aber nicht reden. Also laufen wir herum und tun so, als ob wir wüssten, was wir tun. Das haben wir von den Erwachsenen gelernt. Jetzt sind wir die Leute, über die wir uns früher beklagt haben. Wir selbst sind diese Erwachsenen.

Es ist wichtig, über dieses Geheimnis zu reden, weil es unmittelbaren Einfluss darauf hat, wie wir Unterstützung zeigen und wie wir Beziehungen gestalten. Es hat Einfluss auf unsere Leistungen und auf unser Lernen. Es ist im Kernbereich der Seele mit fast allem verbunden, was Menschen tun.

Dieser Teil von mir, der Furchtsame, hindert mich daran, meine Talente voll zu entfalten. Wenn ich einmal bewiesen habe, dass ich eine Sache richtig kann, bleibe ich dabei. Dieser Teil von mir fühlt sich sicher, weil ich in den Augen der anderen Leute jemand bin, der seiner Aufgabe gerecht wird. Das Motto des Furchtsamen lautet: »Sicherheit und Schutz um jeden Preis.«

Sind der Furchtsame und das Ich ein und dasselbe? Gute Frage. Beiden geht es ums Überleben. Aber ich glaube nicht, dass man einen gesunden Furchtsamen haben kann, während es ein gesundes Ich durchaus gibt. Ich glaube, der Furchtsame ist ein Aspekt des Ich, aber nicht das ganze Ego. Ist er etwas wie das Kind im Manne bzw. in der Frau? Ich sehe es anders. Ein inneres Kind kann gesund sein. Ein inneres Kind kann seelischen Reichtum bedeuten.

Aus meinen vertrauten Verhaltensmustern auszubrechen – aus dem auszubrechen, was ich kann und kenne, um etwas Neues auszuprobieren, etwas, das ich bisher noch nicht getan habe –, nun, das bereitet Angst. Für ein kleines Kind gilt das nicht. Etwas Neues ist fesselnd. Es ist interessant. Das Motto des Kindes lautet: »Nur los.« Gehe nicht, sondern renne, springe kopfüber in jeden neuen Tag ... bis wir etwas älter geworden sind.

Über unser bestgehütetes Geheimnis zu reden ist aus mehreren Gründen wichtig, angefangen bei der Beziehung zu uns selbst. Auf dieser Stufe unseres Lebens, als Erwachsene, brauchen wir da jemanden, der unsere Minderwertigkeitsgefühle verstärkt? Nein. Wir erledigen diesen Job schon von allein, danke sehr.

Ein Teil des Normal-Ungesunden ist, dass wir lernen, selbst unsere ärgsten Feinde zu sein. Wann haben Sie zuletzt gehört, dass jemand sagte: »Ja, ich bin mein bester Freund!«

Wie hören sich Ihre Selbstgespräche an, wenn Sie einen Fehler gemacht haben und Ihren eigenen Erwartungen nicht gerecht geworden sind. Sind Sie freundlich, wohlwollend, sanft oder ...?

Manche Leute machen ihre Selbstgespräche davon abhängig, ob sie allein oder in der Öffentlichkeit sind. Sie fühlen sich verpflichtet, beschämt und peinlich berührt zu sein, wenn sie vor anderen Leuten einen Fehler machen.

Alex, die ich schon erwähnt habe, sagte kürzlich zu uns: »Wenn man sich nicht selbst beschimpft, bedeutet es, dass einem alles egal ist. Denn wenn es einem wichtig wäre, müsste man sich ganz erbärmlich fühlen.

Ich kenne einen kleinen Jungen. Als er Geburtstag hatte, besuchte ich ihn. Ich hatte kein Geschenk dabei, weil ihm mein Weihnachtsgeschenk schon nicht gefallen hatte. Darum wollte ich ihn fragen, was er sich wünsche. Kaum bin ich da, fragt er: ›Alex, wo ist mein Geschenk?‹ Und seine Mutter sagt: ›Joey!‹, und regt sich furchtbar auf.

Normalerweise ist sie die Geduld selbst, liebevoll und voller Verständnis. Ich sage darauf: ›Das ist schon okay. Es ist sein Geburtstag. Er will wissen, wo sein Geschenk ist.‹ Aber für sie – wir haben später darüber gesprochen – wäre es unhöflich gewesen, wenn sie nicht mit ihm geschimpft hätte. Es ist verrückt.«

Doch es ist absolut logisch. Wir sorgen uns, welches Bild wir abgeben, weil der Furchtsame fürchtet, er könnte in den Augen anderer nicht bestehen. Wir wollen in den Augen anderer Menschen gut dastehen, um unser Ungenügen zu kompensieren. Wir wollen als gleichwertig anerkannt werden oder, noch besser, als überlegen. Joeys Verhalten fiel auf seine Mutter zurück. Sie wollte nicht, dass Alex dachte, ihr sei das egal oder sie sei keine gute Mutter.

Ist das verrückt? Nein, es ist logisch und für Eltern ist es normal, ihre Kinder vor anderen zu maßregeln, um zu zeigen, dass sie sehr wohl Acht geben. Dies ist schlicht ein gutes Beispiel für unklares Denken.

Die Mutter weiß nichts Besseres zu tun, als sich daran zu erinnern, wie ihre eigene Mutter reagiert hätte. Und also tut sie, was ihre Mutter mit ihr tat.

Diese Art von demonstrativer Erziehung bleibt in der Seele überaus präsent. Ihre Wirkung verliert sich nie. Ich habe jederzeit Zugang zu diesem psychologischen Raum.

Lassen Sie mich ein Beispiel geben. Eines Morgens wollte ich meine Eltern besuchen. Ich nahm eine unserer Töchter mit. Sie tollte am Boden mit dem Hund herum, ohne dass ich mich sehr darum kümmerte, und plötzlich hörte ich die donnernde Stimme meines Vaters: »Pfui, böser Hund!«

Ein Blitz durchfuhr meinen Körper. Was glauben Sie, worauf sein Licht fiel? »Böser Junge!« Die gleiche donnernde Stimme, die ich Jahrzehnte früher gehört hatte, war absolut präsent. Zwischen dem Hören der Stimme und der Erinnerung schien es keine Kluft zu geben. Es war ein Elektroschock in meinem Körper.

Ich gebe meinem Vater keine Schuld. Er hatte gelernt, sich als Erwachsener so zu verhalten, und mit diesem Wissen tat er sein Bestes. Aber ich möchte mich meinen Kindern gegenüber anders verhalten.

Haben Sie den Film *In Sachen Henry* gesehen? Harrison Ford spielt darin einen Anwalt, der in der Park Avenue wohnt. Er ist mit einer wunderschönen Frau verheiratet, die von Annette Bening dargestellt wird. Sie haben eine kleine Tochter und führen offenbar ein Leben wie im Märchen. Ford oder vielmehr die Figur, die er spielt, geht in einen dieser alten Tante-Emma-Läden, um sich Zigaretten zu holen. Da findet ein Raubüberfall statt. Der Räuber hat einen Revolver und schießt ihm in den Kopf.

Der Anwalt wird nicht getötet, aber sein Erinnerungsvermögen wird zerstört. Er kann sich an nichts mehr erinnern. Er kommt in die Reha-Klinik, macht Fortschritte, und dann ist es Zeit für ihn, nach Hause zu gehen. Möchte er die Klinik verlassen? Nein. Sie ist ein Ort, den er kennt. Er ist ihm vertraut und den anderen Ort, sein Zuhause, kennt er nicht. Seine Erinnerung ist weg, aber was hat er immer noch?

Den Furchtsamen. Einen Furchtsamen, der gern auf Nummer sicher geht.

Der Mann, den Ford spielt, kehrt nach Hause zurück, wo er erfährt, was für eine Art Mensch er war, bevor er angeschossen wurde. Er erfährt, dass er ein totaler Widerling war. Ein gewissenloser Anwalt. Er hatte eine Liebesaffäre. Er mag überhaupt nicht, was er über sich in Erfahrung bringt, und entschließt sich, sich neu zu erfinden.

Die Filmszenen mit Ford und seiner Tochter sind wirklich anrührend. Seine Tochter wird seine Lehrerin und bringt ihm Lesen bei. Das ist eine ganz schöne Umkehrung der Verhältnisse. Eine Szene kommt vor, in der die Familie zusammen isst, und die Tochter stößt ihr Glas um. Sie sieht ihren Vater an und er sagt: »Das ist okay.« Er stößt sein Glas um. »Ich mache das immer so.« Ich fand das großartig. In wie vielen Familien Amerikas sagt der Vater oder die Mutter, wenn ein Kind sein Glas Milch umstößt (platsch), »Das ist okay. Ich mache das immer so?«

Müssen wir erst eine Kugel in den Kopf kriegen? Nein, aber manchmal hat es den Anschein. Wenn wir unsere Kinder nicht ausschimpfen, was wird dann geschehen? Sie werden nie lernen, zu trinken, ohne ihr Glas umzustoßen. Glauben Sie, dass Schimpfen sonderlich hilft? Und es geht um etwas so Schwerwiegendes, nicht wahr? »O Gott, das darf doch nicht wahr sein, du hast dein Glas umgestoßen! Was stimmt mit dir nicht?« Es wiegt wirklich schwer.

Wir machen aus Mücken Elefanten und lassen uns dadurch davon abhalten, unseren Kindern Liebe und Wärme zu schenken. Aber so ist nun mal unsere Erfahrung – und zwar unsere gemeinsame Erfahrung. Und wir haben sie eingetrichtert bekommen. Wir wissen, wie wir uns als Erwachsene zu verhalten haben. Wir wissen, wie man die Dinge richtig macht. Wir wissen, wie man sie gut macht.

Aber wir können mit all den Informationen, die man uns übers Erwachsensein gegeben hat, als Erwachsene einen noch so guten Job tun – und dennoch nicht wissen, wie man gesund lebt. Wir wissen, wie Erwachsensein geht, aber wir wissen nicht, wie man gesunde, gleichberechtigte, nichtkontrollierende, liebe- und gefühlvolle Beziehungen aufbaut. Und ich glaube, dass der Kern des Problems damit zu tun hat, wie wir gelernt haben, uns selbst zu empfinden.

Wie ich mit meinen Töchtern umgehe, hat nichts damit zu tun, welche Gefühle ich ihnen gegenüber habe.

Wie ich mit ihnen umgehe, resultiert daraus, wie ich mich selbst empfinde. Ich liebe sie sehr, aber sie bekommen von mir keineswegs immer das Beste zu sehen. Und das hat nicht das Geringste mit ihnen zu tun.

Wenn ich mich selbst akzeptiere und gut fühle – mich *mit* all meinen Fehlern, Schwierigkeiten und Neurosen akzeptiere –, behandle ich meine Kinder gut. Wenn ich keine »Wenn-dann«-Klausel in meine Beziehung zu mir selbst eingebaut habe, wenn ich mir selbst erlaube, zu meiner Menschlichkeit, zu meiner schwachen Natur zu stehen, dann bin ich ihnen gegenüber nachsichtig, tolerant und geduldig. Wenn ich nicht mit mir im Reinen bin, wenn ich auf den Autopiloten umgeschaltet habe – herumrenne und mein wichtiges Erwachsenenzeug mache, ohne je genug Zeit zu haben, alles erledigt zu bekommen –, laufe ich Gefahr, zu dem Verhaltensmuster meines Vaters zurückzukehren.

Entwicklungsmäßig habe ich Fortschritte gemacht. Ich benutze zur Illustration die Zahl Neunundzwanzig. Ich glaube, dass ich etwa 29 Prozent der Zeit wach bin im Sinne von gesund statt normal. Früher waren es nur 28 Prozent. Ich habe mich minimal zum Besseren hin verändert. Ich bewege mich in Richtung eines wacheren und daher gesünderen Lebens. Aber ich habe jederzeit Zugriff auf die alten Verhaltensweisen. In kürzester Zeit kann ich meine Kinder beschämen.

Ich gebe Ihnen noch ein Beispiel. Abgesehen davon, dass ich Arzt bin, reise ich in der Welt umher, um mit anderen meine Verwirrung auf Konferenzen und in Workshops zu teilen und um diejenigen zu beraten, die verrückt genug sind, mich in ihre Firma einzuladen. Ich reise viel. Eines Freitagabends kehrte ich heim und hatte Schuldgefühle, weil ich mehrere Tage nicht da gewesen war. Also überlegte ich mir einen Plan, wie ich meine Schuld verringern könnte.

Morgen früh werde ich mit Brynn und Jordan (meinen beiden jüngsten Töchtern, die damals vier und sieben waren) aufstehen und ihnen Frühstück machen. Ich werde mit ihnen herumalbern und dafür sorgen, dass sie nicht in das Zimmer der größeren Kinder gehen und auch meine Frau nicht stören. Wenn die drei dann am späten Samstagvormittag herunterkommen, werden sie sehen, was für einen tollen Vater und Mann sie haben.

Am nächsten Morgen stehe ich früh mit Brynn und Jordan auf, mache ihnen Frühstück und dann gehen wir ins Wohnzimmer. Sie albern herum, spielen miteinander, haben Spaß. Ich nehme die Zeitung und lese darin. Der Plan funktioniert großartig. Dann geraten sie sich plötzlich in die Haare. Sie wissen, was ich meine, wenn Sie Eltern sind. Es braucht nicht lange.

Kinder können sich im Nu vollständig verändern. Plötzlich machen sie diesen Höllenlärm. Was ist mein erster Gedanke? *Sie ruinieren meinen Plan. Augenblick mal.* Also sage ich: »Ihr könnt offensichtlich nicht miteinander spielen. Hier ein Friedensangebot – eine Weile spielt jede für sich und wenn ihr euch beruhigt habt, könnt ihr wieder zusammen spielen.« Während ich dies noch sage, marschiert die vierjährige Jordan durch den Raum, nimmt eine Kiste mit Spielzeug von Brynn und leert sie auf den Boden, dann geht sie an ihren Platz zurück.

»He, Jordan, es kann einem mal was herunterfallen, aber du hast das jetzt mit Absicht getan. Hier ein Friedensangebot – du kannst spielen, wann immer du willst, sowie du die Spielsachen dort wieder eingeräumt hast.« Ganz schön ausgebuffte Erziehungsmethode, nicht wahr? Aber dann musste ich noch Druck hinzufügen. Kennen Sie das? »Jordan, du kannst spielen, wann immer du willst, sowie du die Spielsachen dort wieder eingeräumt hast, *also fang lieber gleich damit an!*« Bemerken Sie die umgekehrte Beziehung von Kontrolle und Motivation? »Also fang lieber gleich damit an!« erzeugt Widerstand.

Jordan ist absolut trotzig. Sie steht da mit verschränkten Armen, das Kinn vorgereckt, und wendet Brynn den Rücken zu. Kennen Sie das auch? Wenn unsere Kinder trotzig sind, worauf konzentrieren wir dann unsere Energie? Wir müssen uns durchsetzen. Ich meine, wer hat denn nun hier das Sagen? »Jordan, hast du mich gehört? Ich habe gesagt, gehe da hinüber und räume Brynns Sachen ein!«

Der Furchtsame hat einen bösen Zwilling. Das ist der Große Macker. Der Große Macker spricht mit lauter Stimme und will, dass Dinge seinem Wunsch gemäß ausgeführt werden. Vergessen Sie nicht, dass ich keinesfalls vorhatte, wie mein Vater aufzutreten. Ich machte einen Fehler und mein Vater pflegte zu sagen: »Geh und hole die Haarbürste!« Glauben Sie, ich ging und holte die Haarbürste? Eigentlich sagte er zuerst etwas anderes. »Willst du eine Tracht Prügel?« Was für eine Frage ist das? Ja, nein, ja, nein …

Wie auch immer, meine Stimme wird immer lauter, und ich höre mich sagen: »Jordan, geh hinüber und räume das auf, und zwar SOFORT!« Wissen Sie, wie sie reagierte? Meinen Sie, sie wäre hinüber gegangen und hätte aufgeräumt? Mitnichten. Sie sieht mich an und zeigt mir den Vogel. Sie zeigt mir den Stinkefinger! Jetzt drehe ich durch. Ich schnappe sie mir, trage sie ins andere Zimmer und stecke sie dort unter den Esstisch. In unserer Familie wird nicht geschlagen. Wir können unsere Kinder auf andere Arten beschämen.

Während ich mein Großer-Macker-Verhalten gegenüber meinem Kind vor mir rechtfertige, denke ich: *Wenn ich meinem Vater den Stinkefinger gezeigt hätte, hätte ich den Finger nicht mehr.* Ich war ziemlich heftig mit ihr, wissen Sie, und ich denke: *Mann, das gibt's doch nicht.* Dann höre ich da diese Stimme in meinem Kopf. Die Stimme sagt: *Mann, sie ist erst vier Jahre alt. Sie weiß wahrscheinlich gar nicht, was das bedeutet.*

Glauben Sie, ich höre diese Stimme gerne? Nein, ich will diese Stimme nicht hören. Ich rechtfertige meine Handlungen, aber die Stimme wiederholt stur: *Sie ist erst vier Jahre alt. Sie weiß wahrscheinlich nicht, was es bedeutet.* Sie weiß wahrscheinlich nicht, was es bedeutet. Sie hat es wahrscheinlich auf der Straße oder im Fernsehen aufgeschnappt und weiß nicht, was es heißt. Aber ich habe ihr gezeigt, dass es ein sehr kraftvolles Handzeichen ist!

Ich merke, dass ich schon wieder einen Fehler gemacht habe. Ich krabble unter den Tisch. Jordan sitzt dort und lutscht am Daumen, hält sich an ihrer Schmusedecke fest und kämpft gegen einen Schwall Tränen an. Ich sage: »Jordan, weißt du, was es bedeutet?«, während ich ihr den vorgestreckten Mittelfinger zeige. Sie schüttelt den Kopf. Sie weiß nicht, was es bedeutet.

Ich sage: »Es tut mir so Leid, Jordan. Irgendwann werde ich dir erklären, was es bedeutet. Es ist nicht schön. Es tut mir Leid, dass ich so grob war. Ich habe dich doch so lieb.« Da nimmt sie den Daumen aus dem Mund und legt ihre Arme um mich. Dann brechen die Tränen hervor. Ich sitze dort, und Tränen laufen mein Gesicht hinunter. Und weil ich sie repektlos behandelt habe, kommen wir beide unter dem Tisch hervor und räumen die Spielsachen zusammen in die Kiste zurück.

Später dachte ich über diesen Vorfall nach. Wie hatte ich mich gefühlt, als ich nach mehreren Tagen Abwesenheit nach Hause kam? Schlecht. Schuldig. Um diese Gefühle zu kompensieren, behandelte ich meine Tochter schlecht. Nicht weil sie schlechte Gefühle in mir hervorrief, sondern weil ich mit mir selbst haderte.

Wir demonstrieren immer dann Stärke, wenn wir uns klein fühlen. Der Raufbold in der Schule verhält sich zu seinen schwächeren Mitschülern grob und gewaltsam, um seine Minderwertigkeitsgefühle zu kompensieren. Gewalt, die zu Hause von Männern gegen Frauen ausgeübt wird, sagt nichts darüber aus, wie Männer über Frauen fühlen. Es sagt etwas darüber aus, was die Männer sich selbst gegenüber empfinden. Weil er sich minderwertig, schwach und, in gewissem psychologischem Sinne, impotent fühlt, handelt er grob und aggressiv, potent und gewaltsam.

Nun, ich glaube, es ist höchste Zeit, über dieses Geheimnis zu sprechen – dass wir alle Minderwertigkeitsgefühle in uns haben –, weil es mit all unseren Beziehungen verbunden ist. Wir können erst dann das Scheinwerferlicht unserer Aufmerkamkeit auf etwas richten, wenn wir wissen, dass es da ist, wenn wir das Verborgene sichtbar gemacht haben. Wenn etwas unsere Verhaltensweisen bestimmt, dann wollen wir sehen, was es ist. Und was die menschlichen Beziehungen betrifft, so glaube ich, dass das Geheimnis des Furchtsamen und das nicht Darüber-Reden, was unser Verhalten bestimmt, die Hauptgründe dafür sind, dass normal ungesund ist. Dies ist noch nicht Teil der öffentlichen Debatte. Es ist nicht einmal Teil der Diskussionen.

Wir werden diesen Teil von uns niemals los. Viel materieller Wohlstand in der Welt kommt daher, dass Leute unbewusst von ihrem Furchtsamen angetrieben werden, ihre Minderwertigkeitsgefühle zu kompensieren. Es ist eine Ironie, dass wir das Wohlstand nennen. Vergessen wir nicht, dass der urspüngliche Sinn von *Wohlstand* mit Wohlbefinden zusammenhing.

Schauen Sie doch an, was wir in den USA, dem Land der unbegrenzten Möglichkeiten, geschaffen haben. Die Menschen kommen aus aller Herren Länder hierher, um zu beweisen, wie tüchtig sie sind. Den amerikanischen Traum zu leben ist eine rein materielle Sache, und der Rest der Welt ahmt unser Modell nach. Sie sehen uns zu und tun dann, was wir tun. Immer schön dem Leithammel nach, und der sind wir. Ist das alles, was wir zu bieten haben?

Ich glaube nicht. Aber es ist Zeit, unsere Geheimnisse offen zu legen. Es ist Zeit, darüber zu sprechen, worüber wir bisher geschwiegen haben. Dieses Buch ist einfach ein kleiner Stupser für den schlafenden Riesen, der den amerikanischen Traum träumt. Eine Mahnung, die unserem Leben etwas von Wert hinzufügen will, und zwar in diesem Moment. Gesund sein heißt nicht, irgendwo anders hinzugehen als da, wo wir sind. Es heißt vielmehr, mit einer gewissen bewussten Wahrnehmung diejenigen zu sein, die wir sind, an dem Ort, wo wir sind. Indem wir wahrnehmen, können wir beginnen, uns zu verändern.

Ashley Montagus Definition von Gesundheit meint die Fähigkeit zu arbeiten, zu lieben, zu spielen und zu denken. Was von dem, meinen Sie, können wir gut? Arbeiten. Den Arbeitsteil beherrschen wir wie am Schnürchen. Wie steht es aber mit dem Lieben, Spielen und Denken? Nehmen wir die Liebe. Wenn die Art, wie ich mit meinen Kindern umgehe, etwas über mein Selbstgefühl verrät, was hindert mich daran, sie ohne »Wenn-dann«-Klausel voll zu akzeptieren und zu lieben? Ich selbst.

Was ich sagen will, ist Folgendes: Wenn ich akzeptiere, dass ich einen Furchtsamen in mir habe, kann ich diesen Teil bewusst wahrnehmen und darauf achten, dass er nicht mein Verhalten bestimmt. Ohne diese bewusste Wahrnehmung kann der Furchtsame den Motor meiner Psyche antreiben, und der Rest von mir wird mitgerissen. Und ohne bewusste Wahrnehmung kann ich im Besitz der Annehmlichkeiten des Wohlstands sein, ohne dass es mir wohl ergeht.

Selbstwertgefühl

Der Gedanke, diesen ängstlichen Teil in mir zu haben, setzt mich nicht herab.

Kann ich Selbstwertgefühl haben und mich trotzdem minderwertig fühlen? Ja. Ich muss mich so akzeptieren und wertschätzen, wie ich bin, nicht mir vorgaukeln, ich sei anders. Habe ich Wert als der, der ich bin, wenn ich Minderwertigkeitsgefühle habe? Ja. Das ist der Haken. Wir verstehen nicht, was Selbstwertgefühl bedeutet.

Jemand kommt in meine Praxis, und ich frage: »Wie geht's?«

»Tja, Sie werden es nicht glauben. Mein Selbstwertgefühl ist im Eimer. Ich bin gerade entlassen worden.«

Ist sein Selbstwertgefühl wirklich im Eimer? Oder bezieht er sich auf die Wertschätzung, die er in den Augen anderer genießt? Ich meine, wenn wir keine produktiven Mitglieder der Gesellschaft sind, wenn wir keinen Job haben, was sollen wir dann Leuten sagen, wenn sie fragen, was wir beruflich machen? Hat der Verlust seines Jobs den Verlust seines Sebstwertgefühls oder der Wertschätzung durch andere verursacht? Der Wertschätzung anderer. Er hatte kein Selbstwertgefühl oder zumindest nicht viel. Dies ist ein Beispiel für unklares Denken.

Ich glaube, dass Selbstwertgefühl nichts damit zu tun hat, was man tut, sondern damit, was man ist. Es ist nicht an Leistung oder zweckgerichtetes Verhalten gebunden. Ich werde nicht kleiner dadurch, dass ich einen Fehler mache. Doch wenn ich das nicht verstehe, werde ich meinen Fehler als Grund benutzen, um meine Minderwertigkeitsgefühle zu verstärken, dem Motor des Furchtsamen Treibstoff zu geben und mein Selbstwertgefühl zu verringern.

Irgendetwas richtig oder gut zu tun fühlt sich gut an. Dauert dieses Gefühl an? Nein. Dann haben wir das nächste Ziel. Die Latte wird höher gelegt, und die nächste Hürde ist da, über die wir springen müssen, um zu beweisen, dass wir Wert haben. Es ist überaus anstrengend, immerzu dem Glauben hinterherzulaufen, wir müssten eine kritische Menge an Wertschätzung von außen erhalten, die wir auf magische Weise in Selbstwertgefühl verwandeln könnten. Das ist magisches Denken. Doch Selbstwertgefühl lässt sich nicht aus dem Hut zaubern.

Ich habe noch nie jemanden getroffen, der keinen Furchtsamen hatte. Das ist über einen breiten Kamm geschoren, ich weiß. Aber wenn er da ist und wir alle davon betroffen sind, ist es dann nicht eine große Erleichterung zu wissen, dass wir nicht alleine sind?

In Beziehungen jedoch vergleichen wir uns miteinander. Ich vergleiche mich mit Frank. Er ist intelligent, selbstbewusst und kann sehr gut formulieren. Ich vergleiche mich mit ihm und bin ein Tölpel. Wir nehmen das, was an anderen Menschen wunderbar ist, und sehen, dass wir nicht hinanreichen. Wir benutzen das, was an anderen wunderbar ist, um unsere Minderwertigkeitsgefühle zu stärken.

Was ist mit denen, die nicht so wunderbar sind? Was ist mit den Leuten, die in jedem anderen einen Fehler entdecken müssen? Also, ich frage mich, was mit denen ist. Könnte es sein, dass sie sich ein bisschen minderwertig fühlen? Ist es nötig, auf die Fehler aller anderen zu zeigen?

Auf vielfältigste Weise tun wir das, es reicht vom Groben bis zum Erfinderischen. Die verschiedenen Aspekte unserer Persönlichkeit sind alle Speichen eines Rades. Wenn wir uns bis zur Radnabe vorarbeiten, sitzt da der Furchtsame und gibt die Richtung an.

Kommunikation

Wenn wir einen Schuss in den Kopf bekommen (erinnern Sie sich an *In Sachen Henry*?), dann ist der Furchtsame immer noch da. Ich glaube nicht, dass wir nur aus dem Furchtsamen bestehen, aber ich glaube, dieser Teil hindert uns zu erkennen, wie gesunde Unterstützung funktioniert – wie man darum bittet und wie man Unterstützung geben kann, wenn jemand einen Fehler begeht.

»Ich begreife das nicht, Gloria. Soll das heißen, du hast nicht genug Achtung vor mir, um pünktlich zu sein? Vielen Dank.« Jemand macht etwas falsch, und das wird sofort zum Anlass, seine oder ihre Minderwertigkeitsgefühle zu verstärken. Und wir helfen uns im Vergleich zu dieser Person ein paar Sprossen auf der Leiter hinauf. Doch manchmal gibt es Querschläger. Gloria könnte antworten: »Es tut mir Leid, dass ich mich verspätet habe. Ich musste auf dem Weg hierher noch jemanden wiederbeleben.« Voll daneben.

Ich möchte gerne helfen, den Menschen ein Lebensumfeld zu schaffen, in dem sie authentischer sein können. Tatsächlich kann es sich als nützlich erweisen, den

Furchtsamen zu berücksichtigen. Sagen wir, ich habe eine Meinungsverschiedenheit mit einer Person, die mich einschüchtert. Möchte ich mit ihr über den Streitpunkt reden? Möchte der Furchtsame dieses Gespräch führen? Nein!

Corrine schüchtert mich ein. Ich habe eine Meinungsverschiedenheit mit ihr. Ich möchte nicht mit ihr reden. Stimmt's? Ich möchte vielmehr mit Gloria reden, bei der ich mich sicher fühle. Ich sage zu Gloria: »Weißt du, es gibt da einen Streitpunkt mit Corrine, und ich brauche ein bisschen Hilfe, um damit umzugehen.« Was kann Gloria tun, um mir gesunden Beistand zu geben? Sie kann sich für das Dreiecksverhältnis entscheiden und den besten Logenplatz wählen, um zu beobachten, wie sich die Sache entwickelt. Sie kann aber auch eingreifen und zeigen, wie tüchtig sie ist: »Soll ich für dich mit ihr reden?«

Stattdessen hätte ich am liebsten, wenn Gloria zu mir sagen würde: »Tja, Bowen, wahrscheinlich ist einfach dein Furchtsamer hyperaktiv, und du fühlst dich der Sache nicht ganz gewachsen. Ich glaube nicht, dass du dich deshalb davon abhalten willst, mit Corrine zu sprechen.«

Daraufhin kann ich zu Corrine gehen und etwa sagen: »Weißt du, ich freue mich, dass du dir für mich Zeit nimmst. Ich muss dir sagen, dass ich ein bisschen aufgeregt bin. Du weißt es vielleicht nicht – es ist wahrscheinlich nicht dein Problem, sondern nur meins –, aber ich fühle mich von dir etwas eingeschüchtert. Aber abgesehen davon gibt es da immer noch diesen Streitpunkt zwischen uns … und so sehe ich die Dinge. Und da ich sie so sehe, glaube ich ... Und da ich das glaube, brauche ich ... von dir eine Art Hilfestellung.«

Nun, wird Corrine meine Verletzlichkeit ausnutzen? Darüber habe ich keine Kontrolle. Aber warum sollte sie? Ich habe ihr in gewissem Sinne ja schon einen Vorsprung gegeben. Ich war offen und ehrlich zu ihr und habe in einer unaggressiven Sprache gesagt, was ich brauche.

Ich verwende »Ich«-Botschaften. Ich sehe, ich fühle und ich brauche dies als eine Art Hilfestellung. Doch nebenbei, nur weil ich »Ich«-Botschaften verwende, heißt das noch lange nicht, dass Corrine mir die gesunde Unterstützung geben wird, die ich benötige. Aber die Wahrscheinlichkeit, dass man meinen Bedürfnissen entspricht, wird größer, wenn ich sie äußere. Und wissen Sie was? Ob sie es nun tut oder nicht – ich habe mich heroisch verhalten.

Ich gehe zu Gloria zurück und sie fragt: »Na, wie war es, Bowen?« Ich berichte ihr von dem Gespräch. Sich authentisch zu verhalten ist nie oder selten so schlimm, wie wir annehmen. Der Furchtsame in uns entwirft die schlimmsten Szenarios, um uns davon abzuhalten, Risiken einzugehen. Wenn Sie glauben, Sie seien nicht kreativ, dann sehen Sie sich mal an, wie kreativ Ihr Furchtsamer darin ist, Sie von Risiken abzuhalten. »Oh, Scheibenkleister, wenn ich zu ihr hingehe und mit ihr spreche, werde ich mir wahrscheinlich in die Hosen machen.« Wie auch immer sich die Situation darstellt, der Furchtsame kommt zu dem Schluss, dass das Ergebnis entsetzlich sein wird.

Angst und Negativität

Dies ist ein zentrales Thema. Der Antrieb im ersten Teil des Films ist Angst und der Teil von uns, der Minderwertigkeitsgefühle hat, ist der Furchtsame. Dies ist ein Film über den Furchtsamen in uns. Der Furchtsame fürchtet sich davor, dass unser Ungenügen irgendwann bloßgestellt werden könnte. Die größte Angst haben die Leute vor öffentlichem Sprechen. Warum? Dann sind wir auf eine interessante Weise verwundbar.

Wenn wir uns eins zu eins gegenübersitzen, wenn ich nur mit Ihnen kommuniziere, kann ich mich auf Sie einstimmen und in etwa herausfinden, welche Art des Verhaltens ich zeigen muss, um Ihnen zu gefallen. Ich kann versuchen herauszuspüren, was Ihre Bedürfnisse sind, und mich dementsprechend verhalten. Aber wenn eine weitere Person hinzukommt – oje. Und noch einer und noch einer. Wie sollen wir uns verhalten, um allen gerecht zu werden? Das ist ein Problem und es entsteht in dem Moment, wenn wir vor anderen aufstehen. Wenn sich alle Augen einer Gruppe auf uns richten, laufen wir große Gefahr, uns zu blamieren.

Der Furchtsame entwirft sofort das schlimmstmögliche Szenario. Er sagt, wenn wir uns anderen offenbaren, werden sie schlecht über uns reden. Sie werden Vorteile aus unserer Schwäche ziehen, uns bloßstellen und ablehnen. Unser Furchtsamer ist in negativer Weise sehr kreativ.

Ich bin ein sehr kreativer Mensch. Wir alle sind sehr kreativ, weil wir einen Furchtsamen in uns haben, der uns erfolgreich daran hindert, neue Räume zu betreten und etwas zu tun, was wir noch nicht können. Doch wenn wir anderen nicht gestatten, unser Leben zu benoten, dann können wir uns selbst ein Sehr gut im Zeugnis ausstellen – ein Sehr gut nicht für Tüchtigkeit, sondern für Selbstakzeptanz.

Angst zu haben kann natürlich auch gesund sein. Wenn es etwas gibt, vor dem man sich fürchten muss, ist es gesund, Angst zu haben. Angst ist ein großer Motivator. Angst ist der Antrieb des ersten Filmteils. Sie bestimmt unser Verhalten. Angesichts von Angst wird das Motto des Furchtsamen wichtig: Sicherheit und Schutz um jeden Preis.

Angst und Negativität sind miteinander verbunden. Es fällt schwer, die Alternativen nicht aus den Augen zu verlieren, wenn wir negativen Menschen begegnen. Auch ist es sehr anstrengend, wenn wir unsere Energie darauf verwenden, sie umzukrempeln. Sie sind von ihrer Haltung zum Leben vollkommen durchdrungen.

Manche Menschen erfahren ihre eigene Negativität durchaus als positiv. Für sie ist sie positiv, weil sie durch sie ihre Macht spüren. Sie haben Macht über andere. Wenn wir diese Behauptung an der Geschichte überprüfen, erweist sie sich als richtig?

Adolf Hitler zum Beispiel war unglaublich negativ und zugleich unglaublich mächtig. Er flößte anderen Angst ein durch eine alles beherrschende, kontrollierende und unbegrenzte Macht. Können Sie sich ein umgekehrtes Szenario vorstellen? Eines, in dem Macht als positive Kraft genutzt wird?

Mutter Teresa.

Martin Luther King.

Welches Vorbild hatte Martin Luther King? Gandhi.

Welches Vorbild hatte Mutter Teresa? Jesus Christus.

Was geschah mit Gandhi? Was geschah mit Martin Luther King? Was geschah mit Christus?

Sie wurden von anderen durch den negativen Gebrauch von Macht, durch Gewalt getötet, weil sie gegen die herrschende Kultur verstießen.

Was aber geschah mit Adolf Hitler? Er brachte sich selbst um.

Ist es möglich, in der Welt erfolgreich zu sein, ohne über andere Macht auszuüben? Ja. Aber es geht nicht um Erfolg. Es geht nicht darum, was herauskommt.

Es gibt eine wundervolle Geschichte von einem Reporter, der Mutter Teresa interviewte. Der Reporter fragte, wie es möglich sei, dass sie so viel erreicht und so viel Erfolg mit ihrer Arbeit gehabt habe. Sie antwortete, dass es ihr nie um Erfolg, sondern immer nur um den Glauben gegangen sei. Lassen Sie mich das Zitat von Viktor

Frankl von weiter vorne vervollständigen: »Denn Erfolg, wie Glück, kann man nicht erzwingen, er muss sich ergeben, und dies geschieht nur als unbeabsichtigter Nebeneffekt der persönlichen Hingabe an eine Sache, die größer ist als man selbst.«

Wenn wir uns auf das Ergebnis fixieren, rechtfertigt der Zweck die Mittel; dann spielt Effizienz die Hauptrolle. Was immer nötig ist, um das Ergebnis zu erzielen, ist akzeptabel.

Wir entscheiden darüber, wie wir in der Welt dastehen wollen. Ich glaube, wenn wir mehr darüber reden würden, warum normal ungesund ist, dann würden wir erkennen, wann Menschen – einschließlich wir selbst – sich wie kleine Hitlers verhalten. Wir würden klar sehen, was abläuft, und nicht der Person Macht verleihen, die andere zu beherrschen oder zu kontrollieren versucht. Gandhi wollte diese Art Macht nicht. Jesus wollte dies Art Macht nicht. Ihre Macht hieß Liebe und Verletzlichkeit.

In einem Augenblick sehen wir, wie machtvoll Negativität sein kann. Die Macht der Herrschaft kann viel schneller Ergebnisse zeitigen als die Macht der Liebe. Erstere gebraucht die herrschende Form der Goldenen Regel: »Wer über die Mittel verfügt, verfügt über die Menschen.« Letztere gebraucht die Regel in ihrer ursprünglichen Form: »Tue anderen, wie du willst, dass man dir tue.«

Wie können wir das, was wir gesagt haben, auf unsere Beziehungen zu anderen Menschen anwenden? Die erste und typische Interaktion mit anderen ist die der Zusammenarbeit, wobei wir den anderen einen Vertrauensvorschuss geben. Doch wenn sie unausgeglichen sind und unser Vertrauen missbrauchen, können wir davor nicht die Augen verschließen. Ihr Verhalten zeigt den Stand ihrer Entwicklung, aber wir müssen uns nicht zum Teil ihrer Entwicklung machen. Bewahren Sie Abstand. Ziehen Sie den Stecker. Suchen Sie woanders nach einem Partner, mit dem sich zusammenarbeiten lässt.

Wir müssen nicht darauf warten, dass die andere, unausgeglichene Person ihr Gleichgewicht findet, um uns gut zu fühlen. Wie können wir uns schützen, wenn wir von solchen Leuten umgeben sind, damit sie nicht unser Verhalten und unsere Stimmung beeinflussen? Wir können mit Liebe Abstand wahren, wir können mit Mitgefühl Distanz halten. Wie lieben wir jemanden, der nicht liebenswert ist?

Denken Sie an unser Energiesystem. Wie nehmen oft unseren Stecker und stecken ihn in die Steckdose von anderen, manchmal unausgeglichenen Leuten; wir lassen uns von ihrem Strom antreiben. Stattdessen sollten wir den Stecker lieber in uns selbst stecken, dorthin, wo unsere zentralen Wertvorstellungen sitzen. Wenn wir ihn in uns stecken, werden wir statt von außen von innen gelenkt. Ebenso bewegen wir uns dann von äußeren Maßstäben zu inneren, die unsere höchsten Werte einschließen. Sie schließen die Antwort auf die Frage ein: Warum sind wir hier? Sind wir nur hier, um das zu tun, was Erwachsene immer schon getan haben? Sind wir nur hier, um den Status quo zu zementieren? Sind wir dafür hier? Ich glaube nicht, dass das genug ist.

Wenn wir glauben, dass die Dinge besser sein könnten – wie können wir sie besser machen? Nun, ich sage

Ihnen dazu Folgendes. Ich bin ein Produkt der Sechzigerjahre. Wissen Sie was? Ich wollte die Welt verändern. Vergessen Sie's. Versuchen Sie nicht, die Welt zu ändern. Versuchen Sie nicht, irgendjemand anders zu ändern. Arbeiten Sie einfach daran, sich selbst zu ändern. Wenn ich daran arbeite, mich zu verändern, finde ich immer etwas zu tun. Es heißt nicht: »Boah, ich bin angekommen. Ihr könnt euch zu meinen Füßen setzen.« Wenn andere Leute mir zu Füßen sitzen, befinden sie sich in einem psychologisch sehr bedenklichen Raum.

Doch hier geht es darum, wie wir uns gegen Negativität impfen und was wir bezüglich einer gesunden Unterstützung tun können. Nehmen wir einmal an, wir befinden uns in einem negativen psychologischen Raum. Folgendes ist ein gutes Beispiel dafür, dass normal ungesund ist: Ihnen widerfährt Unrecht – und Ihr Unterstützungssystem sagt: »Diese Schweinehunde, ich kann sie auch nicht ausstehen. Sie sind schuld. Das zahlen wir ihnen heim.«

Manche Leute glauben, dass die beste Unterstützung darin bestünde, Ihnen zu helfen, in einer festgefahrenen Beziehung stecken zu bleiben. Sie glauben, das sei Unterstützung. Aber in Wirklichkeit helfen sie nur, das Opferdenken aufrecht zu erhalten.

Manche Leute nennen diese Art der Unterstützung »Loyalität«. Das ist mir eine schöne Loyalität! Wir schätzen so etwas. Wenn ich deprimiert bin, wie sollten Sie sich mir gegenüber verhalten? Loyal. Wenn ich deprimiert bin, sollen Sie auch deprimiert sein. Dann sind wir zusammen deprimiert. Das nenne ich die Loyalität der Unreife.

Wie fühlt sich das an, wenn man mit deprimierten

Leuten zusammen ist? Deprimierend. Diese Reaktion ist die kulturelle Norm. Wenn jemand deprimiert ist, dann ist es rücksichtslos, munter drauflos zu plappern oder auf Wolken zu gehen.

Infolgedessen fürchten wir uns davor, ehrlich zu sein.

Ich habe herausgefunden, dass es mir keineswegs hilft, wenn ich mit meinen deprimierten Patienten deprimiert bin. Jemand kommt in die Praxis, und ich frage: »Wie geht es Ihnen heute?« »Schlimmer denn je; es ist einfach entsetzlich. Schlecht wäre untertrieben, es geht mir einfach unerträglich.«

»Haben Sie schon über Selbstmord nachgedacht? So schlimm, wie sich das anhört, haben Sie sicher schon erwogen, mit allem Schluss zu machen. Ich weiß nicht, ob Sie weiterleben wollen, so schlimm, wie sich das anhört.«

Es hilft mir nicht, mit meinen deprimierten Patienten deprimiert zu sein. Es macht die Dinge nur schlimmer. Wenn ich die Rolle eines Opfers spiele, dann sehne ich mich nach gesunder Unterstützung. Ich will nicht, dass mir jemand hilft, in einer festgefahrenen Beziehung stecken zu bleiben. Ich möchte neu Tritt fassen.

Wir befinden uns alle an verschiedenen Punkten unserer persönlichen Entwicklung. Wissen Sie, was ich in einer Millisekunde tun kann? In einem Augenaufschlag in all die alten, noch vertrauten Muster zurückfallen. Da gibt es das ganze abgelegte Material in meiner Psyche: Ich-Ärmste(r)-Geschichten. Doch glücklicherweise kenne ich Menschen, die ich anrufen kann, Menschen, mit denen ich etwas unternehmen kann, die es mir widerspiegeln werden, wenn diese Opfermentalität von mir Besitz ergreift.

In Zwölf-Schritte-Programmen gewähren Sponsoren individuelle Hilfe. Doch wir »normalen« Menschen, was bekommen wir? Normale Menschen kennen eine Menge Leute, die gemeinsam mit ihnen feststecken. Und das ist eine Situation der Schwäche. Tatsächlich lohnt es sich, hier einen Moment zu verweilen, bei diesem ganzen Opferbewusstsein, das zur Norm geworden ist.

Das Opfer

Die Human Service Alliance (HSA) ist eine Gemeinschaft von Menschen, die sich in North Carolina um soziale Dienste kümmern. Es gibt mehrere Projekte für Menschen in Not. Freiwillige bewerben sich, um bei der HSA mitzuarbeiten. Wenn sie angenommen werden, müssen sie ein Trainingsprogramm absolvieren, das viele persönliche Themen klären hilft, einschließlich des Problems des Opferdenkens.

Der folgende Auszug aus *Better Than Money Can Buy* (Mit Geld nicht zu bezahlen), einer Publikation der HSA, handelt vom Spielen der Opferrolle.

Die Verallgemeinerung der Aussage eines »Opfers«
Das Wesentliche der Opfermentalität zeigt sich in folgender Äußerung:

Wenn die Dinge falsch oder schlecht laufen oder nicht so, wie ich es mir vorstelle, dann trägt jemand die Schuld daran. Es ist notwendig, die Personen, Umstände oder Gründe festzustellen, an denen es liegt, dass es nicht so läuft, wie ich es mir vorstelle. Die Schuld muss klar zuge-

167

wiesen werden, und der Übeltäter muss sie einsehen. Ich muss in jedem Fall entlastet werden. Mein Ärger ist gerechtfertigt. Die schlechten Dinge, die mir widerfahren, sind für mich kein Anlass zum Lernen oder Wachstum.

Äußerungen, die eine Opfermentalität anzeigen:
  Schau, wozu du mich gezwungen hast.
  Du verletzt meine Gefühle.
  Es ist deine/seine/ihre/Gottes Schuld.
  Stell dir vor, was sie mir angetan hat!
  Wenn du dich anständig benehmen würdest, könnten wir miteinander auskommen.
  Ich habe ihr nicht das Geringste getan, und so hat sie es mir vergolten.
  Ich habe … so satt.
  Es macht mich verrückt, wenn du das tust.
  Ich kann nichts dran ändern, so bin ich nun mal.
  Wenn er nur nicht … wäre/würde/täte.
  Egal was ich tue, es läuft immer auf dasselbe hinaus.
  Wenn du mich wirklich liebtest, dann würdest du nicht …
  Es ist alles ihre Schuld.
  Ich bin immer so damit beschäftigt, für andere etwas zu tun, dass ich nie Zeit für mich selbst habe.
  Dass ich so bin, liegt an meiner schrecklichen Kindheit.
  Ich liebe mich noch nicht genug, und solange …
  Siehst du, schon wieder: Immer tust du mir das an.
  Immer müssen wir tun, was *du* willst.
  Ich habe dir schon tausend Mal gesagt, dass ich das nicht mag.

Ich bin ihm einfach egal, sonst würde er das nicht tun.

Ich gebe immerzu und bekomme nie etwas zurück.

Ich wurde mein ganzes Leben lang von Menschen schlecht behandelt.

Mein Chef hält nichts von mir.

Meine Kinder nehmen nicht wahr, was ich alles für sie tue.

Deinetwegen habe ich diese Kopfschmerzen.

Du kannst nicht ermessen, in welches Elend du mich gestürzt hast.

Wenn ich nicht gewesen wäre, dann wärest du heute ein Niemand.

Du hast mich zum letzten Mal verletzt.

Warum passiert mir immer so etwas?

Warum ich?

Du regst mich so auf.

Wenn seine Kinder nicht wären, wäre ich bestimmt netter.

Sie hat mich dazu angestiftet. Ich wollte nicht, aber …

Er kümmert sich nur um sich selbst. Aber um mich?

Die Leute nehmen einfach keine Rücksicht mehr. Sie nutzen einen aus, wo sie nur können.

Ich bin so beschäftigt, dass ich zu nichts komme, was mir Spaß macht.

Er hat mich dazu getrieben …

Ich finde das Leben wirklich schwierig.

Wenn du dich nicht um deinen Kram kümmerst, werde ich meinen gewiss nicht erledigen!

Liebst du mich wirklich?

Wenn du helfen willst, wäre das toll. Wenn nicht, dann schlage ich mich eben weiter so durch.

Sie haben mich total fertig gemacht.

Es wird Zeit, dass ihnen jemand eine Lehre erteilt.

Ich möchte sicherstellen, dass sie das nie einem anderen antun.

Du kannst nicht gegen das System kämpfen.

Wenn du wüsstest, wie ich gelitten habe.

Ich habe mehr gelitten (also verdiene ich mehr).

So ist das Leben.

Wenn es nicht das ist, dann kommt etwas anderes.

Frauenarbeit hat nie ein Ende.

Den Letzten beißen die Hunde.

Ich verlange nur Fairness.

Es war nicht *meine* Idee (Ich kann nichts dafür).

Du verstehst einfach nicht.

Wenn du nur ... hättest.

Jetzt ist es zu spät.

Jetzt hör mir mal zu! Ich bin die Hauptleidtragende bei alledem.

Sie hören mir einfach nicht zu (oder tun nicht, was ich sage usw.).

Das wird dir noch Leid tun.

Das werde ich niemals vergessen.

Niemand versteht mich.

Junge, die werden mich vielleicht vermissen, wenn ich mal nicht mehr bin.

Niemand liebt mich.

Mein Leben wird nie mehr sein, wie es mal war.

Ist es nicht schrecklich?

Wenn du durchgemacht hättest, was ich durchgemacht habe ...

Sie haben mir übel mitgespielt.

Nach allem, was ich für sie getan habe, bekomme ich so etwas.

Was habe ich getan, um das zu verdienen?

Ich hätte nie gedacht, dass sie mich so behandeln würden.

Mein Job macht mich wahnsinnig.

Ich bin nicht verantwortlich dafür.

Meine Frau (mein Kind/Verwandter/Freund/Chef/Friseur) macht mich wahnsinnig.

Du hast keine Vorstellung, was ich den ganzen Tag leiste.

Niemand arbeitet so hart wie ich.

Igitt! Das kann ich nicht essen. Es sieht scheußlich aus.

Meine Eltern machen mich wahnsinnig.

Meine Eltern verstehen mich nicht.

Die Ärzte haben mich ruiniert.

Wenn nur die Regierung nicht so schlecht wäre.

Ich bin von lauter Idioten umgeben.

Die Menschen sind so unsensibel.

Ich bekomme nicht, was ich verdiene.

Mein Mann ist so unsensibel.

Die Schulen verderben meine Kinder.

Meine Schwiegereltern verderben meine Kinder.

Manche Leute fallen immer auf die Füße.

Warum bist du immer so zu mir?

Warum hackst du immer auf mir herum?

Mein Ex-Mann verdirbt meine Kinder.

Du findest, ich muss das alles ganz alleine machen?

Trau keinem über dreißig.

Trau keinem unter dreißig.

Für das, was mir passiert ist, wird irgendjemand büßen müssen!

Es gibt keinen Ausweg aus dieser Misere.

Sie haben mir gegenüber keinerlei Respekt gezeigt – sie haben mich wie Dreck behandelt!

Ich habe immer die schlechtesten Lehrer und die schlechtesten Chefs gehabt.

(Liste zusammengestellt durch TRP Enterprises und Human Service Alliance, Winston, Salem-North Carolina).

Wir wollen aufhören, Opfer zu sein, und stattdessen über gesunde Unterstützung sprechen. Ich habe schon erwähnt, dass Menschen, die mir als Arzt erlauben, sie zu behandeln, mir dadurch eine Ehre erweisen. Sie erlauben mir, eine bedeutungsvolle Rolle in ihrem Leben zu spielen. Raten Sie mal, was geschieht, wenn ich anderen Leuten erlaube, mir zu helfen? Ich mache das Gleiche. Ich ehre sie damit. Und wissen Sie, was ich entdeckt habe? Das gefällt den Menschen. Sie spielen gern eine bedeutungsvolle Rolle in meinem Leben. Mir gefällt es auch. Es ist eine solche Wohltat. Ich werde so akzeptiert, wie ich bin. Ich kann mich verletzlich zeigen. Sie gehen nicht weg. Es gibt keine »Wenn-dann«-Klausel in dieser Beziehung. Sie kümmern sich um mich. Ich spüre ihre Anteilnahme. Das heißt nicht, dass sie mir sagen, was ich gern hören möchte, sondern dass sie mir sagen, was ich zu hören nötig habe. Es ist so wunderbar, diese gesunde Unterstützung zu erfahren. Eine Menge Leute, die normal sind, aber nicht gesund, kennen diese Art von Unterstützung nicht.

Wie wäre es mit einem weiteren Gedicht von Rumi? Es handelt von Unterstützung.

»Wenn du getrennt bist von den geistig Arbeitenden,
Bist du niedergeworfen, denn du bist ein Teil ohne Ganzes.
Wenn der Feind der Ekstase jemanden von diesem Ganzen abtrennt,
So greift er ihn allein heraus und frisst ihn auf.«

Rumi

Coleman Barks, der große Übersetzer von Rumis Dichtung ins Englische, hat eine Berufung. Als Dichter und Englischprofessor an der University of Georgia in Athens ist Barks kürzlich in den Ruhestand getreten. Er hatte bis 1976 nichts von Rumi gehört, da gab ihm der Dichter Robert Bly ein Buch mit Gedichten von Rumi und sagte: »Diese Gedichte müssen aus ihrem Käfig befreit werden.« Barks fing daraufhin an, Rumi zu übersetzen, und hat es seither an jedem Morgen getan.

Barks wuchs in Tennessee Valley auf. Sein Vater war Schuldirektor. Als Barks erst fünf oder sechs Jahre alt war, bekam er den *Rand McNally Atlas* in die Hand und lernte alle Hauptstädte der Welt auswendig.

Barks aß jeden Tag zusammen mit vierhundert anderen Kindern und Lehrern. Bei den Mahlzeiten rief dann immer jemand im Saal den Namen eines Landes und Coleman rief den Namen der Hauptstadt zurück.

Eines Tages rief ein Lateinlehrer: »Kappadokien!«

Coleman fahndete in seinem Kopf, aber er hatte noch nie von diesem Land gehört. Er konnte den Namen der Hauptstadt nicht nennen und von diesem Moment an wurde er in der Schule *Cappy* oder *Cap* genannt.

Sehr viel später in seinem Leben, nachdem er angefangen hatte, Rumis Verse in freien Metren ins Amerikanische zu übersetzen, betrachtete Barks eine alte Landkarte. Barks, der wusste, dass Rumi den größten Teil seines Lebens in Konya in der Türkei verbracht hatte, sah auf einmal, dass die Hauptstadt von Kappadokien … Konya war. Dies ließ ihn aufmerken.

Das erste Mal war ihm Kappadokien begegnet, als er fünf oder sechs Jahre alt war. Vierzig Jahre später, nachdem er sich schon längere Zeit mit Rumis Werk beschäftigt hatte, stellte er diese Verbindung her. Er stellte noch andere Verbindungen her, über die Sie in dem Buch *The Glance: Songs of Soul-Meeting* (Der Blick: Lieder der Seelenbegegnung), das Rumi-Übersetzungen enthält, nachlesen können.

Ein besonderer Freund und Förderer Rumis war Shams, ein wandernder Mystiker aus Täbris. Shams und Rumi verbrachten viel Zeit miteinander in Gesprächen und gaben sich spirituellen Träumereien hin. Shams war Rumis gesundes Unterstützungssystem.

Diese Beziehung erfüllte Rumis Schüler mit Eifersucht. Wenn Shams da war, wollte Rumi seine Zeit lieber mit ihm als mit seinen Schülern verbringen. Eines Tages kam Shams unter mysteriösen Umständen zu Tode, und niemand wusste genau, was geschehen war. Viele Menschen glaubten, dass er von Rumis Schülern ermordet wurde.

Rumis Dichtung entsprang seiner Freundschaft mit

Shams. Vor dieser Beziehung war Rumi Gelehrter und hatte noch nichts von seinem eigenen Werk geschrieben. Doch nachdem er Shams getroffen hatte, sprudelten die Gedichte nur so hervor, die mühelos siebenhundertfünfzig Jahre überspringen, um uns heute zu erleuchten. Er verstand das Paradoxe. Eines seiner kurzen Gedichte lautet:

Ich bin so klein, dass man mich kaum sehen kann.
Wie kann eine so große Liebe in mir sein?

Sieh deine Augen. Sie sind klein,
Aber sie sehen riesige Dinge.

Gehen Sie nachts hinaus, wenn der Himmel klar ist, und sehen Sie, was Ihr Auge umfasst. Wie kann diese große Liebe in mir sein, wenn ich mich so ungenügend fühle? Das ist das Paradox.

Shams schwamm auf der anderen Seite des metaphorischen Aquariums und suchte nach einem spirituellen Partner. Er fand Rumi. Nach Shams' Tod war Rumi bereits hinüber ins Neue gewechselt. Er hatte angefangen, in der mystischen Wirklichkeit zu schwimmen, über die er als Gelehrter sein ganzes Leben lang gelesen hatte. Mit Shams' Ermutigung verließ Rumi das trockene Land, sprang ins Wasser und wurde grün und nass, und schließlich nährte die Fülle seiner Tropfen die Gesellschaft, in der lebte. Seine Dichtung war sein Geschenk, sein Arbeitsspiel in der Welt. Allein hätte er es nicht vollbringen können. Und ebensowenig können wir es.

Manchmal fühlen wir uns der Arbeit, dem Spiel, der

Aufgabe, allem, was von uns gefordert wird, nicht gewachsen. Aber vielleicht müssen wir sie nicht alleine vollbringen. Vielleicht bekommen wir Hilfe. Meiner Erfahrung nach bekommt man Hilfe, wenn man darum bittet. Aber suchen Sie sich diejenigen sorgfältig aus, die Sie fragen.

10.

Plastizität

Ich denke, ich beginne dieses Kapitel am besten mit einem Zitat über die Entwicklung des menschlichen Verhaltens aus Ashley Montagus Buch *Growing Young*. Das Bemerkenswerte an Montagu ist, dass er zugleich ein sehr guter Schriftsteller und ein Wisssenschaftler ist, der seine Ideen mit Fakten zu untermauern weiß. Erinnern wir uns, dass sich hinter dem Begriff der Neotenie die Vorstellung verbirgt, dass wir die wundervollen Anlagen des Kindes in unserer gesamten Entwicklung beibehalten. »Durch die Neotenie der Plastizität, der Formbarkeit und Anpassungsfähigkeit wurde aus dem höher entwickelten Affen der *Homo sapiens*, und von der fortgesetzten Entwicklung dieser neotenischen Anlagen hängt seine weitere Evolution ab.«

Im Weiteren zitiert Montagu dann den Gelehrten William Kingdon Clifford, der Ende des 19. Jahrhunderts sagte, »die erste Bedingung der mentalen Entwicklung« sei, »die Kreativität und nicht die Sammeltätigkeit des Geistes«.

Das klingt wie Einstein: »Phantasie ist wichtiger als Wissen.«

Clifford fährt fort:

»Wenn wir in Rechnung stellen, dass eine Rasse proportional zu ihrer Plastizität und Fähigkeit zur Veränderung als jung und vital angesehen werden kann, während eine Rasse, die unveränderlich auf eine Lebensform festgelegt ist, erschöpft, ausgelaugt und in Gefahr ist, unterzugehen, so glaube ich, werden wir erkennen, wie außerordentlich wichtig es für eine Nation ist, das Anwachsen von Konventionen zu zügeln. Es ist durchaus möglich, dass konventionelle Handlungsvorschriften und konventionelle Denkweisen eine solche Macht gewinnen, dass Fortschritt unmöglich wird und die Nation letztlich nur noch dazu taugt, unterzugehen. Angesichts einer solchen Gefahr ist es falsch, das Richtige zu tun.«

Dies ist ein Juwel in unserer Argumentation, dass normal ungesund ist. Dann spricht Montagu von den »Gefahren des Konservativismus im sklavischen Festhalten an Konventionen«.

Daraufhin zitiert er aus Ralph Waldo Emersons *The Conduct of Life* (Lebensführung, 1860): »Konservativ wird man nur auf Grund von persönlichen Defekten.« Ich finde dieses Urteil ein wenig zu hart. Es »ist … falsch, das Richtige zu tun«. Haben Sie diesen kleinen Satz verstanden? Und »die Nation (taugt) letztlich nur noch dazu (…), unterzugehen«. So ist es.

Wir leben in einer Kultur, die auf steter Selbstvervollkommnung beruht. Wir kompensieren Minderwertigkeitsgefühle, indem wir hart an unserer Perfektionierung arbeiten. Wir arbeiten daran, uns zu verbessern, wir arbeiten hart daran, aber sind wir dann fertig? Nein. Danach arbeiten wir uns an etwas anderem ab. Und haben wir es dann hinter uns? Nein. Wann sind wir also vollkommen? Nie. Selbstverbesserung ist ein Bluff. Als wären wir auf der Straße zur letzten Vollendung. Wenn wir uns nur genug verbessern könnten, würden wir irgendwann das Ende der Straße und die Vollendung erreichen. Das ist ein Bluff. Perfektionismus ist eine psychische Kompensation für Minderwertigkeitsgefühle.

Wenn wir akzeptieren, dass wir Fehler haben, können wir daran etwas ändern. Es ist egal, um welchen Fehler es sich handelt; *Selbstakzeptanz ist der Anfang der Veränderung.* Was immer wir ändern wollen – was immer uns mit Unbehagen erfüllt –, zunächst müssen wir es akzeptieren. Wenn ich etwas an mir ändern möchte, muss ich zunächst einmal akzeptieren, dass es etwas zu ändern gibt.

Das Problem ist freilich, dass wir uns nicht akzeptieren wollen, wie wir sind, weil wir uns sonst vielleicht ändern müssen. Und Veränderung ist bedrohlich. Deswegen verharren wir in unserer Verweigerungshaltung.

Ich persönlich halte Selbstveränderung für schwierig, wenn nicht eine Macht oder Kraft daran beteiligt ist, die größer ist als wir selbst. Wenn ich mich fürchte und in der Frequenz des Furchtsamen schwinge, sitze ich auf dem Schoß irgendeines allwissenden, allmächtigen und allgegenwärtigen Mysteriums, das ich nicht verstehen, geschweige denn ergründen kann. Auf diesem Schoß werde ich geliebt und akzeptiert mit all meinen Fehlern. Es gibt keine »Wenn-dann«-Klausel. Ich brauche nichts im Sinne der Selbstverbesserung zu tun, um ein akzeptiertes Mitglied der Familie zu sein. Ich werde geliebt und akzeptiert, so wie ich bin.

Wenn das Motto des Furchtsamen lautet: »Sicherheit und Schutz um jeden Preis«, wie kann ich mich dann je wirklich sicher und geschützt fühlen? Durch materielle Dinge? Nein. Ich nehme meinen Furchtsamen, setze mich auf den Schoß, fühle mich geliebt und akzeptiert und akzeptiere meine Erbschaft. Diese wird mit der Kultur auf uns weitergetragen. Aber ich glaube, wir haben noch ein anderes Erbe. Ich glaube, es gibt noch ein anderes Familiensystem, in dem Sie alle meine Brüder und Schwestern sind. In diesem Familiensystem werde ich geliebt und akzeptiert durch eine Höhere Macht: Vater, Mutter, Gott. Die Gnade dieser Liebe zu spüren ist wie ein Sicherheitsnetz. Ich fühle mich geborgen.

Wenn ich mich sicher und geschützt fühle, kann ich mich weiter auf die Weltbühne vorwagen.

Ich kann aber auch zu meinen alten Verhaltensmustern zurückkehren und das Sicherheitsnetz vergessen. Wenn ich mich unsicher und untüchtig fühle, wie kann ich da Selbstakzeptanz mit all meinen Fehlern spüren? Ich kann meine höchsten Werte nutzen, um mich zu unterstützen und sicher oben zu halten.

Ich wünschte, ich säße öfter auf jenem Schoß. Schließlich, wofür sind unsere Werte da?

Aber ich habe auch Freunde, andere Verrückte, die mir helfen können, zur Besinnung zu kommen. Ich finde, es ist wirklich schwierig, aber es ist wie eine Art Stressmanagement. Es ist so weit weg wie Ihr nächster Gedanke. Was ist mein Ziel? Perfekt zu sein? Okay, ich habe es vermasselt. Ich habe es nicht richtig gemacht. Hätte es besser machen können. Hätte es besser zur Darstellung bringen können. Hätte wortgewandter sein können. Ich hätte mitfühlender sein können.

Meine Gefühle können mich ebenfalls zur Besinnung bringen. Wo kommen sie her? Was kann ich von ihnen lernen? Ich habe gelernt, dass ich unter bestimmten Umständen, in denen ich mich verletzlich fühle, unbedacht bin. Ich kann mich selbst beobachten, und dabei kann ich die Energie finden, etwas anderes zu tun, weil ich mir selbst gegenüber aufmerksam bin.

Wenn ich zum Beispiel akzeptiere, dass ich manchmal unehrlich bin, dann kann ich mich beim Kommunizieren beobachten. Und wenn ich im Begriff bin, eine Lüge auszusprechen, kann ich mich dagegen entscheiden und etwas Ehrliches sagen, mehr wagen und verletzlicher sein, weil Unehrlichkeit oft mit Selbstschutz zu tun hat.

Hier ein Beispiel von Unehrlichkeit, wie sie absolut normal, aber ungesund ist. Haben Sie je an einem Kommunikationsseminar teilgenommen? Was wurde Ihnen da gesagt, welches das größte Problem bei der Kommunikation sei? Zuhören. Wir hören nicht zu. Leute reden. Und wir hören nicht hin. Richtig. Und wie viele Ohren haben wir? Drei: zwei am Kopf und eins in der Brust. Es ist das Herz (im Englischen h-*ear*-t/ear heißt Ohr auf Englisch).

Ich glaube, das Zuhören ist sehr wichtig, und ich stimme zu, wenn gesagt wird, dass es sich dabei um eine Kernfrage handelt, aber es ist nicht das größte Kommunikationsproblem, das wir haben. Wenn Sie mir zuhören und ich Sie anlüge, haben wir dann eigentlich wirklichen Kontakt miteinander?

Das größte Problem, das wir haben, ist, dass wir nicht riskieren, ehrlich zu sein. Als wir Kinder waren, sagte man uns, ehrlich währt am längsten. Aber was geschah, wenn wir ehrlich waren? Wir kamen in Schwierigkeiten. Also lernten wir was zu tun? Zu lügen. Überleben um jeden Preis, nicht wahr?

Ein Mann namens Tom Powers unternahm eine spirituelle Reise und schrieb dann 1959 ein fabelhaftes Buch mit dem Titel *First Questions on the Life of the Spirit* (Erste Fragen über das Leben des Geistes), das vor nicht langer Zeit unter dem Titel *Invitation to a Great Experiment* (Einladung zu einem großen Experiment) neu aufgelegt wurde. Powers trat 1942, also in den Anfangsjahren, den Anonymen Alkoholikern (AA) bei. In seinem Buch spricht er von den AAA: Alle Anonymen Abhängigen, da er die Idee vertritt, dass jedermann und jedefrau von irgendetwas abhängig ist. Wir alle lassen an dem einen oder anderen Punkt zu, dass unser Furchtsamer sich an eine ungesunde Person, Örtlichkeit, Sache, Verhaltensweise oder Substanz wendet, um unsere Minderwertigkeitsgefühle zu betäuben.

1985 kam eine Gruppe, an der ich teilnahm, unter der Leitung von Don Campbell zusammen und wir benutzten Powers' Buch als Arbeitsgrundlage. Wir trafen uns jede Woche für eineinhalb Stunden, um darüber zu sprechen, wie wir Gott in unserem Leben erfahren könnten. Wir lasen und diskutierten jede Woche drei oder vier Seiten und paraphrasierten, was wir gelesen hatten, um es besser zu verstehen. Wir kamen ungefähr bis zur Seite 90 und merkten, dass keiner von uns getan hatte, worüber das Buch sprach, also kehrten wir zum Anfang zurück und begannen erneut zu lesen. Es ist nicht leicht, gesund zu werden.

Ein Thema, über das Tom Powers spricht, ist Ehrlichkeit. Als ich diesen Teil des Buches las, dachte ich: *Okay, nächstes Thema.* Wenn etwas außer Frage stand, dann dies, dass ich ehrlich war. Ich halte mich sogar ungern in der Nähe unehrlicher Leute auf.

Nun, als Kind in meinem Familiensystem kam ich oft in Schwierigkeiten. Wäre ich ehrlich zu meinen Eltern gewesen, dann hätte das meinem Überlebensinteresse widersprochen. Als ich im College war, hörten meine Eltern, dass ich mit Drogen experimentierte, und stellten mich zur Rede. Ich war dreiundzwanzig und entschloss mich zum ersten Mal in meinem Leben, vollkommen ehrlich zu sein. Endlich fähig zu sein, ihnen die Wahrheit über alles zu sagen, war für mich eine große Erleichterung.

Es fühlte sich so gut an, dass ich von da an entschied, immer ehrlich zu sein. Vorher war ich unehrlich gewesen, aber von da an nicht mehr. Zumindest glaubte ich das.

Bevor meine Frau und ich heirateten, lebten wir für kurze Zeit zusammen. Ich war ein ehrlicher Mensch und erzählte meiner Mutter davon. Aber ich sagte kein Sterbenswörtchen darüber zu den Eltern meiner Frau. Warum nicht?

War ich wirklich ehrlich oder war ich nur selektiv ehrlich? Ich war nur selektiv ehrlich. Ich glaube, mein Grad an Ehrlichkeit hatte damit zu tun, dass ihr Vater im

Hockeyteam der Universität im Tor gestanden und im Footballteam den Center gespielt hatte. Und er konnte Männer mit Pferdeschwanz nicht ausstehen. Sehen Sie, wie leicht man rationalisieren kann?

Tom Powers' Buch konfrontierte mich mit meiner Unehrlichkeit. Indem ich akzeptierte, dass ich manchmal unehrlich war, konnte ich daran arbeiten, ehrlich zu werden. Solange ich nicht akzeptiere, dass ich unehrlich sein kann, fahre ich fort, bewusst oder unbewusst Leute hinters Licht zu führen. Wir können andere Menschen sogar hinters Licht führen, ohne zu lügen. Schweigen ist auch eine Form des Nicht-die-Wahrheit-Sagens.

Ich habe auf diesem Gebiet Fortschritte gemacht. Ich riskiere viel mehr als früher. Aber wissen Sie was? Ich kann immer noch unehrlich sein, ohne je eine Lüge zu erzählen. Ich möchte weiterhin ein Auge haben auf die Art, wie ich kommuniziere. Ich möchte es weiter beobachten. Ich möchte mir bewusst machen, was ich eigentlich tue. Ich muss den Scheinwerfer meiner Aufmerksamkeit auf mein Bestreben richten, aufrichtig zu kommunizieren.

Das beobachtende »Ich«

»Wie zwei goldene Vögel hoch droben in demselben Baum, wie innige Freunde wohnen das Ich und das Selbst im selben Körper. Ersteres isst die süßen und sauren Früchte des Lebens, während Letzteres aus der Distanz zuschaut.«

Die Mundaka Upanischad

Was würde geschehen, wenn wir selbst aus einer höheren oder größeren Perspektive auf uns herunterschauen, unser Verhalten und unser Leben beobachten könnten? Die Idee der Selbstbeobachtung – darauf zu achten, was wir tun und was wir dabei fühlen – gehört zentral zum Gesundsein. Wir müssen beobachten, was wir tun, weil es der einzige Weg ist, wie wir mit Bewusstsein handeln können.

Und hier ist das Geheimnis: Schon indem wir beobachten, ändern sich unsere Verhaltensweisen. Wir brauchen nicht selbstkritisch zu sein. Wir müssen weder abwerten noch verurteilen. Wir müssen nur uns selbst beobachten. Wenn ich mit jemand anders rede und dabei auf mich selbst achte, mich beobachte, kann ich mich ändern. Ich kann es riskieren, offener und ehrlicher zu sein. Das ist der Beobachter-Effekt.

Hier ein Beispiel, das den meisten von uns nicht unbekannt sein wird – Weihnachtsbäckerei. Ich bin ein Kind und rieche den Duft von Gebäck aus der Küche. Es ist Weihnachtsgebäck – und was mögen Kinder? Naschereien. Ich möchte von dem Gebäck haben. Mein olfaktorischer Apparat weckt mein limbisches System, um dem Kortex zu signalisieren, er möge meinen Körper in Richtung Küche bewegen. Ich gehe hinein und meine Mutter sagt: »Du willst dir doch nicht den Appetit verderben.«

Doch sie gibt mir ein bisschen von dem Teig, ein Plätzchen oder was auch immer. Ist das genug? Reicht das? Nein. Es ist nicht genug. Also sage ich: »Komm, ich mag noch mehr. Ich esse auch mein Abendessen auf. Ich verspreche es … bitte.«

Ich beiße auf Granit. Aber noch gebe ich mich nicht geschlagen. Ich tue so, als ob ich hinausginge, aber in Wahrheit passe ich genau auf, was in der Küche vor sich geht. Sowie die Mutter die Küche verlässt, sause ich hinein, um mir noch mehr zu nehmen. Ich greife gerade danach, als sie zurückkehrt. Es bedarf keines Wortes. Nur weil ich beobachtet werde, ändert sich mein Verhalten.

Wir müssen nur beobachten. Wir müssen nur auf uns selbst aufpassen, und unser Verhalten ändert sich. Es ist der Beobachtereffekt.

G. I. Gurdjieff war ein rätselhafter Lehrer. Es wird berichtet, dass er fünfundzwanzig Jahre lang durch Asien reiste, um bei verschiedenen Leuten zu studieren. Um 1920 gründete er in Frankreich eine Schule und lehrte seine Schüler unter anderem, dass Beobachtung ein erster Schritt sei, um ein ganzer Mensch zu werden. Er sprach vom beobachtenden »Ich« und dem persönlichen »Ich«. Jeder von uns besitzt ein beobachtendes »Ich«. Das beobachtende »Ich« muss darüber wachen, was das persönliche »Ich« tut. Wenn das beobachtende »Ich« darauf aufpasst, was das persönliche »Ich« tut, verhält sich dieses anders.

Es ist die gleiche Idee, die auch in dem Zitat von den zwei goldenen Vögeln anklingt. Uns selbst zu beobachten ist uns allen möglich. Aber wissen Sie was? Weil normal ungesund ist, tun es nur die wenigsten. Es gehört zur Normalität, uns selbst und insbesondere die Persönlichkeit als Einheit zu sehen. Dieses zweite »Ich«, der Beobachter, ist immer vorhanden, aber er kann erst helfen, wenn er anerkannt und geschätzt wird.

Doch selbst dann fallen wir noch in Schlaf, zurück in die kulturelle Trance. Ich beobachte mich selbst, ich beobachte ... Ich schlafe ein; ich leide an psychischer Narkolepsie. Selbst wenn ich hellwach bin, schlafe ich. In einer Nanosekunde kann ich alles vergessen, was ich weiß – ich schlafe. Der Autopilot ist angeschaltet. Der Tempostat. Und wissen Sie, was ich brauche? Ich brauche andere Menschen in meinem Leben. Ich brauche andere Menschen, die mich ebenfalls beobachten, wenn und weil ich einnicke.

Risiken eingehen

Ich kann beobachten, was ich tue, aber ich kann auch darauf Acht geben, was ich nicht tue. Es ist mir keineswegs gleichgültig, wie produktiv ich bin oder gewesen bin. Verglichen mit meinen Fähigkeiten kratze ich nur an der Oberfläche. Das weiß ich.

Zum Beispiel schreibe ich seit über zehn Jahren an diesem Buch. Sie kennen doch Faultiere? Wissen Sie, dass manchmal tatsächlich Moos auf einem Faultier wächst – dass Faultiere Moos ansetzen? Das ist eine Tatsache. Ich fange an, bei mir selbst nach Spuren von Moos zu suchen. Ich halte nach Moos Ausschau.

Ich habe dieses Buch 1989 zu schreiben begonnen. Warum dauerte es so lange, bis das Projekt abgeschlossen war? Warum? Ich werde es Ihnen erklären.

Wenn man etwas nicht abschließt, dann riskiert man nichts. Wenn ich ein Buch vollende, dann liest es womöglich jemand. Ich riskiere, dass andere meine Ideen ablehnen. Und diese Ablehnung, diese potenzielle Kritik würde mich persönlich treffen. Und wenn meine Minderwertigkeitsgefühle auf diese Weise verstärkt werden, dann ist das so unangenehm, dass ich den Abschluss des Buches sabotiere. Ich lasse das Buch eingehen und zerstöre jene Gefühle, bevor sie *wirklich* werden.

Mein Furchtsamer entwirft schlimmstmögliche Szenarios, um mich keiner Ablehnung aussetzen zu müssen. Ich bleibe im sicheren Bereich, wenn ich das Buch nicht abschließe. Dann kann es keiner lesen und herausfinden, wie dumm, unoriginell, banal und oberflächlich ich bin.

Diese Gedanken sind ein perfektes Beispiel dafür, warum normal ungesund ist. Mein Furchtsamer will das Risiko vermeiden und damit auch die Furcht, die mit dem Risiko verbunden ist. Für ihn besteht Risikomanagement darin, dass ich es vermeide, in den Augen der Welt als Trottel oder Versager dazustehen. Indem ich das Buch oder auch bestimmte andere Projekte nicht ausführe, verringere ich diese Gefahr. Allein schon wenn ich mir die Ablehnung vorstelle, verstärke ich meine Gefühle des Ungenügens.

Als Risikomanager hält mein Furchtsamer das Risiko möglichst gering, indem er immer neue Gründe dafür findet, warum ein Projekt nicht abgeschlossen werden sollte: *Warum soll irgendjemand dieses Buch lesen? Es gibt schon so viele andere gute Bücher auf dem Markt. Warum glaubst du, dass du da noch etwas zu sagen hast? Es ist so schwierig, dein Material auf klare Weise vor dem Leser auszubreiten. Abgesehen davon wirst du für eine Menge anderer Sachen, die dir wirklich Spaß machen, keine Zeit mehr haben.*

Und wenn ich mich zum Schreiben niedersetze, um mich durch den inneren Widerstand des Furchtsamen hindurchzuarbeiten, spüre ich, dass Ablenkungen aller Art auf mich lauern:

Weißt du, ich glaube, du holst dir jetzt mal was zu essen.

Sieh dir den Fußboden an. Es ist doch unglaublich, wie schmutzig er ist. Wenn der Boden sauber wäre, könntest du besser schreiben.

Du brauchst dringend etwas Bewegung. Ja, das ist die Lösung. Du wirst besser schreiben und dich besser konzentrieren können, wenn du erst ein bisschen Sport treibst und danach unter die Dusche gehst.

Ironischerweise ist der Furchtsame unendlich erfinderisch, wenn es darum geht, mich von meiner eigentlichen Aufgabe abzuhalten. Er wird einen Umweg nach dem anderen entwerfen, um mich daran zu hindern, zum Ende zu kommen.

Und dann, um dem Schaden noch den Spott hinzuzufügen, sagt er: *Du bist wirklich ein Jammerlappen! Du wirst das Buch nie fertig kriegen. Du hast die ganzen Jahre nur Seifenblasen produziert. Warum vergisst du's nicht einfach!*

Ich sehe, wie immer wieder die gleichen Probleme auftauchen, aber ich sehe auch, dass ich in meiner Entwicklung Fortschritte mache. Allerdings muss ich mir immer wieder erneut einprägen, wie man Fortschritte macht. Ich muss mich an meine neotenischen Anlagen erinnern und muss an sie erinnert werden: Anpassungsfähigkeit, Plastizität, Formbarkeit und Experimentierfreudigkeit.

Die Erinnerung daran kann nützlich für Sie sein: Denken Sie an einige kognitive Festlegungen, die Sie vorzeitig vorgenommen haben, überprüfen Sie sie und sagen Sie sich: »Vielleicht möchte ich es noch einmal riskieren. Ich habe es schon einmal riskiert und wollte nicht wieder enttäuscht werden, aber schließlich bin ich neotenisch.«

Vielleicht fallen Sie auf die Nase, aber zu wissen, dass Sie neotenisch sind, polstert Ihre Psyche ein wenig. Und denken Sie an Rumis Gedicht über das Fallen und die Flügel. (»Sie fallen und fallend wachsen ihnen Flügel.«) Wenn wir fallen, müssen wir daran denken, dass uns wirklich Schwungfedern wachsen. Und wenn unsere Freunde, unsere Partner oder unsere Kinder fallen, so sprießen vielleicht aus ihren Schultern Flügel hervor.

»Der Weg der Liebe ist kein/ leiser Streit./ Die Tür dorthin/ ist Verzweiflung.« Waren Sie in einer Beziehung, die nicht funktioniert hat? Großartig. Was haben Sie daraus gelernt? Wenn wir ein bisschen fliegen wollen, werden wir fallen müssen. Es tut weh. Wir müssen uns einfach erlauben, so lange zu fallen, bis wir lernen, gesunde Beziehungen aufzubauen.

Vor längerer Zeit habe ich eine Gruppe gefragt: »Was sagen Sie zu sich selbst, wenn Sie einen Fehler machen?« Fast jeder machte sich Vorwürfe. Doch eine Frau erklärte, wenn sie einen Fehler mache, sage sie schlicht: »Oh.«

Ich fragte nach: »Wenn Sie einen Fehler machen, dann sagen Sie zu sich: ›Oh?‹« Sie antwortete: »Genau.«

Ich sagte: »Gehen Sie in die Ecke und schämen Sie sich. Das klingt verdächtig gesund. Ich werde Sie der Gedankenpolizei melden.« Und dann fügte ich hinzu:

»Warum sagen Sie ›Oh‹?« Und sie sagte: »O-H, Only *H*uman.« (Das ist nur menschlich.)

Ich fragte: »Haben Sie das immer schon gesagt?« Sie antwortete: »O nein. Früher war ich eine unglaubliche Perfektionistin und dann war ich jahrelang in einer Therapie.«

Leute, spart euch das Geld! Wir können uns ändern. Was uns von anderen Tieren unterscheidet, ist unsere Fähigkeit zur Veränderung. Wir besitzen die neotenischen Anlagen des Kindes – Anpassungsfähigkeit, Flexibilität, Plastizität, Verspieltheit, Experimentierfreudigkeit. All diese Anlagen stützen die Fähigkeit zur Veränderung.

Montagu formuliert es am besten: »Plastizität ist von all unseren Anlagen die neotenischste ... Die herausragende Fähigkeit des Menschen ist seine Bildbarkeit ... Die natürliche Auslese bei Menschen begünstigt jene Genkomplexe, die ihre Besitzer befähigen, ihr Verhalten aufgrund von Erfahrung an jede Bedingung anzupassen.«

Fehler machen

Also können wir lernen. Was können wir noch tun, um gesund zu sein, um gesunde Beziehungen zu anderen Menschen zu haben, um effektiver zu handeln und um mehr Spaß dabei zu haben? Alles das erfordert Lernen und während wir etwas Neues lernen, werden wir Fehler machen.

Das Problem ist, dass wir uns minderwertig fühlen,

wenn wir Fehler machen. Ich finde, die »O-H«-Frau hat es auf den Punkt gebracht. Tatsächlich glaube ich, dass wir unsere Reaktionen darauf, wenn jemand einen Fehler macht oder niest, einfach austauschen sollten. Jemand niest und was sagen wir? »Gesundheit.« Jemand macht einen Fehler und was sagen wir? »Pass doch auf!« Wir sollten es einfach austauschen. Wenn jemand einen Fehler macht, sagen wir: »Gesundheit. Du bist nur ein Mensch.« Wenn jemand niest, sagen wir: »Pass doch auf. Wieso verstreust du deine Bazillen im ganzen Raum?« Fehler kommen sehr viel häufiger vor als Nieser. Wir würden unseren Mitmenschen also sehr viel öfter etwas Gutes wünschen, als sie zurechtweisen.

Wer profitiert davon, wenn wir uns mit unseren Fehlern lieben und akzeptieren? Alle. Warum? Je mehr ich mich mit meinen Fehlern liebe und akzeptiere, um so nachsichtiger gehe ich mit Fehlern um, die andere machen. Die Art, wie ich mit anderen umgehe, hat nichts damit zu tun, was ich ihnen gegenüber fühle; es hat damit zu tun, was ich mir selbst gegenüber fühle. Was passiert aber, wenn wir genau damit unsere Schwierigkeiten haben? Was dann?

Jonglieren ist eine schöne Metapher für Lernen. Haben Sie je ein paar Bälle oder Früchte in die Hand genommen und versucht, damit zu jonglieren? Haben Sie etwas gelernt?

Fast jeder hat schon einmal probiert zu jonglieren. Sie versuchen zum ersten Mal zu jonglieren und scheitern natürlich. Es gibt gute Gründe, warum Sie es nicht können. Ich meine, wenn Sie es schon einmal versucht haben, wissen Sie, dass es nicht einfach ist. Die Bälle fallen immer wieder zu Boden. Es braucht Übung. Haben Sie gedacht: *Tja, ich bin einfach nicht geschickt genug?*

Oder haben Sie jemanden gesehen, der es auch versucht hat und es sofort konnte?

Wir vergleichen uns mit anderen Leuten. Wir sehen, wie schnell sie etwas lernen, messen uns mit ihnen und fühlen uns unfähig. Und wir sagen: »Tja, ich hab's versucht und konnte es nicht.« Und wir sagen: »Ich kann es nicht. Ich meine, es ist nicht mein Fehler. Ich hab's versucht. Ich kann es einfach nicht.« Haben Sie das schon mal von Ihren Kindern gehört? »Ich kann es nicht finden? Es ist nicht da. Ich habe schon überall danach gesucht.« Und Sie gehen ins Zimmer, und dreißig Sekunden später haben Sie es gefunden.

»Ich kann nicht« heißt, *es ist nicht meine Schuld.* »Es ist nicht meine Schuld« ist ein anderer Ausdruck für das Opferbewusstsein. Wir scheuen die Aussage *will nicht* aus dem Grunde, weil sie Selbstverantwortung beinhaltet. »Na ja, ich habe einfach keine Lust dazu. Nicht, dass ich es nicht könnte. Aber ich will einfach nicht.«

Ich neige zu der Ansicht, dass jeder Jonglieren lernen kann, dass es aber nur wenige Leute tun. Ich habe noch nie jemanden getroffen, der es nicht hätte lernen können. Das Problem ist, dass, wenn Sie etwas Neues versuchen, Sie es nicht gleich perfekt können und denken: *Ich kann es nicht. Ich hab' nicht genug Talent, wenn ich es nicht gleich richtig mache.* Denken Sie einmal darüber nach, dass es sich hier um eine vorzeitige kognitive Festlegung handelt.

Weiter vorn habe ich darüber gesprochen, wie wir lernen, uns selbst und die Welt zu sehen, und darüber, wie dieses Lernen unsere Fähigkeit behindert, unser Potenzial als Menschen voll zu entfalten. Wir nehmen vorzeitige kognitive Festlegungen vor. Wir lernen, wie wir über uns selbst und die Welt zu denken haben, und dies produziert Beschränkungen oder konzeptuelle Grenzen.

Nun, wenn jemand sagt: »Kannst du jonglieren?«, sagen Sie: «Nein, das kann ich nicht. Hab's versucht, ging nicht.« Sie zapfen die Datenbank Ihrer Lebenserfahrung an, wo Sie die Erinnerung und die Überzeugung aufbewahren, dass Sie es zwar versucht haben, es aber nicht können. Warten Sie … Geht es um »nicht können« oder »nicht wollen«? Sind Sie willens, genug Fehler zu machen, um sich das Recht zu erwerben, Erfolg zu haben?

Ich habe als Student Jonglieren gelernt. Es gibt ein Geheimnis beim Jonglieren. Das Geheimnis des Jonglierens ist …? Sie haben kein Recht auf die Kunstfertigkeit, solange Sie nicht genug Fehler machen, um sie zu erwerben. Was geschieht, wenn Ihnen die Bälle oft genug zu Boden fallen? Sie hören auf, sie fallen zu lassen. Wenn Sie oft genug danebengegriffen haben, wissen Sie, wie man jongliert.

Sie bekommen das Recht auf eine Fertigkeit, indem Sie genug Fehler machen, um sie zu erwerben. Wie oft müssen Sie die Bälle fallen lassen? Einfach oft genug. Die Lernkurve sieht bei jedem Menschen anders aus. Jonglieren erfordert eine besondere Kombination von Fertigkeiten und manche erwerben sie schneller als andere, aber fast jeder kann jonglieren. Also machen Sie sich keine Sorgen darüber. »Genug« stellt sich dann ein, wenn Sie die Bälle nicht mehr fallen lassen.

Sie können es sich auch einfacher machen. Wenn Sie die Bälle vor einer Wand in die Luft werfen, werden sie nicht die parallele Flugbahn vor Ihrem Körper verlassen. Sie können über einem Bett üben, sodass Sie sich nicht so tief bücken müssen und die Bälle nicht so weit wegrollen. Aber Sie werden sie fallen lassen müssen. Wenn Sie wieder und wieder und wieder danebengegriffen haben, wenn die Bälle Ihnen oft genug heruntergefallen sind, haben Sie das Recht erworben zu wissen, wie man jongliert.

Das Problem ist, dass wir, wenn wir etwas Neues versuchen und scheitern, unseren Misserfolg als Grund benutzen, um unsere Minderwertigkeitsgefühle zu verstärken. »Ich kann nicht jonglieren. Ich bin nicht geschickt genug. Ich kann das nicht lernen. Ich habe es schon mal versucht, aber ich war nie gut in Sport.«

Wir haben eine Beziehung, die nicht funktioniert. Wir denken: *Hab's versucht, ging nicht.* Wir entscheiden uns, es nicht noch einmal zu versuchen, und wissen Sie, warum? Nicht, weil wir keine gute Beziehung mit jemandem da draußen aufbauen könnten. Sondern weil wir nicht noch einen Fehler riskieren wollen, denn es tut verdammt weh.

Was, wenn wir die Schuldfrage beim Fehlermachen abschaffen? Was, wenn wir den Schuldvorwurf beim Versagen abschaffen würden, sodass es keinen negativen Beiklang mehr hätte? Was, wenn wir uns die Erlaubnis erteilen würden, im Lernprozess Fehler zu begehen?

Es gibt natürlich Risiken. Wie können wir ein Unterstützungssystem schaffen, sodass, wenn wir Fehler machen, andere Menschen uns helfen, mit ihnen fertig zu werden? Gibt es in Ihrem Arbeitsbereich Fehler-des-Monats-Treffen, wo Leute zusammenkommen, sich hinstellen und über ihre größten Fehler sprechen? Warum tun wir das nicht in unseren Familien und sonstigen organisatorischen Systemen? Weil es in unserer Kultur nur eine Art gibt, wie man etwas macht, nämlich richtig.

Wir lieben unsere Triumphe und Erfolge, haben aber Schwierigkeiten mit unseren Niederlagen, Verlusten und Fehlern. Das ist traurig, weil wir Niederlagen, Verluste und Fehler brauchen, um zu lernen, wie wir in einem volleren Sinn wir selbst sein können und unsere Fähigkeit umfassender ausdrücken können. Wir müssen durch den Prozess des Fehlermachens hindurch.

Ein paar Jahre nachdem ich Jonglieren gelernt hatte, schenkte mir meine Frau zu Weihnachten Jonglierkeulen. Ich öffnete das Paket und dachte: *Mensch, neues Spielzeug.* Ich nahm die Keulen heraus, die vier Mädchen standen am Weihnachtsbaum um mich herum, alle sahen mich an. Wissen Sie was? Es gelang mir nicht, mit den Keulen zu jonglieren. Raten Sie mal, wie ich mich fühlte, als ich vor den Mädchen versagte. Ich fühlte mich ziemlich tölpelhaft und nahm mir vor, für mich allein zu üben, sodass niemand sehen konnte, wenn mir etwas misslang. Ich würde mich zurückziehen und dann, wie durch Magie, kunstfertig zurückkehren und allen zeigen, wie toll ich war.

Heimlich begab ich mich zum einsamen Training – und dann hatte ich dieses Aha-Erlebnis. Moment mal! Ich möchte keine Fehler für mich allein machen. Ich möchte sie vor aller Augen machen. Ich möchte, dass

196

meine Kinder mich immer wieder scheitern sehen, sehen, wie ich frustriert bin und doch nicht aufgebe. Genau das tat ich dann. Ich habe wieder und wieder danebengegriffen, und nachdem mir die Keulen oft genug heruntergefallen waren, lernte ich schließlich, mit ihnen zu jonglieren.

Was geschah, war einfach. Ich erinnerte mich an mein eigenes Glaubenssystem: B.L.V.F. Alles, was ich tue, kann ich *Besser*, wenn ich bereit bin, zu *Lernen*. Aber ich *Verdiene* mir mein Lernen auf altmodische Weise, indem ich genug *Fehler* mache. Ich glaube, dies ist der Schlüssel zum Lernen. Wenn wir aus alten Verhaltensmustern ausbrechen und uns neue, gesündere Reaktionsweisen auf Stresssituationen in unserem Leben aneignen wollen, dann wird es eine Lernkurve geben, durch die wir wachsen können.

Manchmal haben wir Glück und es gelingt beim ersten Versuch. Aber meistens ist das nicht der Fall. Wir werden vielleicht frustriert, aber das rührt daher, dass wir nicht genug geübt und nicht genug Fehler gemacht haben. Es spielt keine Rolle, was wir lernen. Es geht um *trial and error,* um das Ausprobieren. Alle Wissenschaft beruht auf der Methode des empirischen Versuchs. Als Kinder haben wir genau so gelernt. Wir waren alle kleine Wissenschaftler. Das experimentierfreudige Kind betreibt die ganze Zeit Wissenschaft, probiert etwas und scheitert. Die neotenische Anlage bedarf während des ganzen Lebenszyklus der Anregung, nicht nur in der Kindheit.

Ein Teil des Syndroms, das wir »normal, aber ungesund« nennen, hat mit der Entwicklungsfähigkeit zu tun.

Von null bis sieben Jahren, von der Geburt bis zum Alter der beginnenden Vernunft, findet eine unglaubliche Entwicklung statt. Es ist erstaunlich, was da passiert. Es flößt einem Ehrfurcht ein, wenn man sieht, wie sich das Ganze entfaltet. Sieben ist das Alter der beginnenden Vernunft.

Dann von sieben bis vierzehn Jahren, vom Alter der einsetzenden Vernunft bis zur Pubertät, gibt es ebenfalls große Entwicklungsschritte. Von vierzehn bis einundzwanzig, von der Pubertät bis zur späten Adoleszenz, dem frühen Erwachsensein, findet immer noch ein erkleckliches Maß an Entwicklung statt. Was aber ist mit der Entwicklung von einundzwanzig bis achtundzwanzig; achtundzwanzig bis fünfunddreißig; fünfunddreißig bis zweiundvierzig; zweiundvierzig bis neunundvierzig; neunundvierzig bis sechsundfünfzig; sechsundfünfzig bis dreiundsechzig? Sie verlangsamt sich gewaltig.

Tatsächlich kann unsere persönliche Entwicklung schon zu Ende sein, lange bevor der Film vorbei ist. Wir schlüpfen in eine Schublade, lange vor dem Sarg, und vertrocknen, lange bevor wir zu Staub zerfallen.

Wir lernen, wie wir unser ganzes wichtiges Erwachsenenzeug zu bewältigen haben. Wir lernen, unsere Berufe auszuüben. Wir wissen, wie wir mit Verantwortung umzugehen haben, und wir zeigen, dass wir tüchtig und verlässlich sind. Wir lernen, wie man Dinge richtig macht, und dann tun wir immer weiter das, was wir können. Wir beweisen, dass wir in einem speziellen Bereich besonders fähig oder kompetent sind, und der Furchtsame in uns fühlt sich wohl bei der Wiederholung solch aufgabenspezifischen Verhaltens.

Aber wenn es darum geht, neue Gebiete zu erforschen oder Bereiche vergangener Schmerzen und Misserfolge, neigen wir dazu, zu sagen, *hab's versucht, ging nicht*. Kann es sein, dass wir vorzeitige kognitive Festlegungen vorgenommen haben? Vielleicht können wir es doch. Vielleicht waren wir einfach nicht bereit, uns auf diesen manchmal schmerzhaften und frustrierenden Lernprozess einzulassen.

Erinnern wir uns, was die evolutionäre Intelligenz uns nahe gebracht hat. Unsere neotenischste Anlage oder Eigenschaft ist unsere »Plastizität« und durch unseren ganzen Lebenszyklus hindurch bleiben wir »bildbar«.

Rückblick auf den ersten Teil des Films

Lassen Sie uns im Rückblick noch einmal die Implikationen der Dynamik des ersten Filmteils betrachten. Was treibt den ersten Teil des Films an? Furcht. Was treibt die Stressreaktion an? Furcht treibt sie an und die Stressreaktion ist eine Überlebensreaktion.

Angesichts von Furcht wird das Überleben zu einer Frage von äußerster Wichtigkeit; aber wir können unser ganzes Leben lang überleben, ohne es je wirklich zu leben. Überleben ist nicht das Gleiche wie Gedeihen. Überleben ist ein Anfang.

Welches sind im ersten Filmteil unseres Lebens die Implikationen für unsere Beziehungen? Anfänglich sind wir dependent, das heißt abhängig, und dann kodependent. *Wir haben diese Minderwertigkeitsgefühle, aber wir wollen, dass niemand davon weiß.*

Wie sieht die andere Seite der Medaille jener Kodependenz aus? Was ist die andere Seite der Medaille, die »normal ist ungesund« heißt? Als Kinder lernen wir, entweder folgsam oder trotzig zu sein. Beide Verhaltensweisen haben einen äußeren Bezugspunkt. Wir können unseren Altersgenossen gegenüber folgsam sein, während wir auf Autoritätspersonen trotzig reagieren. Doch in beiden Positionen lassen wir unser eigenes Inneres außer Acht.

Wir lernen, unsere eigenen Bedürfnisse zu vernachlässigen, aber wissen Sie was? Zugleich lernen wir, ichbezogen zu sein. Im ersten Teil des Films sind wir egozentrisch, aber wir wissen dennoch nicht, wie wir in unserem eigenen besten Interesse handeln sollen. Wir sorgen uns um das Bild, das wir in den Augen anderer Leute abgeben. Der Furchtsame möchte um alles in der Welt vermeiden, dass andere Leute seine heimlichen Minderwertigkeitsgefühle entdecken, und also streben wir danach, einem Bild zu entsprechen, von dem wir glauben, andere wollten es sehen.

Warum vernachlässigen wir unsere Bedürfnisse und konzentrieren uns darauf, den Bedürfnissen anderer Leute gerecht zu werden? Weil so im Gegenzug unseren Bedürfnissen entsprochen wird. Weil wir kodependent sind, liegt unser Bezugssystem außerhalb von uns; wir konzentrieren uns auf »da draußen« und warten, dass alle Lösungen aus der Lebensumwelt kommen. Wir lernen, dass die Leere in uns von außen gefüllt wird. Wir gehen von leer zu voll über, indem wir konsumieren.

Das medizinische Establishment dient als Reparaturwerkstatt, um die Gesellschaft am Laufen zu halten. Wir sind zu Ärzten ausgebildet worden. Das Wort Arzt hängt mit Arznei zusammen. Uns wurde auf der medizinischen Fakultät beigebracht, Ärzte zu sein, und nicht Doktoren. Doktor bedeutet »Lehrer«. So sind wir Mediziner statt Lehrer geworden. (Maria Montessori durchbrach dieses Muster.) Das Problem ist nur, dass es manchmal funktioniert.

Wir als Ärzte verschreiben die Medizin: »Sie haben Depressionen? Hier, nehmen Sie das dagegen. Sie haben Angstgefühle? Hier, nehmen Sie das dagegen. Sie sind bisexuell? Probieren Sie das mal. Was immer Sie haben, kommt von einem biochemischen Ungleichgewicht in Ihrem Gehirn. Wenn Sie diese Pillen nehmen, wird das Gleichgewicht wieder hergestellt. Es ist nicht Ihre Schuld, dass in Ihrem Gehirn ein biochemisches Ungleichgewicht herrscht.« Das alles passt ins System, zu Ihrer Erfahrung, weil Sie vom Arzt, dem äußeren Bezugspunkt, abhängen, von dem Sie für Ihr Problem ein konsumierbares Heilmittel bekommen.

Hierbei spielt Lernen keine Rolle, abgesehen davon, dass Sie dieses seltsame biochemische Etwas in Ihrem Gehirn haben und eine Pille brauchen, die dieses biochemische Etwas kompensiert, mit dem Sie geboren wurden. Es gibt keinen Grund, darüber groß zu reden oder etwas zu ändern, denn es ist ja ein biochemisches Ungleichgewicht, das korrigiert werden muss. Körperliche Leiden werden ganz ähnlich behandelt. »Sie haben hohen Blutdruck; hier ist eine Pille …« Und so weiter.

Mit dem Lernen über die Verbindung von Körper und Geist erzielen wir die gleiche Wirkung wie mit manchen Medikamenten. Das Heilmittel befindet sich nicht in der Pille; es ist in unserem eigenen Sein. Aber im ersten Teil des Films schauen wir gewöhnlich nicht in unser Inneres. Im ersten Teil ist die Dynamik, mit der wir funktionieren, normal und nach außen gerichtet. Wir sind passiv und von Autoritätspersonen abhängig, von »Doktoren«, die uns mit Medikamenten für unsere Probleme versorgen. In der Medizin wird das Gesundheitsmanagement genannt. Dies ist ein weiteres Beispiel dafür, warum normal ungesund ist.

Ich habe einmal im Fernsehen einen Management-Consultant gesehen, der Anrufe aus dem ganzen Land erhielt. Jemand rief an und fragte: »Wie managt man seinen Chef?« »Nun, Sie managen genauso nach oben wie nach unten. Es gibt drei Grundregeln des Managements: beobachten, voraussehen, kontrollieren. Zuerst beobachten Sie die Person, die Sie kontrollieren wollen. Dann, nachdem Sie sie beobachtet haben, können Sie voraussehen, was sie tun wird. Und wenn Sie voraussehen können, was die Person tun wird, dann können Sie sie kontrollieren.« Beobachten. Voraussehen. Kontrollieren. Was ist eine weitere Implikation hier im ersten Teil des Films? Manipulation.

Wir sind dabei, die *Implikationen des ersten Filmteils unseres normalen, aber nicht unbedingt gesunden Lebens zu* diskutieren. Wir werden abhängig (dependent) geboren. Wir werden zur Kodependenz erzogen. Angetrieben von Furcht, überleben wir in unserem Leben. Wir alle haben Gefühle des eigenen Ungenügens und der Unsicherheit, die wir vor anderen Menschen geheimhalten wollen. Wir projizieren ein Bild der Tüchtigkeit und Selbstsicherheit, um jene Gefühle zu kompensieren, sodass niemand unser Geheimnis erfährt.

Wenn wir über dieses Geheimnis offen reden könnten, ließen sich unsere Beziehungsprobleme vielleicht von einer anderen Perspektive angehen, nämlich von einer, die unser eigenes Gepäck enthält. Dann wären unsere Differenzen keine so unüberwindliche Hürde, weil unser Geheimnis eine Brücke wäre, die uns verbindet.

Um unser Geheimnis miteinander zu teilen, bedarf es allerdings der Offenheit und Ehrlichkeit. Und das riskieren wir im ersten Teil des Films nicht allzu häufig. Der Junge kommt von der Schule heim, geht in die Küche und holt etwas zu essen. Er nimmt sein Essen mit ins Fernsehzimmer, wo sein Vater vornüber gebeugt in einem Sessel sitzt, den Kopf in die Hände gestützt.

Der Sohn kann sehen, dass seinen Vater irgendetwas bedrückt. Also fragt er: »He, Papa, was ist los?« Was glauben Sie, was der Vater antwortet?

»Nichts.« Genau.

Warum sagt der Vater »Nichts«? Abgesehen von der Tatsache, dass der Großvater zum Vater in der gleichen Situation dasselbe gesagt hat, lassen sich eine Menge Gründe vorstellen. Er will seinen Sohn nicht beunruhigen. Sein Sohn würde es noch nicht verstehen. Sein Sohn kann ihm nicht helfen. Es ist zu kompliziert, um darüber zu reden. Oder er möchte wegen des Geheimnisses, von dem wir sprachen, nicht seine Verletzlichkeit, nicht seine Angst und Untüchtigkeit offenbaren.

Was tut der Vater also? Er belügt, aus welchen guten Gründen auch immer, seinen Sohn. Und was lernt der Sohn aus dieser Unterhaltung? Er hat soeben den Staffelstab von seinem Vater weitergereicht bekommen. Von jetzt an, wenn er ein Problem hat, das seinen Vater beunruhigen oder verärgern wird oder das sein Vater nicht verstehen oder bei dem sein Vater ihm nicht helfen kann, weiß er, was er zu sagen hat.

»Wie geht's, Junge?«

»Gut.«

»Irgendwelche Probleme?«

»Nöh.«

Warum sollten sich unsere Kinder offen und verletzlich zeigen, wenn sie unserem Beispiel folgen? Alle Eltern sind Vorbilder. Unser Beispiel als Eltern spricht Bände. Was wir nicht sagen, ist überdeutlich zu hören.

Der zweite Teil
des Films

11.

Der Liebe verwirrendes Glück

Ich möchte Ihnen gern ein weiteres Gedicht von Rumi
vorstellen:

Liebe hat mir meinen Alltag genommen
Und mich mit Poesie erfüllt.

Immerzu versuchte ich, leise zu wiederholen:
Keine Kraft als die deine,
Aber es misslang.

Ich musste in die Hände klatschen und singen.
Zuvor war ich angesehen, tugendhaft und fest,
Aber wer kann solchem Sturm standhalten
Und diese Dinge behalten?

Tief in sich birgt ein Berg ein Echo.
So trage ich deine Stimme in mir.

In deinem Feuer bin ich wie Reisig,
Rasch zu Rauch verzehrt.

Ich sah dich und wurde leer.
Diese Leere, schöner als Leben,
Sie löschte das Leben aus, und doch, wenn sie kommt,
Wächst das Leben und schafft mehr Leben!

Der Himmel ist blau. Die Welt ist ein blinder Mann,
Der an der Straße kauert.

Doch wer immer deine Leere sieht,
Blickt jenseits des Blaus und jenseits des blinden Mannes.

Eine große Seele wie Mohammed oder Jesus
Wandert verborgen durch die Menge in einer Stadt,
Wo niemand sie gewahr wird.

Preisen heißt preisen
Wie man der Leere
Sich hingibt.

Die Sonne preisen heißt deine Augen preisen.
Lobpreis dem Ozean. Unsere Worte ein kleines Schiff.

So geht die Seereise weiter und wer weiß, wohin!
Vom Ozean getragen zu werden ist das größte Glück,
Das uns widerfahren kann. Welch umfassendes
Erwachen!

Warum sollten wir uns grämen, weil wir schliefen?
Es ist gleichgültig, wie lange wir bewusstlos waren.

Wir sind erschöpft, aber lasst die Schuld los.

Spürt die Bewegung der Zärtlichkeit
Ringsumher, das Sprühen der Lebendigkeit.

Spüren Sie die Bewegung der Zärtlichkeit um sich herum. Die sprühende Lebendigkeit. Es ist gleichgültig, wie lange wir geschlafen haben. Lassen Sie die Schuld los.

Wenn wir die Leere fühlen, dann schätzen wir sie nicht. Wir schauen lieber nach draußen, in der Hoffnung, dort etwas zu finden, das unser Inneres erfüllt. Mein Freund Don Campbell beschreibt die Leere als ein »göttlich geformtes Vakuum«. Wir können versuchen, dieses Vakuum mit unserem Suchtverhalten zu füllen, das unser Unbehagen betäubt, oder mit unserem aufgabengerechten Verhalten, das unseren Wert beweist, aber all das wird nie genügen. Wenn wir uns hingegen erlauben, uns einfach unserer Leere zu überlassen, erfahren wir die Wahrheit des Paradoxons »weniger ist mehr«.

Im ersten Teil des Films haben wir mit der Leere Probleme. Wir mögen das Gefühl nicht. Es ist unangenehm. Wir suchen nach etwas, das wir in der Hand halten können, oder nach irgendeiner Bestätigung durch den Kosmos, um uns wohl zu fühlen. Im zweiten Teil des Films öffnen wir uns diesem Unbehagen und nehmen es als Sehnsucht wahr. Die Dynamik des ersten Filmteils ist eine von außen nach innen. Was treibt den ersten Teil an? Furcht. Was treibt den zweiten Teil an? Liebe.

Hier ein weiteres Gedicht von Rumi:

Wenn du willst, was sichtbare Wirklichkeit
Geben kann, bist du ein Lohnempfänger.

Wenn du die unsichtare Welt willst,
Lebst du nicht deine Wahrheit.

Beide Wünsche sind töricht,
Aber dir wird verziehen, dass du vergaßest,
Was du wirklich willst:
Der Liebe verwirrendes Glück.

Ist es nicht das, was wir wirklich wollen, der Liebe verwirrendes Glück?

Im zweiten Teil des Films schauen wir in unsere eigenen Herzen und erlauben der Flugbahn unseres Lebens, sich von innen nach außen zu bewegen. Im zweiten Filmteil unseres Lebens stehen wir zu unserer Bedürftigkeit. Wir verleugnen nicht mehr, was wir brauchen. Was brauchen wir alle? Liebe. Wir brauchen alle Liebe und Akzeptanz.

Wir brauchen Liebe und Akzeptanz. Im zweiten Teil des Films geben wir unsere Bedürfnisse zu und kommen in Berührung mit dem, was für uns mit dem Herzen, mit Bedeutung und Leidenschaft verbunden ist. Im zweiten Teil des Films bewegen wir uns in einem anderen psychischen Raum, in einem anderen psychospirituellen Raum. Wir kümmern uns nicht länger um die Kontrolle oder Manipulation anderer Menschen. Wir wollen immer tiefer in den zweiten realen Teil des Films einsteigen. Wir wollen weniger kontrollieren. Dies ist das Wenigere, das mehr ist. Es ist gesünder, wenn auch nicht normal.

Ich habe einmal Robert Bly gehört, wie er über ein wundervolles Gedicht von William Blake sprach, das von Beziehungen handelt. Blake beschreibt vier Stufen von Beziehungen:

Nun sehe ich ein vierfältig Gesicht
Und vierfältig wird mein Augenlicht
Vierfältig meiner Wonne Macht
Dreifältig sanft in Beulahs Nacht
Zweifältig auf Immer. Bewahre uns Gott
Vor Einsichtigkeit & Newtons Schlaf.

(Der Mathematiker Isaac Newton machte die Welt vorhersagbar. Er fand die Gesetze der klassischen Mechanik, der klassischen Physik.) Die Vorhersagbarkeit lässt wenig Raum für das verwirrende Glück der Liebe.

Es gibt vier Stufen von Beziehungen. Als Beispiel der ersten Stufe zitiert Bly einen New Yorker Taxifahrer: »Jeder ist sich selbst der Nächste.« Es ist ein bisschen kalt da unten auf der ersten Stufe.

Die zweite Stufe tritt ein, wenn wir uns in Beziehung zu anderen Menschen wahrnehmen. Wir stehen in Beziehung zu anderen, und als gute Kodependenten kümmern wir uns auch um sie. Dort ist es schon etwas wärmer.

Die dritte Stufe der Beziehungen ist Beulah. Beulah ist die Hitze und das Feuer der romantischen Leidenschaft. Wir erreichen die dritte Stufe und etwas passiert – ein Funke wird entzündet und wir verlieben uns. Erinnern Sie sich, wie sich das anfühlt, wenn man sich gerade verliebt hat? Jemand verliebt sich in einen und man kann es kaum glauben. Es ist wirklich heiß auf der dritten

Stufe. Tatsächlich sind Sie entflammt füreinander. Immer, wenn Sie zusammenkommen, können Sie die Hände nicht voneinander lassen. Es ist sehr intensiv.

Nun, wir können dort nicht stehen bleiben. Das ist Beulah. Es ist wunderbar, aber wir können dort nicht fünf, zehn, fünfzehn oder fünfzig Jahre lang verharren. Das liegt nicht daran, dass wir das Feuer nicht wiederbeleben könnten. Das können wir. Aber um ehrlich zu sein: Es ist nicht dasselbe.

Weil normal ungesund ist, neigen wir dazu, von Stufe drei, Beulah, auf die zweite Stufe zurückzufallen. Liebende werden eher zu Gefährten. Wenn auf dieser Stufe unsere Partner etwas tun, was wir von ihnen wünschen, unterstützen wir sie. Wenn sie aber etwas tun, das wir nicht wünschen, entziehen wir ihnen unsere Unterstützung.

»Was meinst du damit, ich würde kontrollieren?«

Aber es gibt noch eine vierte Stufe der Beziehungen. Die vierte Stufe ist die alchemistische, mystische Vereinigung, in der wir die schöpferischen Impulse in unseren Partnern unterstützen. Wenn sie etwas tun, das aus ihrem Herzen kommt, Bedeutung für sie hat und sie mit Leidenschaft erfüllt, unterstützen wir ihr Streben. Selbst wenn wir es nicht in ihr Drehbuch geschrieben haben, unterstützen wir es, weil sie damit etwas realisieren, was aus ihrem eigenen Zentrum kommt. Es kommt aus ihrem Herzen, hat Bedeutung für sie und erfüllt sie mit Leidenschaft. Und selbst, wenn wir es nicht für sie ausgesucht haben, werden wir sie darin unterstützen, weil wir sie auf der vierten Stufe lieben.

Gesunde Unterstützung ist die Ermutigung des schöp-

ferischen Impulses in anderen. Ich zitiere das Gedicht
noch einmal:

Nun sehe ich ein vierfältig Gesicht
Und vierfältig wird mein Augenlicht
Vierfältig meiner Wonne Macht
Dreifältig sanft in Beulahs Nacht
Zweifältig auf Immer. Bewahre uns Gott
Vor Einsichtigkeit & Newtons Schlaf.

Das, was Blake hier sagt, ist etwas Wichtiges. Ich glaube, dass die vierte Stufe der Beziehungen im zweiten Teil
des Films stattfindet, in dem die Menschen respektieren,
was aus ihrem Herzen kommt, was Bedeutung für sie
hat und sie mit Leidenschaft erfüllt. Und damit respektieren sie zugleich ihre eigenen schöpferischen Impulse.
Zuerst müssen wir eine solche Beziehung zu uns selbst
haben, bevor wir anderen die gesunde Unterstützung der
vierten Stufe geben können. Ich rede hier nicht von der
häufig verzerrten und beschränkten Sicht des Eros als
sexueller Form der Liebe, sondern vielmehr vom Eros
im klassischen griechischen Sinn. In der griechischen
Mythologie war Eros der Schöpfer des Lebens auf der
Erde. Leidenschaft kommt vom Eros her und lockt und
verlockt uns, den vierten Pol zu erforschen. Robert Shel-
ton, Autor und Professor, schrieb in seinem Buch *Loving
Relationships* (Beziehungen der Liebe), dass die Leidenschaft »nicht müde wird, uns in größere und tiefere
Dimensionen der Erfahrung zu führen. Manche, darunter der heilige Augustinus, haben im Eros dasjenige gesehen, was die Menschen zu Gott hin zieht.«

Wunderbar. Was bedeutet das alles für eine Beziehung? Es kann heißen, dass jemand einen soliden, sicheren, gut bezahlten Job hinschmeißt, um seiner oder ihrer Passion zu folgen, und in der Folge weniger Geld verdient. Im ersten Teil des Films kamen viele von Blakes Beziehungen der zweiten Stufe vor, voll von »Wenn-dann«-Klauseln. »Wenn ich ein neues Auto bekomme, wenn ich dieses oder jenes bekomme, dann darfst du deinen Traum erfüllen.«

Im zweiten Teil des Films gibt es keine »Wenn-dann«-Klausel im Drehbuch. Wenn unsere Partner ihren schöpferischen Impulsen folgen, unterstützen wir sie. Wir ermutigen sie darin, ihr Leben vom schöpferischen Impuls leiten zu lassen. Hier sehen wir Blakes vierte Stufe der Beziehungen.

Die Suche nach dem Gral

Wir können dieses Thema auch mit der Suche nach dem Gral vergleichen. Die Gralssuche repräsentiert laut dem Gelehrten Joseph Campbell, der sich mit komparativer Mythologie beschäftigt hat, den fundamentalen Mythos der westlichen Kultur. Der Gral war der Kelch, den Jesus beim letzten Abendmahl den Jüngern reichte.

Als Wissenschaftler habe ich dazu geneigt, die Mythologie abzutun, weil sie nicht auf Fakten beruhte. Dann entdeckte ich, dass ein Mythos eine Geschichte über etwas ist, das nie geschah, aber zugleich immerfort geschieht. Die Geschichte erzählt von einer Wahrheit, auch wenn sie selbst nie stattgefunden hat.

König Artus und die Ritter der Tafelrunde sind allesamt Teil der Grals-Mythologie. Zwischen den Achtzigerjahren des 12. und den Zwanzigerjahren des 13. Jahrhunderts wurden die vier bedeutendsten Epen der Gralssage verfasst, und diese verschiedenen Versionen teilen bestimmte Elemente miteinander.

Stellen Sie sich vor, Sie hätten im mittelalterlichen Europa gelebt. Alles was Sie in Ihrem Leben taten, war durch Ihre Herkunft vorbestimmt. Mit anderen Worten, wenn Sie als Leibeigene geboren worden waren, wurden Ihre Kinder auch Leibeigene. Wenn Sie als Adelige geboren worden waren, dann wurden Ihre Kinder Adelige. Stellen Sie sich vor, Sie sind ein Kleinbauer. Sie haben es irgendwann satt, in einer Hütte mit den Haustieren zusammen zu leben, also gehen Sie zu dem Herrenhaus, klopfen an die Tür und sagen: »Wissen Sie, ich habe es wirklich satt, in all dem Unrat mit den Tieren zu leben. Ich möchte lieber hier bei Ihnen wohnen?« Würde das gut ankommen?

Nein, man würde Ihnen sagen, Sie sollen sich zum Teufel scheren. Aber das Gegenteil trifft genauso zu. Stellen Sie sich vor, Sie sind adelig. Sie gehen hinunter zur Hütte und sagen: »Ich habe es satt, in all dem Überfluss zu leben. Ich möchte mit Ihnen im Unrat wohnen.« Man würde Ihnen sagen, dass Sie dorthin gehen sollen, wo Sie hingehören. Im Mittelalter war alles von der herrschenden Kultur bestimmt. Man heiratete nicht die Person, in die man sich verliebt hatte; man heiratete, wen immer die Familie für einen aussuchte. Was man auch tat in seinem Leben, es war durch die Herkunft vollständig vorherbestimmt.

Was war nun mit den Rittern der Tafelrunde? Was

immer ein Ritter tat, war von dem ritterlichen Verhaltenskodex festgelegt. Mit anderen Worten, das Verhalten eines Ritters war davon bestimmt, was er gelernt hatte. Seine Ausbildung war Teil seines Erbes.

In der Sage sitzen die Ritter am runden Tisch. Warum ist der Tisch rund? Weil jeder, der dort sitzt, gleich bedeutend ist. Nun, Artus hatte immer gern ein Abenteuer vor dem Abendessen. Eines Abends erscheint der Gral, von einem Schleier umhüllt, über dem Tisch. Parsifal, der den Schleier durchsticht, steht auf und sagt: »Ich begebe mich auf die Suche nach dem Heiligen Gral, um ihn unverhüllt zu finden.« Er setzt sich wieder und alle fangen an zu löffeln.

Nach dem Essen bricht Parsifal zu seiner Suche auf. Irgendwann zwischen fünf und zwanzig Jahren später kommt er schließlich zur Gralsburg. Er geht hinein, und der Gralskönig wird auf einer Tragbahre hinausgetragen, um ihn zu begrüßen. Parsifal ist so voller Mitgefühl und Mitleid, dass er den König fragen will, woran er leidet. Aber die überkommenen Traditionen haben ihn gelehrt, dass Ritter keine Fragen stellen. Also unterlässt er, wozu sein Herz ihn drängt. Er fragt den König nicht, was ihm fehlt. Er legt sich am Abend zum Schlafen nieder, und als er am nächsten Morgen erwacht ... ist das Schloss verschwunden.

Parsifal aber ist entschlossen und ausdauernd und setzt seine Suche fort. Jahre später findet er noch einmal zur Gralsburg. Der König wird hinausgetragen. Dieses Mal folgt Parsifal seinem Herzen und fragt den König, was ihm fehlt, und die Suche führt zum Erfolg. Parsifal kehrt heim und wird als Held empfangen.

Nun wollen wir sehen, auf welche Weise diese Sage mit unserem Thema zusammenhängt. Im ersten Teil des Films erhalten wir ein Erbe. Die Kultur wird an uns weitergegeben. Wir werden akkulturiert, das heißt passen uns der Kultur an. Wir lernen zu tun, was richtig ist. Es gehörte sich für den Ritter nicht, Fragen zu stellen. Ritter stellen keine Fragen. Zunächst respektierte Parsifal nicht, was sein Herz ihm sagte. Er tat, was richtig war. Was sagte Montagu, indem er Clifford zitierte, darüber, was es heiße, das Richtige zu tun? Es ist nicht immer richtig, das Richtige zu tun. Es kann das Falsche sein.

Der Ritter wird zum Helden dadurch, dass er es wagt, die Regeln seiner eigenen überkommenen Traditionen zu brechen. Er rebelliert nicht gegen etwas. Er respektiert seine eigenen Bedürfnisse. Mitgefühl und Mitleid, die er in seinem Herzen spürt, geben seinem Leben eine neue Richtung. Er kehrt nach Hause als Held zurück, weil er das Wagnis einging, der Stimme seines Herzens zu folgen.

Wenn ein Ritter allein auszog und im Schutz der Dunkelheit in einen unwegsamen Wald kam, musste er sich seinen Weg bahnen. Wenn er einem vorhandenen Weg folgte, dann ging er den Pfad eines anderen. Genauso müssen wir uns bei unserer Suche und in unserem Leben unseren eigenen Pfad bahnen. Wir führen unser eigenes Leben oder folgen dem eines anderen.

Laut Campbell ist dies der grundlegende Mythos der westlichen Kultur: alleine fortzugehen, seinen Weg im Dunkeln zu bahnen mit keinem anderen Führer als dem eigenen Herzen. Ich denke, dies macht den Zusammenhang mit unserem Thema offenbar. Die Definition »Held« ist die *eines Menschen, der den Pfad des Wagnisses geht.* Dazu braucht man *Courage,* was von dem französischen Wort *cœur,* Herz, abstammt. Im Deutschen gibt es für den, der etwas wagt, die verwandte Redewendung, dass er sich »ein Herz fasst«.

Der Held ist eine Person, die den Pfad des Wagnisses, den Pfad des Herzens geht. Um den Mut zu haben, aus den gewohnten Reaktionsmustern auszubrechen und zu neuen, gesünderen Reaktionsformen zu finden, muss ich auf die Stimme meines Herzens hören. Allerdings ist es nicht leicht für mich, dies zu tun. Ich brauche die Unterstützung anderer Menschen. Jener Ritter hat es allein geschafft.

Nun, das ist die Art von Menschen, die wir normalerweise verehren – die Männer und Frauen, die ihre Suche allein meistern. Deshalb haben wir manchmal, wenn wir neue Pfade erforschen, Schwierigkeiten damit, jemanden um die Hilfe zu bitten, die wir benötigen. Wir müssen die Sage auf den neuesten Stand bringen. Wir brauchen einen modernen Mythos, einen, der die Wichtigkeit gesunder Unterstützung einschließt.

Dennoch ist die Sage von der Suche nach dem Heiligen Gral nützlich auch so, wie sie ist. Wir müssen verstehen, wie wertvoll es ist, das zu entdecken, was aus unserem Herzen kommt, was Bedeutung für uns hat und unsere Leidenschaft weckt, und dies zu unserem Antrieb werden lassen. Andernfalls treibt der Furchtsame mit dem Treibstoff der kulturellen Normen den Motor unserer Seele. Wir verschwenden unsere Energie damit, aus unserer Konditionierung heraus zu reagieren, statt uns von unserem innersten Herzen die Richtung vorgeben zu lassen.

Es gibt Leute, die nicht wissen, was sie lieben, weil sie so darauf fixiert sind, das Richtige zu tun oder das, was ihre Eltern oder jemand anderes ihnen gesagt hat. Sie wissen nicht, was sie eigentlich wollen. Wenn das Leben ein Film ist, dann hat man uns ermutigt, Komparsen in den Filmen der anderen zu sein. Das gehört zum Normalen und Ungesunden.

Doch wahrzunehmen, dass es in Ordnung und sogar gesund ist, unsere Leidenschaft zu entdecken, ist ein Anfang. Es ist ein Sprung aus der Schublade, die die Umwelt für uns parat hat. Es ist in Ordnung, nicht zu wissen. Tatsächlich gibt das eine gewisse Freiheit, aber diese Freiheit kann Angst auslösen und mit Stress verbunden sein. Wir betreten das Unbekannte und es erfüllt uns mit Angst. Es ist der weglose Wald.

Ich erzähle Ihnen eine Geschichte von zwei Fröschen, die ich von Coleman Barks gehört habe. Zwei Frösche, ein Ozeanfrosch und ein Teichfrosch, treffen sich am Teich. »He, was geht hier ab?«, fragt der Ozeanfrosch.

»Ach, nichts Besonderes. Ich vertreibe mir hier zu Hause die Zeit und habe viel Spaß«, sagt der Teichfrosch. »Schau, hier wohne ich«, sagte er und zeigt auf den Teich, 1 mal 2 mal 1 Meter. »Ja, hier wohne ich. Guck mal!« Er springt in den Teich, schwimmt zur anderen Seite und klettert wieder heraus. »Siehst du. So ist es hier. Und wo wohnst du?«

Der Ozeanfrosch sagt: »Tja, ich wohne im Ozean.«

»Im Ozean? Wie ist es da?«

»Tja, da musst du mich mal besuchen kommen.«

Wie kann der Ozeanfrosch dem Teichfrosch erklären, wie es dort ist, wo er wohnt? Er muss ihn einfach besuchen. Wir alle müssen diese größere Welt besuchen.

Wenn wir uns auf die Suche begeben und die größere Welt besuchen, so ist das mit Risiken verbunden, aber das Leben kann kein Abenteuer ohne Risiko sein. Wir sind alle zu Stars geboren. Stellen Sie sich ins Rampenlicht Ihrer eigenen Wahrnehmung. Seien Sie ein Star. Das hindert niemand anders daran, ein Star in seinem eigenen Film zu sein. Ja, applaudieren Sie sich für jeden Schritt, den Sie machen. Zentimeter für Zentimeter ist das Leben ein Kinderspiel; Schritt für Schritt ist das Leben ein Kampf. Und wenn Sie schon dabei sind, spenden Sie auch jemand anders Beifall. Jubeln Sie ihm zu, denn die Suche erfüllt auch andere Menschen mit Angst.

12.

Ozeanisches Glück

Rumi war ein ekstatischer Dichter. Oft bedient er sich der Metapher vom Ozean. Das Gedicht am Anfang von Kapitel 11 enthält die Zeilen:

Lobpreis dem Ozean. Unsere Worte ein kleines Schiff.

So geht die Seereise weiter und wer weiß, wohin!
Vom Ozean getragen zu werden ist das größte Glück,
Das uns widerfahren kann. Welch umfassendes
Erwachen!

Warum sollten wir uns grämen, weil wir schliefen?
Es ist gleichgültig, wie lange wir bewusstlos waren.

Wir sind erschöpft, aber lasst die Schuld los.
Spürt die Bewegung der Zärtlichkeit
Ringsumher, das Sprühen der Lebendigkeit.

In einem anderen Gedicht bezeichnet Rumi die ekstatische Liebe als den Ozean, auf dem die Milchstraße wie eine Schaumkrone auf dem Meer treibt. Die Milchstraße ist unsere Galaxie, unser Zuhause. Wenn ekstatische Liebe der Ozean ist, auf dem wir treiben, können wir mühelos in diesen Ozean eintauchen. Nach Rumi hat unsere Seele die Form einer Schale. Wir brauchen nur diese Schale einzutauchen und erhalten ekstatische Liebe. Dann ermahnt uns Rumi, darauf zu achten, dass der Rand unserer Schale benetzt bleibt, und das erreichen wir dadurch, dass wir ekstatische Liebe in andere Menschen und in unsere Beziehungen gießen. Doch wir müssen auch darauf achten, dass der Rand auf unserer Seite benetzt bleibt.

Dies besagt für mich, dass ich kein Kraftwerk sein muss. Ich muss den Strom nicht erzeugen. Ich muss mich nur entleeren und öffnen. Ich muss mich meiner egozentrischen Interessen entäußern und dafür Sorge tragen, dass meine Ängste nicht mein Verhalten bestimmen. Sich leeren und sich öffnen.

Der Theologe Frederick Buechner hat mehr als zwei Dutzend fabelhafter Bücher geschrieben. Eines davon, *Telling Secrets* (Geheimnisse verraten), handelt von seiner funktionsgestörten Familie. Es ist ein großartiges Buch.

Buechner schrieb auch ein kleines Buch mit dem Titel *Wishful Thinking: A Theological ABC* (Wunschdenken: Ein theologisches ABC). Zu den Buchstaben des Alphabets schreibt er jeweils einen Essay über einen Gegenstand, der mit dem jeweiligen Buchstaben beginnt. Ein Text handelt vom *H*eilen, und darin regt er an, dass man sich selbst als Leitungsrohr vorstellen solle, das etwas verstopft ist.

Weil wir Minderwertigkeitsgefühle kennen, können

wir das Bild des etwas verstopften Leitungsrohrs auf uns selbst anwenden. Aber wie Sie wissen, kommt auch durch ein teilweise verstopftes Leitungsrohr noch etwas hindurch. Wer weiß, vielleicht sogar ein Teil jenes Ozeans. Stellen Sie sich vor, wie etwas durch Sie hindurch zu anderen Menschen fließt. Sie müssen sich dazu nicht sonderlich religiös oder spirituell oder heiligmäßig fühlen. Legen Sie Ihre Hand auf jemanden und lassen Sie etwas durch sich zu dem anderen fließen.

Wir wollen anderen helfen, aber wir glauben, wir müssten uns erst einmal gut fühlen – unverstopft –, bevor wir uns als Heiler betätigen können. Wir glauben, dass wir erst dann wirklich ein Gefäß für Heilkräfte sein können, wenn wir die Verstopfung gelöst haben. Erst wenn wir etwas vollkommener geworden sind, können wir uns nützlich machen. Warten Sie nicht. Das ist ein Schwindel. Wenn ich mir bewusst bin, dass ich kein Kraftwerk sein muss, dann brenne ich nicht aus. Wenn ich kein Kraftwerk sein muss, dann muss ich mich nicht so furchtbar abmühen und anstrengen. Ich brauche gar nichts zu tun. Ich leere mich einfach und öffne mich.

Wie fühle ich mich, wenn ich auf diese Weise anderen diene, wenn ich etwas von mir zu anderen Menschen fließen lasse? Ich fühle mich gut, und das sollte ich auch. Ich nehme Gott wahr und bleibe mir seiner bewusst. Nun raten Sie mal, wofür ich jetzt Energie habe! Zum Heilen. Aber ich brauche kein Kraftwerk zu sein. Ich leere mich einfach und öffne mich.

Und ist es nicht großartig, dass wir auf unsere bescheidene Weise etwas beitragen können? Diese Erfahrung enthält für uns allerlei Nutzen. Wenn wir ihn nicht sehen, brennen wir aus. Im ersten Teil des Films sehen wir uns als Kraftwerke. Wir sehen unsere Dienste als etwas an, das wir für andere tun. Und wenn dann jemand unseren Dienst, unsere Bemühungen nicht würdigt, werden wir ärgerlich. Und erfreuen uns nicht am Sprühen der Lebendigkeit, an der Bewegung der Zärtlichkeit.

13.

Nach seinem Ebenbild

Es gibt einen griechisch-orthodoxen Spruch, der lautet *cunna nase cunesu*. Das heißt: »Ich muss meine Hand ausstrecken, um Gottes Hand zu ergreifen.« Mit anderen Worten, einen Teil müssen wir selber leisten. Wenn ich darüber nachdenke, komme ich zu dem Schluss, dass ich nicht untätig sein kann. Ich muss handeln. Wenn ich die Initiative ergreife, bekomme ich Hilfe. Wenn ich Menschen aus meinem Unterstützungssystem um Hilfe bitte, erhalte ich sie. Warum sollte das nicht auch für meine Beziehung zu Gott gelten?

Wenn ich um Vergebung bitte, wird sie mir gewährt. Ich bekomme kein Zeichen. Da ist nichts im Briefkasten. Auch auf der Wand gegenüber steht nichts geschrieben. Aber wenn ich um Hilfe bitte, weil ich dienen will, dann, glaube ich, bekomme ich sie auch.

Janis Joplin war eine große Sängerin. In einem scherzhaften Song bat sie den Herrn um einen Mercedes Benz. Wenn ich über Bitten und Bekommen nachdenke, denke ich an etwas, das ich so sehr brauche, dass es mir nicht verweigert werden kann. Und was brauche ich? Im zweiten Teil des Films brauche ich Liebe und Akzeptanz. Ein anderes Wort dafür ist *Gnade*. Ich brauche Gnade. Und wenn ich um Gnade bitte, muss sie gewährt werden.

Haben Sie schon einmal von dem Buch *Finnegans Wake* von James Joyce gehört? Darin kommen immer wieder die Zahlen elf und zweiunddreißig vor. Joseph Campbell schrieb ein Buch mit dem Titel *A Skeleton Key to Finnegans Wake* (Ein Schlüssel zum Verständnis von Finnegans Wake), eine Interpretationshilfe, in der er die darin enthaltenen Allegorien entschlüsselt. Er interpretiert für den Leser auch den Symbolgehalt der Zahlen elf und zweiunddreißig.

Etwa fünf Jahre nachdem er dieses Buch geschrieben hatte, das die Symbolik von Joyces Werk erklärte, unterrichtete Campbell eine Klasse im Frühchristentum. Als er sich auf den Unterricht vorbereitete und den Römerbrief las, stieß er auf den Satz: »Denn Gott hat alle beschlossen unter den Unglauben, auf dass er sich aller erbarme.« Dieser Satz aus dem Römberbrief 11, 32 wurde für Campbell zum Aha-Erlebnis. *Das ist es*, worum es Joyce geht! Campbell war ein Joyce-Spezialist. Er kannte Joyce gut und wusste, dass Joyce, der Gott mit seinem ganzen Unglauben konfrontierte, Gottes ungeteilte Gnade finden würde.

Ich glaube, wir sind geschaffen, unser Ziel zu verfehlen, uns zu verirren, zu vergessen, was wichtig ist, und ungläubig zu sein. Wir sind geschaffen, um zu sündigen oder wie immer man es nennen will. Das ist unsere Natur. So sind wir programmiert. Wenn wir also um Gnade bitten, kann sie uns nicht verweigert werden. Daran denke ich, wenn ich den Satz höre: »*Bittet und*

euch wird gegeben werden.« Wir können nicht abge-
wiesen werden. Warum? Weil wir so geschaffen wurden,
dass wir vom Wege abkommen müssen. Wir wurden
geschaffen, um ungläubig zu sein, um zu sündigen und
uns zu verirren.

Woher weiß man, dass einem Gnade zuteil wird? Man
weiß es nicht. Sie ist nicht messbar. Sie ist nichts Gegen-
ständliches. Aber sie ist auch nicht Nichts. Ich fühle vielleicht etwas, aber es ist eigentlich eine Sache des Glau-
bens. Es ist Teil meines Glaubenssystems. Und es ist ein
großartiges Werkzeug für das Stress-Management.

Angst ruft Stressreaktionen hervor. Von Angst getrieben, sehne ich mich nach Sicherheit. Die Sicherheit, wie
sie von materiellen Gütern ausgeht, ist nicht genug. Ich
muss mich seelisch sicher fühlen können, in meinem tiefsten Inneren. Gnade ist für mich dieses Sicherheitsnetz.
Manche Leute sagen: »Tja, ich habe zu Gott um Geld
gebetet, und ich habe in der Lotterie gewonnen.« Ich
glaube nicht, dass Gott damit viel zu tun hat. Das ist
einfach mein Glaube, und wir sind durch unseren Glauben festgelegt. Ich glaube nicht, dass Gott Dinge in der
Gegend herumschiebt wie Figuren auf einem Schach-
brett. Das ist schlicht meine Meinung.

Aber ich glaube, dass wir Hilfe bekommen. Ich weiß,
dass ich Hilfe bekomme. Gott sei Dank.

»Vom Ozean getragen zu werden ist das größte
Glück.«

Projektion

Wie können wir, was wir hier besprechen, auf unsere Beziehungen und unsere Beziehungsintelligenz anwenden? Wissen Sie, wie es ist, mit Leuten zusammen zu sein, die gewisse Charakterfehler haben, die einem wirklich auf die Nerven gehen? Mit solchen Leuten möchte man einfach nicht zusammen sein, was immer das »solche« bedeuten mag. Für mich ist einer dieser Fehler »Habgier«. Eine Vereinbarung mit Dave, einem Geschäftspartner, ging schief, und die Art, wie er mit der Situation umging, stieß mich ab. Ich erkannte, dass er unglaublich habgierig war.

Es spielt keine Rolle, um welchen Fehler es sich bei dem anderen handelt. Entscheidend ist, dass wir einen unguten Gefühlstonus mit uns herumtragen. Manchmal fällt es uns schwer, zu lieben und zu akzeptieren, wenn der andere sich als habgieriger Widerling entpuppt.

Haben Sie schon den Satz gehört: Wir sind nach dem Ebenbild Gottes erschaffen? Hat Gott einen Bart? Ein Y-Chromosom? Zwei X-Chromosomen? Was bedeutet es – geschaffen nach dem Ebenbild Gottes? Joseph Campbell stellt eine nützliche Analogie her. Sie hat mit der psychologischen Bedeutung des Schattens zu tun. Er spricht darüber, welche Beziehung der Mond zur Sonne hat. Lassen Sie uns einfach von diesem Modell ausgehen.

Die Sonne ist ganz und gar strahlend, ganz und gar Licht. Was ist mit dem Mond? Eine Seite des Mondes reflektiert das Licht der Sonne und hat selbst einen strahlenden Aspekt.

Was ist auf der anderen Seite? Dunkelheit. Die andere Seite ist die dunkle Seite des Mondes. Wir können uns selbst als Mond in Beziehung zur Sonne sehen oder als Menschen in Beziehung zur evolutionären Intelligenz oder zu Gott. Wir haben unsere strahlende Seite, die gottesebenbildliche Seite, und unsere dunkle, unsere Schattenseite. Die Schattenseite meiner Persönlichkeit hat negative Eigenschaften, die ich nicht akzeptieren will.

Ich fand meinen Geschäftspartner habgierig, aber ich glaube gar nicht, dass es seine Habgier war, die mich abstieß. Was, glauben Sie, hat mich mit Unbehagen erfüllt? Dave hat eine schlechte Eigenschaft, die ich auch habe, eine Eigenschaft, die ich ablehne, eine Eigenschaft, mit der ich nichts zu tun haben möchte, also projiziere ich sie auf Dave.

Dave reflektiert zu mir zurück, was ich zu verbergen trachte. Er trägt diesen Mangel für mich. Er reflektiert ihn direkt auf mich zurück und das fühlt sich scheußlich an. Weil ich meine eigene Gier nicht akzeptiert habe, projiziere ich sie auf ihn. Ich verdunkle ihn mit meinem Schatten. In Wirklichkeit bin ich derjenige im Dunkeln.

Nun, wenn ich ungern mit jemandem zusammen bin, was kann ich da tun? Ich kann den Fehler dieser Person benennen. Was ist der Fehler, den ich abstoßend finde? Habgier. Was kann ich da tun? Zunächst akzeptiere ich, dass ich auch habgierig bin. Und dann esse ich den Schatten auf. Das ist Seelennahrung.

Seelennahrung besteht nicht nur aus Maisbrei und Grünkohl. Seelennahrung ist, wenn Sie Ihren Schatten essen. Ich kann den Fehler des anderen benennen und dann kann ich den Fehler als meinen eigenen erkennen.

Mein Bewusstseinsstrom fließt wie folgt: »Ach, ich glaube, ich habe meine eigene Habgier übersehen. Jetzt war ich so kritisch und habe den Kerl so abgeurteilt und noch dazu mit anderen Leuten darüber geredet, was für ein widerlicher Geldraffer er ist.« Wenn ich ein bisschen Seelennahrung esse, erzeuge ich Demut. Wenn ich demütig bin, kann ich bitten, dass ich bekomme, was ich brauche, um mich gut zu fühlen. Wenn ich demütig bin, kehre ich zur richtigen Beziehung mit jenem Geheimnis zurück und bitte um das, dessen ich bedürftig bin. Und wenn ich bitte, wird mir gegeben.

Ich muss Gnade geschenkt bekommen, weil ich nicht anders geschaffen wurde. Ich bin nicht nur Licht. Ich wurde als Ebenbild dieses Lichts geschaffen, aber ich trage einen Schatten. Und weil ich nicht anders geschaffen wurde, muss mir, wenn ich darum bitte, Gnade gewährt werden: Liebe und Akzeptanz. Wenn ich vergesse, um Gnade zu bitten, wenn ich mich verirrt habe, wenn ich schlafe und wenn es mir nicht gefällt, wie ich mich fühle, ist mein beobachtendes »Ich« verschlossen. Ich muss dieses »Ich« öffnen und mich selbst beobachten, um zu entdecken, warum Dave mich mit solchem Unbehagen erfüllt.

Stress ist häufig mit Beziehungen verbunden. Was ist der Fehler, den ich an einer anderen Person sehe? Ist es ein Fehler, den ich selbst habe? Ist es ein Fehler, den ich noch nicht in meine Selbstwahrnehmung integriert habe? Wenn ich solche Fragen beantworte, bringt mich mein Gefühlstonus an einen Punkt, wo ich voll erkennen kann, was ich brauche. Meine Gefühle, insbesondere im Zustand des Unbehagens, können mich direkt zurück zur Beziehung führen. In diesem Sinne sind unsere Gefühle heilig, auch diejenigen, die wir nicht mögen.

Wie kann ich meinen Glauben, meine höchsten Werte nutzen, um diesen Prozess zu unterstützen? Selbst wenn ich in der Dynamik des ersten Teils des Films befangen bin, kann ich meinen Gefühlstonus nutzen; ich kann mein Gefühl als Weckruf benutzen. Das Unbehagen haust in meiner Seele, damit ich sehe, womit diese Gefühle zu tun haben. Der Nachdruck liegt auf *sehe*. Ich muss wach sein, um sehen zu können, und ich kann nicht wach sein, wenn das beobachtende »Ich« verschlossen ist.

Wie kann ich von meinem Unbehagen lernen? Indem es mir dient. Es dient meiner Entwicklung. Ist das nicht interessant? Ich kann habgierig sein. Wenn ich mir diese Tatsache eingestehe, kann ich den betreffenden Teil von mir beobachten. Aus Aufmerksamkeit folgt Energie. Worauf ich mich konzentriere, dafür habe ich Energie. Wenn ich das Scheinwerferlicht meiner Aufmerksamkeit auf meinen habgierigen Teil richte, habe ich die Energie zur Veränderung.

Das ist der Beobachtereffekt. Ich bin in der Lage, bewusst zu handeln. Wenn ich erkenne, wann ich habgierig bin, kann ich diesen Teil von mir daran hindern, sich auszuleben. Das ist der Unterschied zu verdrängen und zurückhalten. Wenn ich die Vorstellung von meiner Habgier nicht akzeptieren kann, dann verdränge ich sie und projiziere sie auf andere. In diesem Fall auf Dave. Wenn ich die Tatsache meiner Habgier aber akzeptiere, kann ich den habgierigen Teil im Zaum halten, sodass mein Verhalten nicht davon verzerrt wird.

Rumi sagt, dass Umwege den Pfad verdeutlichen. Wenn ich vom Weg abirre, wenn ich mein Ziel verfehle, dann gibt mir dies die Gelegenheit, in Richtung emotionaler Reife vorwärts zu kommen. Der Psychiater William Menninger nannte sieben Kriterien für emotionale Reife:

- die Fähigkeit, konstruktiv mit der Wirklichkeit umzugehen
- die Fähigkeit, sich an Veränderungen anzupassen
- relative Freiheit von Symptomen, die von Spannungen und Ängsten hervorgerufen werden
- die Fähigkeit, mehr Befriedigung im Geben als im Nehmen zu finden
- die Fähigkeit, gleichbleibend verlässlich mit anderen Menschen umzugehen (in einer für beide Seiten befriedigenden und hilfreichen Weise)
- die Fähigkeit zu sublimieren, für instinktiv feindliche Energien kreative und konstruktive Ventile zu finden
- die Fähigkeit zu lieben

Fünf dieser sieben Kriterien sprechen von der Fähigkeit, etwas zu tun. Das heißt nicht, dass wir diese Fähigkeit immerzu unter Beweis stellen müssen. Umwege verdeutlichen den Pfad. Irrwege geben uns die Möglichkeit, unser Potenzial für gesundes Verhalten auszuleben.

Wenn ich über Daves Fehler hinaussehe, kann ich nicht nur Sympathie und Mitgefühl empfinden, sondern auch einen neuen, positiveren Kontakt zu ihm aufbauen. Auf diese Weise setze ich ein paar jener Fähigkeiten ein. Was nutzt uns eine Fähigkeit, die wir nicht einsetzen? Der Stress in meinen Beziehungen hilft mir, mein

Potenzial für Veränderungen anzuzapfen. In meiner persönlichen Entwicklung mache ich einen Schritt zur emotionalen Reife hin. Indem ich meine Schattenseite akzeptiere, mich selbst mit meinen Fehlern akzeptiere, akzeptiere ich auch in höherem Maß andere Menschen mit ihren Fehlern. Dann kann ich eine gesündere Beziehung zu Dave aufbauen, ohne dass er sich ändert, und meine höchsten Werte helfen mir dabei.

Und dabei verändere ich mich selbst. Ich werde mehr und mehr ich selbst. Wir selbst zu werden ist Teil unserer Entwicklung. Wir fühlen uns am wohlsten und am zufriedensten, wenn wir wir selbst sind.

Aber ist es authentisch, was wir bei anderen beobachten? Was macht ein Politiker? Ein Politiker versucht, Stimmen zu bekommen. Politiker gehen uns auf die Nerven, weil sie Chamäleons sind; sie sagen einfach das, was nötig ist, um Stimmen zu sammeln. Unsere Politiker spiegeln schlicht das kollektive Bewusstsein. In gewisser Hinsicht halten unsere Politiker, die Regierenden unseres Landes, dem Land selbst den Spiegel vor. Wir projizieren unsere eigenen kodependenten, unauthentischen Charaktereigenschaften auf sie und sie geben sie uns auf einem großen Fernsehbildschirm zurück.

Im ersten Teil des Films kompensieren wir unsere Minderwertigkeitsgefühle, indem wir kompensatorische Bilder projizieren, damit andere uns für tüchtig halten. In gewissem Sinn versuchen wir, Stimmen zu bekommen. Wir wollen, dass andere Leute uns eine Eins geben. Raten Sie mal, was wir tun müsen, wenn wir bessere Politiker haben wollen? Wir müssen uns selbst ändern. Wählen Sie sich selbst.

Gandhi sagte: »Die Aufgabe einer Regierung sollte es sein, für die Befreiung und Erhöhung jedes Individuums zu arbeiten.« Wir können dies von keiner Regierung erwarten, solange wir uns nicht selbst befreien.

14.

Der Fruchtbare

Weiter vorne habe ich einmal von der Tropfenwirkung gesprochen: wie eine einzige Sache, die der überlasteten Seele noch zusätzlich aufgehalst wird, unser inneres Fass zum Überlaufen bringt. Das Gegenteil davon trifft ebenfalls zu. Wie können wir uns gegenseitig die Lasten erleichtern? Sie haben mit jemandem an Ihrem Arbeitsplatz ein Gespräch. Die Person sagt etwas, und Sie denken »Wow!«. Eine Glühbirne geht an. Jetzt wissen Sie, wie Sie diese Präsentation durchführen oder was Sie auf jener Versammlung sagen wollen. Und Sie fragen sich: »Wie hat das jetzt funktioniert?«

Der Dalai-Lama sprach von drei wesentlichen Verhaltenseigenschaften: Respekt für sich selbst, Respekt für andere und Verantwortung für alles, was wir tun. Was, wenn wir die Qualität der Energie bewusst beeinflussen könnten, die wir anderen Menschen übermitteln, sodass unsere Botschaften respektvoll und positiv sind? Würde das nicht ihre Last erleichtern? Wie würden unsere Tage aussehen, wenn wir Verantwortung dafür übernähmen, diesen Respekt zu empfinden und zu zeigen? Wie würde sich der Arbeitsalltag verändern? Und wie das Familienleben?

Im letzten Kapitel sprachen wir darüber, wie Gott uns nach seinem Ebenbild schuf. »Nach seinem Ebenbild« bedeutet, dass wir das Licht unseres geheimnisvollen Vaters reflektieren. Aber wir haben zugleich unsere Schattenseiten. Wir projizieren unseren Schatten, der das beinhaltet, was wir für Charakterfehler halten, auf andere Menschen. Wir haben darüber gesprochen, wie wir andere Menschen verdunkeln. Und davor sprachen wir über unsere Minderwertigkeitsgefühle und darüber, wie wir das Glanzvolle und Strahlende anderer Menschen dazu benutzen, in uns selbst die Minderwertigkeitsgefühle zu verstärken.

Wenn wir uns mit den Strahlenden vergleichen, schneiden wir schlecht ab. Doch genauso, wie wir den Fehler in einer anderen Person nicht sehen könnten, wenn wir ihn nicht in uns selbst hätten, könnten wir das Strahlende eines anderen nicht erkennen, wenn wir nicht selbst etwas Strahlendes hätten. Wir projizieren nicht nur den Schatten, wir projizieren auch das Licht. Und wir können entscheiden, was wir in anderen suchen. Wenn wir nach den Fehlern suchen, werden wir sie finden. Wenn wir nach dem Strahlenden suchen, werden wir es finden. Es liegt bei uns. Wonach wollen Sie in anderen Menschen suchen?

Wir sprachen auch davon, dass wir alle einen Furchtsamen in uns haben, den wir nie loswerden können. Wenn wir zum vierten Pol aufbrechen, zur Reise ins innere Zentrum, dann erleben wir, wie der Furchtsame kompensatorische Bilder an die Lebensoberfläche projiziert, damit wir als tüchtig angesehen werden. Aber das ist nicht alles, was wir sind. Es sind zwei Vögel, die auf ein und demselben Baum sitzen.

Wenn Sie in dem Wort Furcht die Buchstaben *u* und *r* vertauschen, kommt was heraus? Frucht. Wir haben nicht nur den furchtsamen Teil, sondern ebenso den fruchtbaren Teil in uns, in unserem fruchtbaren Zentrum, im Herzen unseres Herzens. Das ist das Paradox. Wir haben beides. Wir sind beides.

Der Fruchtbare hat grenzenloses Potenzial für Wachstum und Entwicklung. Wenn wir aufhören, mit unseren Beschränkungen paranoid und defensiv umzugehen, werden enorme Energien frei. Wenn wir aufhören, uns um unser Erscheinungsbild in den Augen anderer Gedanken zu machen, entdecken wir, wie viel Energie wir vergeudet haben. Wir stopfen das Energieleck und die Energie für all die großen, verrückten Projekte, von denen Rumi spricht, wird uns zugänglich:

Selbst wenn du nicht weißt, was du willst,
Kaufe *etwas*, um Teil des Wandels zu sein.

Breche auf zu einem riesigen, verrückten Projekt
Wie Noah einst.

Es ist vollkommen gleichgültig,
Was die Leute von dir denken.

Wir zapfen ein Reservoir oder besser noch einen Strom an, einen Strom, der Leben spendet, der nährt und kräftigt.

Tief in jedem von uns ist ein strahlender Kern, nach dem wir graben können. Wenn wir zu diesem Kern vorstoßen, dann erscheinen wir anderen vielleicht verrückt.

Aber das Erz, das wir fördern, ist kein Katzengold. Es ist echt.

Das Wissen um die paradoxe Natur der menschlichen Seele erlaubt uns, mit dem Mittel der Bewusstheit zu arbeiten. Die Bewusstheit bewahrt uns davor, dass Interaktionen mit einem anderen Minderwertigkeitsgefühle verstärken – sei es in uns oder in anderen. Im Gegenteil zielt der Energieaustausch darauf ab, mit dem Fruchtbaren in uns Verbindung aufzunehmen und einen psychologischen und sozialen Raum zu schaffen, in dem sich Fähigkeiten äußern können.

Erinnern wir uns daran, was Goethe sinngemäß sagte und wie die besten Lehrer sich uns gegenüber verhielten: Behandle die Menschen stets so, als wären sie, was sie sein sollten, und so wirst du ihnen helfen, das zu werden, was zu werden sie fähig sind.

Der Tiger

Tiger, Tiger, glutentfacht
In den Dickichten der Nacht,
Welchen Gottes Griff und Schau
Schuf deinen grausen Wunderbau?
William Blake

Der Fruchtbare ist der leuchtende Aspekt unseres Menschseins. Der fruchtbare Teil ist nicht das Ergebnis einer Konditionierung. Er ist nicht belastet mit egozentrischen Visionen. Häufig jedoch ist er von psychologischem Dickicht überwuchert. Der Furchtsame versteckt sich; der Fruchtbare ist verborgen – manchmal so tief verborgen, dass man glauben könnte, es gebe ihn gar nicht.

Ich möchte Ihnen eine Tigergeschichte erzählen, die etwas von dem Dickicht beiseite räumen wird. Es ist eine alte Geschichte, die ich von Joseph Campbell gehört habe. Ich will mich nicht mit seinem Erzähltalent messen, aber diese Geschichte ist mir unvergesslich.

Eine trächtige Tigerin ist hungrig und geht auf Beute aus. Sie kommt an eine Lichtung und sieht dort eine Herde Ziegen grasen. Vorsichtig schleicht sie sich an die Herde an und sucht sich ihre Beute, einen jungen Ziegenbock, aus. Langsam nähert sie sich, um dann plötzlich auf ihr Opfer loszuspringen. Doch während sie noch in der Luft schwebt, ändert der Ziegenbock seine Position, sodass die Tigerin statt auf ihm auf zwei spitzen Ziegenhörnern landet, die ihr das Herz durchbohren. Sie erleidet eine tödliche Wunde und liegt sterbend im Gras.

Der Ziegenbock ist erschrocken und benommen, und doch weiß er, wie nah er selbst dem Tod war. Er hatte mit seinem jungen Leben schon abgeschlossen. Und nun kann er kaum glauben, dass er nicht schwer verwundet wurde.

In ihren Sterbeminuten beginnt der Uterus der trächtigen Tigerin zu kontrahieren, und sie gebärt ein wunderschönes kleines Tigerjunges.

Der Ziegenbock staunt über das Spektakel. Aus dem Tod entsteht neues Leben. Er ruft: »Wow! Was für ein schönes Tigerjunges ... Aber Moment mal! Das ist ein Tiger. Ich bin ein Ziegenbock. Tiger essen Ziegen. Das ist ein Problem.«

Also geht der junge Ziegenbock die älteren Ziegen

suchen. Sie kommen herbei und betrachten das Geschehen: »Mal sehen. Das ist ein Tiger. Wir sind Ziegen. Tiger essen Ziegen. Ja, das ist wirklich ein Problem. Aber Moment mal. Er weiß nicht, dass er ein Tiger ist. Warum ziehen wir ihn nicht einfach als Ziege auf? Er wird Ziegenfutter statt Ziegenfleisch essen. Ja, das ist die Lösung. Er wird zusammen mit der Ziegenherde leben. Er wird wie wir leben und wie wir sein. Das wird sicher funktionieren.«

Die Zeit vergeht und es ist so, wie die Alten vorausgesagt haben. Der kleine Tiger lebt ein Ziegenleben, frisst Ziegenfutter statt Ziegen und wandert mit der Herde. Alles läuft prächtig. Der Tiger wächst nicht zu einem voll ausgewachsenen Tiger heran, weil er Gras statt Fleisch frisst, und seine wahre Identität bleibt im Verborgenen.

Eines Tages kommt eine große Tigerin vorbei, die Hunger auf Ziegenfleisch hat. Sie nimmt die Witterung der Herde auf und macht sie ausfindig. Gerade ist sie dabei, sich ihre Beute auszusuchen, als sie plötzlich einen Tiger entdeckt, der mit der Herde weidet.

Verblüfft über das, was sie da sieht, vergisst die Tigerin ihren Hunger und kommt aus ihrer Deckung, um ihre Neugierde zu stillen. Die Herde stiebt auseinander, aber die große Tigerin ist viel schneller als der Ziegentiger und fängt ihn mühelos.

»Was zum Teufel machst du hier draußen bei den Ziegen?«, fragt sie. »Weißt du nicht, dass du ein Tiger bist und dass Tiger Ziegen fressen?«

Der junge Tiger schaut zu ihr auf und sagt: »Bääääh, bääääh.«

Die Tigerin traut ihren Ohren nicht. »Was?! So reden Tiger nicht. Tiger sagen: GRRRRRRR! GRRRRRRR!«

Ihr lautes Fauchen fährt wie ein Donner in die Ohren des Kleinen. Doch alles, was er hervorbringt, ist wieder nur: »Bääääh, bääääh.«

Was die Tigerin auch tut, sie kann den jungen Tiger nicht von seiner wahren Tigernatur überzeugen. Schließlich entdeckt sie in der Nähe einen Wassertümpel. Sie geht hin, um zu trinken, und sieht ihr Spiegelbild im Wasser. Sie ruft den jungen Tiger zu sich und sagt: »Jetzt halte mal deinen Kopf neben meinem über das Wasser. Na, siehst du diese Augen, diese Schnurrbarthaare, diese Streifen?«

»Streifen! Was? Kann das sein?«, japst der kleine Ziegentiger. In einem Augenblick tritt die ganze Wahrheit zu Tage.

»Du bist ein Tiger wie ich. Dir ist bestimmt, ein anderes Leben zu führen als das, was du bis jetzt kennst. Komm mit mir«, sagt die Tigerin.

Und beide gehen fort, um ihr Tigerleben zu führen.

Sehen Sie das Problem? Wir sind alle als Tiger geboren und zu Ziegen erzogen. Wir leben unser Ziegenleben, essen Ziegenfutter und wandern mit der Herde. Wir fühlen uns minderwertig und lassen uns leicht »auf die Hörner« nehmen. Oder, um unsere Minderwertigkeitsgefühle zu kompensieren, werden wir bockig und machen andere Ziegen zu »Sündenböcken«.

Die Geschichte legt die Mechanismen bloß, über die wir gesprochen haben. Der Furchtsame/der Große Macker und die Ziege sind Synonyme – der Furchtsame blökt aus seinem Versteck ängstliche Töne oder der Große Macker geht auf die kleineren Ziegen los, um seine Dominanz zu sichern. Indem er die Minderwertigkeitsgefühle in anderen verstärkt, offenbart der Große Macker sein Geheimnis. Er weiß nichts von seinem Modus operandi, bis ein noch größerer Macker auftaucht. Dann wird sogleich seine Furchtsamkeit sichtbar, er kneift den Schwanz ein und unterwirft sich dem neuen Alphatier.

Wir haben alle einen Furchtsamen in uns, aber er macht nicht unser ganzes Wesen aus. Von früh an werden wir darauf geprägt, Ziegengedanken zu denken und mit der Herde zu ziehen. Wir machen es unseren Eltern nach und bringen unseren Kindern das Gleiche bei. Aber da gibt es noch jenes andere, jenes Tiger-Selbst, das wesentlich zu uns gehört und auf seine Entdeckung wartet.

»Tiger, Tiger, glutentfacht« ist der leuchtende Fruchtbare in uns, der sich hinter der Konditionierung des Lebens verbirgt.

»Welchen Gottes Griff und Schau/ Schuf deinen grausen Wunderbau?«

Wenn sich der Fruchtbare in uns erinnert und eine Rückbindung zu seinen fruchtbaren Eltern erfährt, die ein Universum geboren haben, dann geben Sie Acht!

Denn dass wir Minderwertigkeitsgefühle haben, heißt nicht, dass wir minderwertig sind. Dass wir Ängste haben, heißt nicht, dass wir ihnen nicht ins Gesicht schauen könnten, um herauszufinden, was sie uns sagen wollen. Möglicherweise werden wir nur unsere wahren Streifen entdecken, wenn wir uns dem stellen, wovor wir uns am meisten fürchten. GRRRRRRR!

Wir erfahren unser Herz als »glutentfacht«, und dieses Licht beleuchtet einen neuen Weg. Das Gewohnte und Vertraute wird mit einem neuen Gefühl für Möglichkeiten wahrgenommen. Unsere Verwirrung macht einem Augenblick der Klarheit Platz. Wir durchschauen die Illusion unserer vermeintlichen Identität, um einen Augenblick unsere wirkliche Identität zu leben.

Und dieser Moment, dieser kurze Augenblick klaren Wissens, offenbart uns ebenso, was sich hinter jedem anderen verbirgt. Zwar können wir diesen Moment auch nicht festhalten, doch unsere Erinnerung hält und umhüllt uns. Sie teilt allem, was wir hinfort tun, jenen Augenblick mit, weil unsere Energie dem bewussten Wahrnehmen folgt.

Hallo, Sie! Ja, Sie! Was nehmen Sie gerade wahr? Rennen Sie sich die Seele aus dem Leib, um mit der Herde mitzuhalten? Ganz schön anstrengend, oder? Ihre Energie folgt Ihrer Wahrnehmung. Worauf Sie Ihre Aufmerksamkeit richten, dafür haben Sie Energie.

Wenn Sie Ihre Aufmerksamkeit Ihrem wahren Tigerwesen zuwenden, werden Sie die Energie finden, Ihr wahres Tigerleben zu leben. In solchen Momenten werden Sie zur sinnbildlichen Wasserfläche, auf der andere ihr wahres Spiegelbild entdecken können: in der Tiefe Ihrer Tigeraugen.

15.

Dienst

Jetzt möchte ich Ihnen die Geschichte von Evy McDonald erzählen. Evy war 1980 Krankenschwester auf der Intensivstation eines Krankenhauses. Sie betreute sowohl die chirurgische wie die internistische Intensivstation. Dann wurde sie eines Tages krank und kam selbst als Patientin auf die internistische Intensivstation. Evy hatte eine seltsame Erkrankung und die Ärzte fanden nicht gleich heraus, was ihr fehlte.

Ihr Körper hörte einfach auf zu arbeiten. Verschiedene Systeme streikten. Der behandelnde Arzt wollte sie davon überzeugen, sich an ein Atemgerät anschließen zu lassen, als der Neurologe, der sie gründlich untersucht hatte, hereinkam, um ihr seine Diagnose mitzuteilen. Er stand an ihrem Bett, sah zum Fenster hinaus und sagte: »Tja, Evy, unsere schlimmsten Befürchtungen haben sich bestätigt. Es ist ALS – amyotrophische Lateralsklerose. Wie du weißt, ist es eine unheilbare Krankheit, und da sie in deinem Fall so rasch ausgebrochen und fortgeschritten ist, hast du wahrscheinlich nur noch sechs Monate zu leben. Es tut mir furchtbar Leid.«

Er verlässt den Raum, ohne Evy auch nur anzusehen.

Warum sieht er Evy nicht an? Er hat so gut wie keine Behandlungsmöglichkeiten. Es gibt kein »Mittel« für sie. Dies bringt all seine Gefühle des Ungenügens an die Oberfläche. Er weiß nicht, wie er damit umgehen soll, dass er sie nicht heilen kann. So erfährt Evy noch nicht einmal die Wärme seines Blicks, als sie die vernichtende Nachricht hört. Dabei tut er wahrscheinlich sein Bestes innerhalb dessen, was er gelernt hat: Lass deine Gefühle außen vor. Halte dich an deine Objektivität. Das Leben aller Patienten ist endlich. Sie werden alle irgendwann sterben, also lass dich nicht zu nah auf sie ein.

Nachdem sie die Diagnose gehört hatte, fiel Evy in einen Schockzustand. Sie hatte soeben ihr Todesurteil vernommen. Doch dann entschied Evy, dass sie, wenn sie nur noch sechs Monate zu leben hatte, daraus die besten sechs Monate ihres Lebens machen wollte.

Evy zog eine Lebensbilanz. Sie betrachtete sich ihre körperliche, geistige, emotionale und spirituelle Entwicklung. Körperlich fand sie sich zu dick. Infolge von Kinderlähmung waren auch Arme und Beine verkürzt. In ihrer Jugend war sie in einer eisernen Lunge gewesen. Und dennoch war sie ein außerordentlich süßes Mädchen und war auf Postern mit an Polio erkrankten Kindern abgebildet gewesen. So viel zur körperlichen Seite.

Geistig war Evy ein Kraftwerk. Dies rührte größtenteils von dem Widerstand gegen eine Lehrerin her, die ihr in der dritten Klasse gesagt hatte: »Evy, du weißt, dass du mit deiner Behinderung immer auf die Hilfe anderer Leute angewiesen sein wirst. Du brauchst dir also wegen des ganzen Lernstoffs nicht den Kopf zu zerbrechen. Eigentlich bist du auf dieser Schule hier fehl am Platz. Du gehörst auf die Schule für geistig und körperlich Behinderte in Omaha.« Diese Worte brachen Evy das Herz. Aber jetzt wollte sie es der Lehrerin zeigen. Sie würde beweisen, wie tüchtig sie war. Sie tat das Gegenteil von dem, was die Lehrerin ihr nahe gelegt hatte. Evy gewann den Rechtschreib- und den Redewettbewerb und wurde die beste Schülerin der Klasse. Dies blieb während der gesamten Schulzeit so. Sie machte den besten Highschool-Abschluss ihres Jahrgangs. Sie ging aufs College, wo sie ebenfalls gute Leistungen zeigte, und besuchte dann die Schwesternschule, wo sie als beste ihrer Klasse abschloss. Dann erwarb sie noch einen Magister in Krankenpflege. Evy war ein geistiges Kraftwerk.

Aber wenn sie auf ihr Gefühlsleben zurückblickte, sah sie viel Depression. Auf der Highschool war sie so deprimiert gewesen, dass sie mit ihrem Auto gegen einen Baum fahren wollte, um nie wieder zu erwachen. Doch sie verfehlte den Baum. Es ist erstaunlich, wie unsere Fehler uns manchmal behilflich sind. Es ist ein merkwürdiger Mechanismus. Evy war wirklich tüchtig in dem, was sie tat, aber wie sahen ihre Gefühle sich selbst gegenüber aus? Nicht so gut.

Für Evy war Spiritualität mit Dienen verbunden. Dienen und Dinge in Bewegung zu setzen waren für sie eine Form der Spiritualität. Es bedeutete für sie einfach mehr, als nur gewisse spirituelle Überzeugungen zu haben. Ihr ganzes Leben war dem Dienst gewidmet. (Als Teenager arbeitete sie ehrenamtlich im örtlichen Krankenhaus. Sie fragte den Einsatzleiter, was die höchste Anzahl von

Stunden sei, die je jemand ehrenamtlich in einem Jahr geleistet habe. Dann stellte sie einen neuen Rekord auf und erhielt als Anerkennung eine kleine Medaille dafür.)

Später prüfte Evy die Intentionen genauer, die hinter ihrer sozialen Arbeit standen. Sie erkannte, dass der ganze Dienst, den sie geleistet hatte, sich in zwei Kategorien einteilen ließ: Typ eins und Typ zwei. Typ eins war der Dienst, den sie leistete, um Anerkennung zu bekommen. Typ zwei war der Dienst, den sie aus Pflichtgefühl leistete. Ihr ganzes Leben hatte sie also mit Dienen verbracht, doch stets war es ein Dienen der ersten oder zweiten Kategorie.

Evy entschied, dass sie die letzten sechs Monate ihres Lebens weiterhin Dienst tun wollte. Aber es müsste eine andere Art Dienst sein. Evy wollte gern auf eine Art dienen, die sie Typ drei nannte. Dieser Typ hatte mit Liebe und Akzeptanz zu tun. Das war es, was sie tun wollte. Evy wollte nicht aus Gründen der Anerkennung oder aus Pflichtgefühl dienen. Sie wollte auf eine Art dienen, die Liebe und Akzeptanz ausdrückte, auf eine Weise, die ihren eigenen Bedürfnissen gerecht wurde. Doch Evy hatte ein Problem. Sie hatte sich selbst nie ganz geliebt und akzeptiert.

Evy saß im Rollstuhl und betrachtete sich jeden Tag nackt im Spiegel. In ihrem Spiegelbild sah sie hauptsächlich negative äußere Eigenschaften. Sie schrieb sie auf und arbeitete die gesamte Negativität durch, bis sie schließlich die Person lieben und akzeptieren konnte, die ihr da entgegensah, mit Fehlern und allem. Dann nahm sie diese liebende Akzeptanz und gab sie unterschiedslos an jeden weiter, den sie traf. Sie gab sie nicht, damit sich irgendjemand besser fühlte, oder aus Pflichtgefühl, oder um Anerkennung zu erhalten. Sie gab sie weiter, weil sie sich selbst besser fühlen wollte.

In gewisser Hinsicht war Evy egoistisch, weil sie sich eingestand, was sie brauchte. Dann gab sie das, was sie brauchte, an andere Menschen weiter. Wir alle brauchen Liebe und Akzeptanz. Und was ist das Geheimnis, wenn wir Liebe weitergeben? Kennen Sie den Ausdruck »Wasser schöpfen«? Wenn Sie einen Eimer voll Wasser aus dem Brunnen hochholen, sinkt dann der Wasserspiegel im Brunnen? Nein. Denn das Grundwasser ersetzt sofort, was an Wasser entnommen wurde.

Sie entnehmen einen Eimer Wasser und es gibt stets mehr davon. Mit der Liebe ist es ganz ähnlich. Wenn wir sie geben, wird uns nichts genommen. Wenn wir Liebe geben, haben wir noch mehr davon. Evy gab jedem Liebe und Akzeptanz und es wurden ihre reichsten sechs Monate ... Und noch einmal sechs ... Und weitere sechs ... Und noch einmal ... Und so weiter ... Evy McDonald ist einer der ersten Menschen auf der ganzen Welt, die von ALS – von amyotrophischer Lateralsklerose – geheilt wurden.

Evy tat das alles, um sich besser zu fühlen und um ihre besten sechs Monate zu leben, nicht um ALS zu überwinden. Es ist eine unheilbare Krankheit. Sie wusste das. Sie versuchte, aus der kurzen ihr noch verbleibenden Lebenszeit das Beste zu machen. Und indem sie das tat, geschah etwas, das für uns alle sehr lehrreich ist.

Ich denke, Evys Geschichte ist die neue Version einer sehr alten Geschichte. Sind wir nicht hier, um zu dienen? Sind wir nicht hier, um das Leben ein bisschen besser zu gestalten, als es war, bevor wir hierher kamen? Wir sind nicht hier, um schlicht den Status quo zu wiederholen. Wie können wir anderen dienen, sodass auch uns gedient ist? Ich glaube, wir müssen uns unsere Bedürftigkeit eingestehen. Evy war in gewisser Hinsicht egoistisch. Womöglich ist Egoismus nicht so schlecht. Vielleicht ist es ganz in Ordnung, unsere Bedürftigkeit einzugestehen und das, was wir brauchen, weiterzugeben. Es ist die neue Version einer alten Geschichte.

Vor zweitausend Jahren sprach ein Lehrer wunderbare Worte. Er hatte eine riesige Zuhörerschaft. Am Ende seiner Rede waren alle hungrig geworden. Ein paar seiner Jünger hatten etwas zu essen dabei, etwas Brot und Fisch, um genau zu sein. Der Lehrer sagte ihnen: »Ihr wisst, diese Menschen sind hungrig. Ich möchte, dass ihr ihnen zu essen gebt.« Und die Jünger sagten: »Das Essen wird nie für all diese Leute reichen.« Und was sagte der Lehrer? »Vertraut mir nur. Gebt es einfach hin.« Die Jünger taten so, und nicht nur war genug Essen für alle da, es blieb sogar noch eine Menge übrig. Nun, ich glaube nicht, dass diese Geschichte wirklich von Brot und Fisch handelt. Aber ich finde, es ist ein wunderbares Sinnbild.

Um anderen Menschen diese Art Nahrung, Liebe und Akzeptanz, zu geben, bedarf es keiner medizinischen Ausbildung. Wahrscheinlich braucht man noch nicht einmal spirituelle Übung. Wir müssen keine Prüfung bestehen. Wir können uns selbst erwählen und uns dafür entscheiden, Liebe und Akzeptanz in die Stellenbeschreibung unseres Menschseins aufzunehmen. Ich möchte mehr lieben und akzeptieren. Dazu muss ich keiner Religion angehören.

Da ich von Religion spreche, fällt mir eine lustige Geschichte ein. Ich habe einen Freund namens Milton Friedman, der unter Präsident Ford für die Regierung Reden schrieb. Sie kennen vielleicht einen anderen Milton Friedman, einen sehr berühmten Ökonomen. Manchmal kommt es zu Verwechslungen. Eines Tages erhielt mein Freund einen Anruf von einer Kirche in Kalifornien, die überschüssige Geldmittel zur Verfügung hatte. Die Mitglieder wussten nicht, was sie mit dem Geld anfangen sollten, und dachten, dass Milton Friedman, der berühmte Ökonom, sie vielleicht beraten könne.

Also ruft die Kirche an: »Sprechen wir mit Milton Friedman?«

»Ja.«

»Tja, wir sind eine Kirche mit überschüssigen Geldmitteln. Was würden Sie uns raten, mit dem Geld zu tun?«

»Haben Sie schon daran gedacht, es den Armen zu geben?«

Pause. »Sind Sie wirklich Milton Friedman?«

»Ja. Sind Sie wirklich eine Kirche?«

Was aber, wenn wir kein Geld zum Spenden haben? Was können wir für die Armen tun? Wir können uns selbst geben. Die meisten von uns klagen darüber, wie die Welt im Argen liegt, und die Medien bestätigen uns dies täglich, damit wir es nicht vergessen. Nehmen Sie hin und wieder mal einen Textmarker in die Hand und umringeln Sie alle positiven Nachrichten auf der Titelseite der Zeitung. Dieser Marker wird lange Zeit reichen. Wenn die Welt wirklich im Argen liegt, dann gibt es keinen Mangel an Gelegenheiten, um zu dienen. Es gibt keinen Mangel an Orten und Plätzen, wo sich etwas Positives ausrichten lässt.

Und wir müssen gar nicht in die Ferne schweifen, um es zu tun. Manchmal kann die Gelegenheit so nah sein wie der Mensch, der uns aus dem Spiegel entgegenblickt. Sie brauchen heute eine Pause, also gehen Sie raus und rufen: »Hurra!« Da wir immerzu unser McNormal-Leben leben – haben wir uns heute nicht eine Pause verdient? Ich denke schon, aber ich glaube nicht, dass es ein Big Mac wird. Ich glaube, was wir an Pause brauchen, ist Liebe und Akzeptanz, Freundlichkeit, herzliche Sympathie und Anteilnahme.

Trotz unserer Mängel, nein, gerade wegen ihnen brauchen wir Liebe und Akzeptanz. Ich will nicht warten, bis ALS mir zu Wachstum und Reife verhilft, sodass ich mich zu dem entwickeln kann, was ich potenziell bin. Ich möchte die kleinen Stressoren meines Alltags so gut nutzen, wie ich kann. Ich will nicht auf eine große Katastrophe warten, die meine Welt durchrüttelt: einen Herzinfarkt oder Krebs, ein krankes Kind oder einen Unfall. Ich will nicht warten.

Geschichten wie die von Evy inspirieren mich. Einfach zu wissen, dass sie da draußen ist und diese Arbeit leistet, ist für mich eine Ermutigung. Ich kann dabei auch egoistisch sein. Wenn ich diene, weil ich etwas von dem Dienst habe, den ich leiste, gibt es keinen Grund, eingebildet zu sein. Ich tue es nicht, um andere zu beeindrucken; ich tue es für mich.

Diese Idee vom Dienen erinnert mich an eine kurze Geschichte. Zwei Leute gehen die Straße hinunter, als ein Bettler auftaucht und um Geld bittet. Einer der beiden greift in seine Tasche und gibt dem Bettler etwas Kleingeld. Der andere sagt: »Das solltest du nicht tun. Es ermutigt ihn nur.« Der erste antwortet: »Ich tue es nicht für ihn. Ich tue es für mich.«

Rabindranath Tagore schrieb das folgende Gedicht:

Ich wohnte auf der schattigen Seite der Straße und sah
Die Gärten meiner Nachbarn drüben
Im Sonnenlicht gedeihen.
Ich spürte, ich war arm, und ging hungrig
Von Tür zu Tür.
Je mehr sie mir von ihrem Überfluss gaben,
Je mehr spürte ich meine Bettelschale.
Bis ich eines Morgens aus dem Schlaf erwachte vom
Plötzlichen Öffnen meiner Tür und du kamst herein
Und batest um Almosen.
Verzweifelt öffnete ich den Deckel meiner Truhe und
Staunte über meinen Reichtum.

Erneut: Unsere Bedürftigkeit zwingt uns, in unsere Schatzkammer zu gehen und unseren Reichtum zu erkennen.

Die meiste Zeit ihres Lebens hatte Evy sich an die dritte Stelle gesetzt. Wenn wir uns an die dritte Stelle setzen, wie bewerkstelligen wir das auf eine gesunde Weise? Das ist eine gute Frage.

Ich stelle mir vor, dass wir vor unserer Geburt eine Audienz bei Gott haben. Und Gott sagt: »Nun, mein Kind, du kommst ziemlich bald auf die Welt. Ich werde dich als winziges kleines Ding in einer warmen Badewanne losschicken. Es wird recht warm darin sein, um die 37 Grad. In der Badewanne gibt es alles, was du brauchst. Du wirst darin wachsen und gedeihen.

Alles wird sich ganz gut entwickeln, bis etwa nach sieben Monaten etwas Merkwürdiges passiert. Du wirst plötzlich in der Badewanne auf den Kopf gestellt, und du kannst es nicht mehr rückgängig machen. Dann wird dein Lebensraum immer enger. Du wirst dich schließlich kaum mehr rühren können. Nach ungefähr neun Monaten passiert erneut etwas Seltsames. Jemand kommt und zieht den Stöpsel aus der Badewanne. Das Wasser fließt aus, und du bleibst drin im Trockenen.

Und dann geschieht noch etwas Seltsames. Es ist wie bei einem Erdbeben. Dein Kopf wird unten durch den Abfluss gezwängt. Dein Gesicht wird vollkommen zerdrückt, deine Schultern werden zusammengequetscht und du kannst dich nicht mehr rühren. Jemand legt seine Hände um deinen Kopf und zerrt dich in einen kalten, grellen Raum. »Rums!« So ist es, wenn man geboren wird.

Nun, die Frau, die dich zur Welt bringt, hat so genannte Geburtswehen. Etwas Neues in die Welt zu setzen ist oft mit Schmerzen verbunden. Aber sie ist froh über ihre Wehen, denn dadurch bekommt sie dich, dieses neue Leben, in ihr Leben. Nun, deine Aufgabe, solltest du sie akzeptieren, ist, in all dem Schmerz und Leid und all der Ungerechtigkeit der Welt zu entdecken, wer du als mein Kind wirklich bist. Denke an mich. Und dann komm wieder nach Hause.«

Wie bekommen wir Gott an die erste Stelle? Vielleicht indem wir wagen, diejenigen zu sein, die wir als Kinder dieses Mysteriums wirklich sind. Wir müssen zunächst wir selbst sein, um alle anderen an die zweite Stelle zu setzen und unsere egozentrischen Belange auf den dritten Platz zu verweisen. Es kann sein, dass andere Menschen uns egoistisch finden werden, aber dieses Risiko müssen wir eingehen. Es ist auch das, was unsere höchsten Werte von uns verlangen.

Vor etwa zweitausend Jahren verließ dieser Lehrer, von dem wir sprachen, seine Jünger und überließ sie sich selbst, während er sich für vierzig Tage in die Wüste zurückzog – fast sechs Wochen.

Sie können sich vorstellen, was diejenigen, die er zurückließ, davon hielten. Sie können sich vorstellen, dass sich manche abfällig darüber äußerten, wie wenig er sich um ihre Probleme kümmerte, wenn sie ihn am meisten brauchten. Wahrscheinlich dachten sie: *Was ist mit ihm los, dass er uns hier sitzen lässt? So ein Egoist.*

Nachdem der Lehrer aus der Wüste zurückkehrt, gibt er seine Gabe. Er beginnt eine heilende Mission mit sehr wirkungsmächtiger Medizin. Blinde konnten plötzlich wieder sehen, Lahme konnten laufen und es gelang ihm sogar, Menschen vom Tode zu erwecken. Die Kunde von diesem Heiler verbreitete sich und die Menschen kamen, um sich und ihre Familienangehörigen von ihren Gebrechen kurieren zu lassen. Weil er seinen eigenen Bedürfnissen folgte, statt bei seinen Jüngern zu bleiben, spricht die Welt auch nach zweitausend Jahren noch von ihm.

Wenn wir tun, was gesund für uns ist, wenn wir unsere Bedürfnisse ernst nehmen – das Fruchtbare in uns –, werden sich die Leute vielleicht fragen, was mit uns nicht stimmt. Sie werden uns möglicherweise für egoistisch halten. Und doch können wir nur, wenn wir unseren

Bedürfnissen folgen, unsere Fähigkeiten entdecken. Unsere Fähigkeiten, einmal entdeckt, lassen sich für den Dienst am Gemeinwohl verwenden. Und wir sind hier, um zu dienen.

Wenn wir es riskieren, die zu sein, die wir wirklich sein können, statt die, welche die Kultur in uns programmiert hat, gelingt es uns vielleicht, auf eine Weise zu dienen, die beiden Seiten Nutzen bringt. Uns selbst an den ersten Platz zu verweisen, heißt, unsere egozentrischen Belange an die letzte Stelle zu setzen – wie auch das Bild, das wir in den Augen anderer abgeben.

Erinnern Sie sich an die Zeilen über Noah in dem Rumi-Gedicht? »Breche auf zu einem riesigen, verrückten Projekt/ wie Noah einst./ Es ist vollkommen gleichgültig/ was die Leute von dir denken.« Stellen Sie sich Noahs Gedanken vor. *Was? Ein Schiff? Zwei Tiere von jeder Art? Verzeihen Sie, mein Herr, aber ich habe bisher noch nicht gewusst, dass ich Talent zum Schiffsbau habe.* Glauben Sie, er dachte, er könnte ein Schiff bauen? Und doch war es das, was Gott in Noahs INbox eingab, zusammen mit einer für unseren Planeten einzigartig knappen Terminvorgabe.

Wozu sind wir fähig? Ich weiß es nicht. Aber wir sind in der Lage, uns selbst zu überraschen. Meinen Freund und Mentor Don Campbell habe ich bereits erwähnt. Er fragte einen seiner Lehrer: »Woher weiß man, dass man Gottes Willen tut?«

Sein Lehrer antwortete: »Daran, dass es die tollste Zeit deines Lebens sein wird – und du wirst jede Menge Überraschungen dabei erleben.«

Ein anderer Freund und Mentor, George O'Laughlin,

und ich haben einmal über dieses Thema miteinander gesprochen. Er erzählte mir von einem Priester, der eine Moralpredigt über den Willen Gottes hielt. Woher weiß man, dass man Gottes Willen tut? Der Priester sagte, achtet auf eure Gaben. Darin verbirgt sich Gott.

Das Leben ist eine Prüfung für uns alle, sei es in der Wüste, sei es in Form eines Schiffs in unserer INbox oder eines knappen Abgabetermins bei der Arbeit. Indem wir auf diesen INput reagieren, entdecken wir vielleicht, dass wir uns in einer Weise verwirklichen können, wie wir es nie für möglich gehalten hätten. Möglicherweise sehen wir uns gezwungen, zum vierten Pol vorzudringen und zu sehen, wie Liebe und Furcht gemeinsam genutzt werden können, um unser wahres Wesen zu finden.

Wo Jesus lebt, versammeln sich die Großherzigen.
Wir sind eine Tür, die nie verschlossen ist.

Wenn du einen Schmerz leidest,
Halte dich nah an dieser Tür. Öffne sie.

Die Tür ist ein sehr gutes Sinnbild. Sie trennt und sie verbindet. Lassen Sie uns durch die Tür gehen, die wir selbst sind, und nachschauen, was wir brauchen, um besser zu dienen. Der Schriftsteller Stephen Mitchell sagt, dass Mitgefühl das Gleiche sei wie die Liebe, mit der wir das Leiden eines anderen Menschen berühren, während Mitleid entstehe, wenn wir das Leiden eines anderen mit Furcht berühren. Der Furchtsame lässt uns Mitleid, der Fruchtbare dagegen Mitgefühl empfinden. Im ersten Teil des Films werden wir von Angst angetrieben, im zweiten Teil von Liebe, und wir lernen, was es heißt, mit-fühlend zu sein.

Wir sind hier, um zu dienen. Wir sind hier, um der leidenden Gemeinschaft zu dienen. Wie nehmen wir freudig am Leid der Welt teil? Wir vermögen dies nicht, wenn unsere Verbindung durch Furcht zustande kommt. Furcht verbindet uns, aber nicht freudig.

Ich möchte gern ein anderes ontologisches Modell, ein anderes Entwicklungsmodell verwenden, um uns in neuer Perspektive zu sehen. Mit anderen Worten möchte ich das alte System des Kundalini Yoga aufgreifen und es auf unsere postmoderne Wirklichkeit anwenden. Das Modell besteht aus sieben Entwicklungsstufen, die von der Basis, den tierischen Impulsen, über das Persönliche und Rationale ins Transrationale führen. Die Stufen werden von Energiezentren repräsentiert, die *Chakren* heißen.

Joseph Campbell hat mir dabei geholfen, das Modell zu verstehen. Ohne mir nun jedes einzelne Wort in Erinnerung zu rufen, werde ich mich synaptisch und energetisch auf seine Interpretation der Chakren und ihre Rolle in unserer psychosozialen, spirituellen Entwicklung zurückbesinnen.

Das erste Chakra liegt an der Basis der Wirbelsäule und ist mit dem Anus verbunden. Wenn Menschen auf dieser Ebene funktionieren, ist ihr psychologisches System der Behaviorismus. Sie funktionieren in der Welt, wie B. F. Skinner es beschrieb. Skinner vertrat die Ansicht, dass der Mensch nichts anderes sei als sein reaktives Verhalten zur Umwelt. Es gibt kein inneres Wesen, das sich nach Freiheit sehnt. Es gibt keinen freien Willen. Wir werden durch Lust und Schmerz geprägt und unsere Konditionierung macht uns denen gleich, die uns konditioniert haben.

Als Skinners Biographie erschien, hörte ich ein Interview mit ihm, in dem er sagte: »Wenn das, was ich vom Wesen des Menschen glaube, zutrifft, dann sollte der Titel meiner Autobiographie lauten ›Autobiographie einer Unperson‹.«

Campbell sagt, das Tier, das diese Entwicklungsstufe repräsentiere, sei die Schlange, die er als »kriechende Speiseröhre« bezeichnet. Wir essen und scheiden aus. Wir funktionieren auf der untersten Ebene des Überlebens, Sättigung ist der vordringlichste Trieb. Hinsichtlich Mitgefühl und Gemeinschaft tut sich auf dieser Ebene nicht viel.

Das zweite Chakra ist mit den Genitalien verbunden. Wenn wir unsere Energie in dieses Zentrum leiten, besuchen wir »ihren liebsten Ort«, wie Campbells Übersetzung aus dem Original-Sanskrit lautet.

Das psychologische System ist hier freudianisch und der erste Hauptantrieb der Psyche ist der sexuelle Impuls. Das persönliche Überleben ist ein Anfang, doch das Überleben der Spezies hängt von der Vermehrung ab. Hier ist unsere Energie auf die Befriedigung dieses persönlichen Triebs gerichtet, welcher als Nebeneffekt unsere Nachfolger schafft und das Überleben der Spezies sichert, wenn wir selbst dem »Todestrieb« erliegen.

Das dritte Chakra befindet sich in der Region des Sonnengeflechts. Auch hier ist das Individuum immer noch stark nach außen gerichtet. Das Ich hat damit zu tun, Nahrung für sich und die Nachkommen zu beschaffen. Damit wir leben dürfen, müssen andere Lebewesen sterben. Leben nährt Leben. Das betreffende psychologische System ist das von Alfred Adler und der seelische Antrieb ist der Wille zur Macht. Wir schaffen Dominanz durch Wettbewerb und dabei geht es letztlich um das Überleben des Stärkeren.

Die drei unteren Chakren haben alle mit unserer tierischen, menschlich-tierischen Entwicklung zu tun. Wir können diese Aspekte unserer Natur nicht ableugnen, aber wenn wir nur aus diesen drei Zentren funktionieren, werden wir uns ihrer nie in vollem Umfang erfreuen und unsere psychosozialen Zelte nie auf spirituell höherem Gelände aufschlagen.

Dienst, Mitgefühl und Gemeinschaft sind anspruchsvolle Prozesse einer höheren Ordnung und sie finden in den unteren drei Chakren nur rudimentär und überlebensorientiert statt. Überleben ist nicht genug. Es ist ein Anfang. Zum vollen Leben bedarf es eines Quantensprungs mittels der Öffnung des vierten Chakras – der Tür.

Das vierte Chakra wird von der Herzregion repräsentiert. Man spricht auch vom Herzchakra. Wenn unsere Energie diesen Raum erreicht oder betritt, öffnet sich unser metaphorisches Herz. Wir öffnen uns auf eine nur Menschen mögliche Weise dem Leben. Wenn dies geschieht, werden wir neu geboren. In einem metaphorischen Sinn werden wir wirklich neu geboren. Wir sehen mit neuen Augen, hören mit neuen Ohren, fühlen mit neuen Sinnen und denken mit einer neuen Perspektive, welche das Transrationale einschließt.

Im transrationalen Raum verstehen wir die Liebe auf einer Ebene, die ohne Kontrolle und ohne Bedingungen auskommt. Wenn unsere Herzen sich öffnen und wir diese Frequenz in uns empfangen, wird das bloße tierische Überleben sekundär. Der Philosoph Arthur Schopenhauer, so macht uns Campbell aufmerksam, fragte sich, was uns veranlasst, unser Leben für jemanden hinzugeben, den wir nie gesehen haben. Etwas liegt im menschlichen Wesen beschlossen, das Menschen spontan dazu bringt, in den eisigen Potomac River zu springen, um einen Fremden vor dem Tod zu retten. Was ist dieses Geheimnis?

Es ist nicht logisch. Der Furchtsame kann uns nicht länger zurückhalten, weil Sicherheit keinen Vorrang mehr hat. Unser eigenes Überleben wird zweitrangig. Es ist nicht der »Todestrieb«, wie Freud uns weismachen wollte. Vielmehr ist es ein »Lebenstrieb«. In diesem Augenblick ist das Leben eines anderen wichtiger als unser eigenes. Nicht das Leben eines besonderen Menschen, sondern schlicht das Leben jedes Menschen.

Wenn das Herz sich öffnet, werden wir umfassend. Ich erinnere mich an einen Spruch aus meiner Kindheit: »Er malt einen Kreis und ich bin draußen. Doch mit Liebe setz' ich auf Gewinn. Wir malen einen Kreis und er ist drin.« Auf dieser Stufe bringen wir jeden in den Kreis unserer Gemeinschaft, sogar unsere Feinde.

»Liebe deine Feinde«, sagte Jesus. Er sagte nicht: »Hab deine Feinde gern.« Jemanden zu lieben, ohne ihn zu mögen, das ist genau die Art von Verrücktheit, deren wir jetzt fähig sind – die Art von Verrücktheit, die uns über die begrenzte, wenn auch logische Sicht des Ichs hinaus zur Versöhnung führt. Die Idee des Dienstes an der Gemeinschaft erfüllt sich in einem Maß, das alles umfasst und einschließt. Die Grenzen unserer früheren

Stammeskonditionierung schmelzen im Licht des offenen Herzens dahin.

Wir sind mit einer Psychologie der Liebesknappheit aufgewachsen, als ob wir nur einen begrenzten Vorrat davon hätten. Wir hielten sie eng an unser Herz und gaben nur denen davon ab, die unsere Stammeszugehörigkeit teilten. Aber wir missverstanden das Geheimnis der Liebe. Wir begreifen von der Liebe nichts, wenn wir sie mit einer Psychologie der Knappheit versehen. Liebe braucht eine Psychologie des Überflusses. Wie schon gesagt, wenn wir Liebe geben, haben wir mehr davon.

Wenn das vierte Chakra sich öffnet, kann die Heilkraft des Mitgefühls durch uns zu anderen fließen – das ist Evys dritter Typ des Dienens. Ein energetisches Band verbindet den Leidenden und den Mitfühlenden. Wenn man so zu einer gemeinsamen Einheit findet, wird die Gemeinschaft auf einer tieferen Ebene begründet.

Campbell sagt, dass wir die drei oberen Chakren als Spiegelbilder der unteren drei betrachten können.

Erster Teil – Angst   Tür   Zweiter Teil – Liebe

Herz 4. Chakra

3 ←——————→ 5

2 ←——————————————→ 6

1 ←——————————————————→ 7

Das fünfte Chakra ist ein Spiegel des dritten. Es befindet sich in der Kehle und öffnet sich, nachdem sich die Tür des Herzens geöffnet hat. Hier ist unsere Energie ebenso nach innen gerichtet, wie sein Spiegelbild, das egozentrische dritte Chakra, nach außen gerichtet ist. Das Ich versucht häufig, seinen Willen der äußeren Welt aufzuzwingen. Wenn das fünfte Chakra geöffnet ist, richten wir unsere aggressive Energie auf unser eigenes Ego. Ich zügle mein eigenes Ich. Wenn ich mein Ego unter Kontrolle habe, kann ich dem Wohl der Gemeinschaft sehr viel besser dienen. Tatsächlich wird der Dienst zum Antrieb.

Das sechste Chakra wird vom dritten Auge, dem nach innen gerichteten metaphorischen Auge in der Mitte unserer Stirn, repräsentiert. Es ist ein Spiegelbild des zweiten Chakras, des Sexualzentrums. Wenn das dritte Auge sich öffnet, sehen wir den oder die Geliebte in allem. Alle Interaktionen mit anderen in unserer Gemeinschaft werden zu einer Gelegenheit, mit dem oder der Geliebten zu kommunizieren. Alle sexuelle Vereinigung ist tantrisches Yoga, Vereinigung mit dem oder der Geliebten.

Das siebente Chakra ist der Scheitelpunkt des Kopfes oder gleich darüber. Wenn sich der Scheitelpunkt öffnet, gib es kein »Anderes« mehr. Es gibt nur noch EINES. Sein Spiegelbild ist das erste Chakra. Wenn sich das siebte öffnet, ist das, was wir essen, das, was wir sind. Alle Trennung ist aufgehoben.

Unsere Fähigkeit, der evolutionären Intelligenz zu dienen, wächst mit unserer psychosozialen und spirituellen Entwicklung. Unsere Fähigkeit, Mitgefühl auszudrücken und Gemeinschaft zu erfahren, wächst, indem wir uns einerseits entwickeln und andrerseits vergessen. Wenn sich ein Zentrum öffnet, haben wir unmittelbaren Zugang zu dieser Wahrnehmungsebene. Aber wir bleiben nicht offen. Wir vergessen.

Und indem wir vergessen, brauchen wir vielleicht die Heilkraft des Mitgefühls und der Gemeinschaft. Unser Leiden erweckt möglicherweise in anderen aus unserer Gemeinschaft etwas, das für uns heilsam ist. Wir ehren sie, indem wir es riskieren, verletzlich zu sein und uns ihrer heilenden Energie zu öffnen. Unsere Bedürftigkeit erlaubt ihnen zu dienen. Und so weiter.

Schließlich: Wodurch fühlt sich der minderwertige, der furchtsame Teil in uns sicher? Durch die bedeutsame, liebevolle und mitfühlende Anteilnahme von anderen an unserer Lebensreise. In der Sicherheit dieses größeren Ganzen fühlt sich dieser Teil nicht nur sicher, sondern auch verbunden mit unserer eigenen Ganzheit und mit »der Liebe verwirrendem Glück«.

16.

Verspieltheit

Vor kurzem teilten Forscher in einem Experiment eine Gruppe von Kindern in zwei gleich große Untergruppen und sagten ihnen: »Jetzt wollen wir künstlerisch malen.« Zur einen Gruppe sagten sie: »Wir holen Künstler dazu, die sich eure Arbeiten anschauen sollen. Die beste Arbeit bekommt diesen Preis; die zweitbeste Arbeit diesen und die drittbeste diesen Preis. Hier ist euer Arbeitsmaterial. Ihr macht jetzt alle eure Meisterwerke, und wenn ihr fertig seid, holen wir die Preisrichter.«

Die Instruktionen für die zweite Gruppe lauteten folgendermaßen: »Hier ist euer Arbeitsmaterial. Macht damit, wozu ihr Lust habt. Wenn ihr fertig seid, schauen wir uns eure Arbeiten an. Und dann verlosen wir Preise.«

Die Forscher zogen die Künstlerjury hinzu, sagten ihnen aber nicht, welche Arbeiten von welcher Gruppe stammten. Die Kinder der ersten Gruppe, die miteinander im Wettstreit um die Preise lagen, hatten mehr oder weniger vorhersehbare Kunst produziert. Sie hatten versucht, etwas herzustellen, von dem sie glaubten, es könne einen der Preise gewinnen. Dadurch waren sie weder sonderlich kreativ noch innovativ. Sie lähmten sich selbst, indem sie versuchten herauszufinden, was für die Kunstrichter am interessantesten wäre und deshalb den ersten Preis bekommen könnte.

Die anderen Kinder waren innovativ, und sie machten sich voller Spaß an ihre Kreationen. Vom künstlerischen Standpunkt aus betrachtet, waren ihre Arbeiten sehr viel befriedigender, und die Jury wählte ihre Werke aus.

Wir sprechen über Kreativität. In Organisationssystemen sind die Leute an Problemlösungen interessiert. Untersuchungen haben gezeigt, dass wir kreativer sind, wenn wir unbelastet, schwungvoll und spielerisch an eine Sache herangehen. Und Kreativität ist wichtig für das Lösen von Problemen. Wir wissen, dass Spiel allgemein sehr wichtig ist, denn je größer das Gehirn der Tiere ist, desto mehr Spielverhalten zeigen sie. Mit dem Spiel muss ein evolutionärer Vorteil verbunden sein.

Wenn wir ein Problem lösen, runzeln wir meistens die Stirn und machen aus dem Vorgang eine schwerwiegende, ernste Sache. »Wir haben ein Problem, das wir sofort lösen müssen. Sagen Sie alle Termine ab. Wir sehen uns in fünf Minuten.« Leute kommen ins Zimmer und wir können das Gewicht geradezu spüren, das auf ihnen lastet. Die Atmosphäre ist nicht unbeschwert, heiter und spielerisch. Sie ist lastend, ernst und stressgeladen.

Einer meiner Patienten brachte mir etwas sehr Wichtiges über Kreativität und Problemlösungen bei. Graham, ein Drittklässler, hatte einen Gehirntumor. Seine Eltern baten mich, ihm bei der Bewältigung seiner schwierigen Krankheitssituation und der Behandlungsmaßnahmen zu helfen.

Meist ist die erste Maßnahme bei einem Gehirntumor

ein chirurgischer Eingriff. Vor der Trepanation wird der Schädel rasiert. Heutzutage ist es *hip*, sich kahl zu rasieren, aber Mitte der Achtzigerjahre war das noch nicht so.

Es ist schon für Erwachsene keine leichte Sache, ins Krankenhaus zu gehen. Stellen Sie sich also vor, wie es sich für ein Kind anfühlt. Graham ging ins Krankenhaus, bekam den Kopf rasiert und am nächsten Tag wurde er operiert. Die Chirurgen konnten nicht den ganzen Tumor entfernen, sodass Graham während seiner Genesung immer noch Krebs hatte. Er kehrte nach Hause zurück, um sich von der Operation zu erholen, und begann mit Chemotherapie und Strahlenbehandlung. Regelmäßig fuhr er von seinem Heimatstädtchen zweihundert Meilen nach Kansas City, um sich der Behandlung durch einen Spezialisten zu unterziehen und um mich aufzusuchen.

Als Graham wieder zur Schule ging, sah er verändert aus. Er hatte keine Haare mehr und war von der Operation und der Nachbehandlung geschwächt. Holten ihn seine Schulkameraden in der Pause, um mit ihnen Fußball zu spielen? Nein. Warum nicht? Weil er ein klarer Außenseiter war. Graham wurde immer als Letzter gewählt.

Als wir selbst Kinder waren, haben wir da je gehört, dass Andersartigkeit etwas Gutes ist? War das Andere eine gute Sache? Nein. Die Eltern sagen: »Ich will nicht, dass du mit denen da drüben spielst; sie sind anders als wir. Warum gehst du nicht lieber hinüber zu denen da und spielst mit ihnen? Sie sind wie wir.« Von Arthur Schopenhauer stammt der Spruch, dass der Gedanke, wir hätten mit irgendjemandem nichts gemein, Gott zum Lachen bringe.

Graham musste mit schwersten Belastungen fertig werden. Er hatte Krebs, er fühlte sich schlecht, er passte in keine Gruppe. Seine Psyche stand unter großem Druck.

Nachdem Graham die Strahlenbehandlung absolviert hatte, fuhr er nach Kansas City, um den Radiologen und danach mich aufzusuchen. Als er in meine Praxis kam, gab er mir einen Beutel mit Pappnasen – eine Schweinsnase, eine Elefantennase, eine Entennase, eine Hainase und so weiter –, die man sich aufsetzen konnte. Er sagte: »Hallo, Doc. Ich habe hier ein Geschenk für Sie«, und er reichte mir den Beutel mit den Nasen. »Wissen Sie«, sagte er dann, »ich hatte gerade meine letzte Sitzung beim Radiologen. Und manchmal, wenn man einen Arzttermin hat, muss man warten. Also, ich saß im Wartezimmer und wartete auf den Arzt und mir war langweilig. Da hatte ich eine Idee. Ich holte die Nasen heraus, setzte mir die Schweinsnase auf und wartete, bis der Arzt kam. Als ich ihn an der Tür hörte, stand ich auf und drehte mich mit dem Rücken zur Tür. Als er hereinkam und mich fragte: ›Hallo, Graham, wie geht's?‹, drehte ich mich langsam um und sagte: ›Tja, Doc, die Bestrahlung hat Nebenwirkungen, von denen Sie mir nichts gesagt haben.‹«

In diesem Moment machte etwas *Plopp!* in meinem Kopf. Ich lernte gerade etwas Entscheidendes. Ich dachte, ich wüsste schon, wie mit Leidenden umzugehen sei. Man musste an ihrem Bettrand sitzen und so weit wie möglich ihre Schmerzen mitempfinden. Dabei ließ ich meinen Empfindungen freien Lauf und weinte. Aber Graham brachte mir nun bei, mich auf eine andere Weise auf Kranke einzulassen – unbeschwert, heiter und spielerisch.

Graham musste in seiner INbox eine lebensbedrohliche Krankheit verarbeiten, er befand sich in einer sehr ernsten und schwierigen Lage. Und doch schaffte er es, mit Unbeschwertheit und Heiterkeit sein inneres Gleichgewicht aufrechtzuerhalten, eine Art Sinn für Perspektiven. Er machte sich nichts vor; er sah der Wirklichkeit seiner Situation ins Auge und ging konstruktiv mit ihr um. Dies ist ein Kriterium emotionaler Reife. Er brachte mir mit seiner Verspieltheit etwas über emotionale Reife bei.

Dank Graham begann ich, meine Krankenhauspatienten dahingehend zu ermutigen, dass sie sich abweichend verhalten. Ich meine, wenn normal ungesund ist, dann brauchen wir unangepasstes Verhalten. Ich habe mir dies zur Gewohnheit gemacht, indem ich einen Clown spiele.

Meine Clownsfigur heißt Dr. Jerko und ist ein breitgesäßiger Proktologe. Hinten auf seinem Mantel steht zu lesen: »Ich interessiere mich für Ihre Verdauung.« Wenn Sie je schon einmal im Krankenhaus gelegen haben, dann erinnern Sie sich wahrscheinlich daran, dass jeder besorgt an Ihrer Verdauung Anteil nimmt. Zum Beispiel kommt die Schwester am Morgen herein und fragt: »Na, haben wir heute schon Stuhlgang gehabt?«

»Ja, haben wir.«

»Und wo ist der Haufen?«

Wir zeigen zum Badezimmer: »Da drinnen.«

Die Schwester geht hinein, sieht nach und kommt enttäuscht zurück: »Er ist nicht da.«

»Na ja, ich habe ihn runtergespült.«

»Aber ich muss doch darüber Buch führen.«

Was passiert, wenn der Patient sich abweichend verhält und, obwohl er krank ist, ein bisschen Spaß hat?

Das ist spannend. Ich habe entdeckt, dass auch Menschen, die sehr krank sind, gern lachen und Spaß haben. Sie erwählen sich selbst. Selbst Todkranke lachen gerne und haben gerne Spaß. Warum? Weil es sich gut anfühlt, und: NOCH SIND SIE NICHT TOT!

Sagen wir, der Patient beschließt, sich danebenzubenehmen. Die Schwester kommt am Morgen herein und fragt: »Haben wir heute schon Stuhlgang gehabt?«

»Ja, haben wir«, sagt der Patient und holt unter der Bettdecke einen nachgemachten Kothaufen hervor, wie es ihn als Scherzartikel gibt.

Wie wird die Schwester reagieren? Zuerst wird sie verblüfft fragen: »Ist der echt?« Dann wird sie lachen und sagen: »Geben Sie mir Ihren Haufen«, damit weggehen und jemand anders hereinlegen.

Was wird mit der Energie auf der Station geschehen? Sie wird ansteigen, unbeschwerter und gesünder werden, ausgelöst von dem Kranken, der bereit ist, die Regeln zu durchbrechen.

Wozu sind wir fähig, wenn wir bereit sind, die Regeln zu duchbrechen? »Es ist falsch, das Richtige zu tun«, und zwar aus den rechten Gründen.

Spiel ohne Rivalität

Wir Erwachsenen denken bei Spielen sofort an Rivalität. Erwachsene verwandeln Spiel in Arbeit. Es ist ein Nullsummenspiel mit Gewinnern und Verlierern. Je weiter wir uns von der Wettbewerbsidee im Spiel entfernen – jemand anderen besiegen zu müssen –, desto mehr Spaß können wir bei der Gestaltung unseres Lebensfilms entwickeln. Wettbewerb ist wichtig, aber er ist am besten, wenn ich mich mit mir selber messe. Oder, mit anderen Worten, das Ich, das versucht, mein Potenzial voll zu entwickeln, an dem Ich messe, das aus einer konditionierten Datenbank von Reaktionen heraus lebt.

Ich bin nicht hier, um mit anderen Menschen zu konkurrieren. Ich bin hier, um mit mir selbst zu konkurrieren. Ich bin hier, um alles in meiner Macht Stehende zu versuchen, mein Leben nach vorn zu entwickeln, meine Fähigkeiten im Dienst an anderen zu entfalten, und nicht um jemandem zu zeigen, dass ich besser bin als er oder sie. Ich muss nicht andere zu Verlierern machen, um zu gewinnen.

Was kann ich tun, um diesen Teil von mir, der einen Sieg nötig hat, aus dem Weg zu räumen? Mich selbst bewusst wahrnehmen, den Beobachter-Effekt ins Spiel bringen. Mit bewusster Wahrnehmung kann ich doppelt gewinnen. Zusammenarbeit handelt von Doppelsiegen. Ich habe ein kleines Gehirn. Sie haben ein kleines Gehirn. Es sind gute Gehirne, aber sie sind klein. Wenn man zwar kleine, aber gute Hirne zusammentut, ist das Ergebnis ein größeres Gehirn. Das Ergebnis kann mehr als nur eine Summe sein; es kann synergetische Effekte geben. Eins und eins macht drei.

Ich konzentriere mich darauf, das, was ich tue, so gut wie möglich zu tun. Ich weiß, dass ich alles, was ich tue, besser machen kann. Um eine noch bessere Leistung zu erreichen, muss ich vielleicht mit anderen Menschen zusammenarbeiten. Ich schicke ein Manuskript an meine Lektorin. Sie nimmt es und macht es besser. Doch wenn wir uns treffen und den Text gemeinsam durchgehen, ist das Ergebnis noch besser als das, was wir jeweils allein erreichen.

Es ist oft die Rede vom Überleben des Stärkeren. Diese Idee bringt uns in der Entwicklung nur bis zu einem gewissen Punkt. Was wird aus dem Planeten Erde, wenn wir fortfahren, miteinander zu konkurrieren und die Welt in »wir« und »sie« aufzuteilen? Wenn andere Menschen verlieren müssen, damit wir gewinnen können, kommt es für den *Homo sapiens* vielleicht vom Gewinn-Verlust zum doppelten Verlust. Nur die Starken werden übrig bleiben – auf einem Planeten, der für Menschen unbewohnbar geworden ist, werden die Bewohner der mikrobiologischen Welt ihre Überlebensfähigkeit unter Beweis stellen. Sie waren lange vor uns da und werden noch lange nach uns da sein. Aber ich sehe keinen Grund, warum wir das Unausweichliche beschleunigen sollten.

Irgendwann kommen wir an einen Punkt, an dem wir den Wert der Zusammenarbeit erkennen müssen. Wir haben alle gute Gehirne, aber sie sind klein. Wenn wir sie zusammentun, haben wir ein größeres Gehirn. Wenn wir mit dem größeren Gehirn kreativ an etwas arbeiten, dann wird das Ergebnis uns alle in Staunen versetzen. Wenn wir Umwelten schaffen, in denen Menschen ihr kollektives großes Gehirn zur Lösung von Problemen einsetzen, werden die besseren Lösungen nicht lange auf sich warten lassen.

Der Autor und Dozent Mike Vance, der früher an der Disney University lehrte, veranstaltet Workshops über Kreativität und Problemlösungen. Er arbeitet mit Planspielen. Jeder Workshop hat zwei Teile: kreative Planung gefolgt von kritischer Planung.

Zu Beginn der Sitzung, in der es um kreatives Planen geht, bittet Vance die Teilnehmer, ihre Ideen auf Kartei-karten zu notieren. Sie brauchen sich keine Gedanken darüber zu machen, ob ihre Ideen zu wild klingen, denn je wilder, desto besser.

Vance gibt den Leuten selbst ein völlig abgedrehtes Beispiel, wie man ein Problem angehen sollte, um ihre Köpfe zu befreien. Es gibt nur eine Regel. Niemand darf sich negativ zu den Ideen äußern. Alle Ideen auf den Karten haben den gleichen Rang, wenn sie an der Tafel angeheftet werden.

Dann, wenn alle Ideen an der Tafel sind, kommt die Phase des kritischen Planens. Dabei werden die Ideen kritisch analysiert. Der kreative Prozess ist von der kri-tischen Analyse getrennt und unterschieden. Jede Idee wird erst dann auf ihre Qualität geprüft, wenn alle Ideen gesammelt sind.

Die Trennung des kreativen Prozesses von der kriti-schen Arbeit erlaubt der suchenden Phantasie, auf Lö-sungsvorschläge zu kommen, die womöglich nicht geäu-ßert würden, wenn sie sofort mit öffentlicher Kritik rechnen müsste. So entsteht eine gesunde Umwelt für den Furchtsamen, mehr Kreativität zu wagen und Ideen mit-zuteilen. Vergessen Sie nicht, der Furchtsame hat immer Angst, als ungenügend entlarvt zu werden. Die Trennung des kritischen vom kreativen Prozess vermindert dieses Risiko.

Das Vermischen des kreativen Prozesses mit der kri-tischen Analyse erstickt den ersteren. Doch weil normal ungesund ist, wird uns genau dies beigebracht. Ein Kind sagt zum Beispiel zu Hause: »Ich habe eine tolle Idee.

Es würde sicher Spaß machen, wenn wir ganz schnell mit dem Schlitten fahren und dann mit dem Fallschirm von der Klippe springen.«

»Du Depp«, sagt der Bruder. »Was ist das für eine blöde Idee?! Man kann nicht mit dem Schlitten von der Klippe springen. Da geht man doch drauf, du Blödmann!«

»Was fällt dir ein? Sag nicht noch einmal, dein Bruder sei blöd. Wie oft muss ich dir das noch sagen. Vielleicht ist nicht er blöd, sondern du … Wenn du mit dem Finger auf jemanden zeigst, zeigen drei auf dich. Wenn hier irgendjemand blöd ist, dann bin ich es, weil ich dachte, dass ihr Kinder irgendwann mal Vernunft annehmen würdet. Als der liebe Gott die Intelligenz verteilte, bist du leer ausgegangen. Dümmer als die Polizei erlaubt. Es bringt mich zur Raserei, wenn ich dich immer und immer wieder daran erinnern muss. Hörst du mir zu? Sieh mich an. Hörst du, was ich sage?«

Gehen Sie vom Gas, entspannen Sie sich, Aufklärung, Erleuchtung …

Spiel und Spiritualität

Der Bestseller *Tuesdays with Morrie* (Dienstags bei Morrie) von Mitch Albom handelt von einem pensionierten Professor, der an ALS erkrankt ist (derselben Krankheit, an der auch Evy litt) und einem seiner früheren Studenten wiederbegegnet. Der Student ist jetzt Journalist. Gemeinsam zeichnen sie in seinen letzten Lebenstagen die Lebensreise des Professors auf und welche Lehren er daraus zog. Gegen Ende fragt der Journalist Morrie, ob er, wenn es eine Behandlung gäbe, die ihn auf magische Weise wieder gesund machen könnte, sich ihr unterziehen würde.

Morrie sagt nein. Aufgrund seiner Krankheit hatte er begonnen, sich mit den letzten Fragen zu beschäftigen, und dafür ist er dankbar. Er hätte das nicht ohne Krankheit getan. Auf die Frage des Exstudenten sagt Morrie, dass die letzten Fragen mit Verantwortung, mit Liebe, Spiritualität und Bewusstsein zu tun haben.

Als ich diesen Teil des Buches las, dachte ich sofort an einen anderen emeritierten Professor, Ashley Montagu, und an seine Definition von Gesundheit: die Fähigkeit zu arbeiten, zu lieben, zu spielen und vernünftig zu denken. Nicht nur sind es in beiden Fällen vier Punkte, sondern sie passen auch sehr gut zueinander.

Es ist aufschlussreich, über die Beziehung der Gesundheit zu den letzten Fragen nachzudenken. Wie können wir gesund sein, ohne uns mit diesen Fragen zu beschäftigen? Ich glaube nicht, dass das geht. Aber es ist interessant, dass Morrie, der nach allen Aussagen ein vitaler, intelligenter, außerordentlicher Lehrer und hingebungsvoller Familienvater war, krank werden musste, um gesund zu werden.

Morrie ist ein gutes Beispiel dafür, dass nor…, dass Normalität auch auf hohem Niveau ungesund ist. Nun, wenn wir uns zwei Gruppen mit jeweils vier Programmpunkten ansehen, liegt eines offen zutage. Arbeit und Verantwortung passen zusammen, Bewusstheit und vernünftiges Denken gehören zusammen. Liebe ist in beiden Gruppen vertreten. Nur Spiel und Spiritualität haben als einzige Punkte anscheinend keinen Partner.

Doch haben Sie es erraten? Es ist ein weiteres Beispiel dafür, warum normal ungesund ist. Man hat uns beigebracht, Spiel und Spiritualität als sehr verschiedene Dinge anzusehen. Wie traurig. Ich glaube, das hat mit unserem tragischen Ethos zu tun. Rumi – wiederum er – löst den scheinbaren Unterschied auf.

»Sprich schnell. Ich kann es nicht so lange still halten.
Schwupps. Pass auf, dass es dich nicht tritt.
Es ist ganz schön wild!« …

»Jetzt aber raus hier,
bevor dieses Pferd noch deinen Kopf trifft! Ruhig
jetzt!« …

»Aus der Bahn.
Ich werde diesen Gaul wenden!«

Er schrie einen lauten Schlachtruf, ritt zurück
und rief die Kinder zu sich.

»Noch eine Frage, Meister!«
Der Scheich ritt im Kreis:
»Was noch? Schnell! Die Reiterin dort drüben
braucht mich.
Ich glaube, ich habe mich verliebt.«
»Wie heißt das Spiel, das Ihr spielt?
Warum verbergt Ihr Eure Klugheit so?«
»Die Leute hier
wollen mich in die Verantwortung nehmen. Ich soll
Richter, Bürgermeister und Schriftgelehrter sein.

Das Wissen, das ich habe, will etwas anderes.
Es will sich vergnügen.
Ich bin ein Feld von Zuckerrohr, und zur gleichen Zeit
Nasche ich die Süße.«

Erworbenes Wissen
ist anders. Die es haben, machen sich Gedanken, ob
es anderen gefällt.
Es ist ein Köder fürs Publikum.
Das Wissen der Dispute will Kunden.
Es ist seelenlos.
Laut und eifrig
vor der Menge, wird es schlaff, wenn niemand da ist.
Der einzige wirkliche Kunde ist Gott.
Kaue in aller Ruhe
dein süßes Zuckerrohr der Gottesliebe und bleibe
verspielt wie ein Kind.
Dein Gesicht
wird rosig leuchten
wie die Blüte des Judasbaums.

Der Lehrer, der im Spiel mit den Kindern auf einem Ste-
ckenpferd reitet, spricht zu uns durch die Jahrhunderte.
»Kaue ruhig/ dein süßes Zuckerrohr der Gottesliebe,
und bleibe/ verspielt wie ein Kind.«
    Was immer Sie sonst noch tun mögen, spielt keine
Rolle. Sie werden eine kranke Welt mit Ihrem leuchten-
den Gesicht erhellen. Es ist so verdammt einfach, Spaß
zu haben. Schade nur, dass es nicht mehr Leute wissen.
    Es wird Ihnen einen Riesenspaß machen, und Sie
werden dabei eine große Überraschung erleben. Nicht

nur werden Sie andere überraschen, sondern auch sich selbst.

An Ihrer Stelle würde ich natürlich nichts von dem glauben, was ich sage, ohne es auszuprobieren. Also wollen Sie das, worüber wir hier gesprochen haben, vielleicht ausprobieren. Erinnern Sie sich an das große Schild an meiner Praxistür:

ACHTUNG

WARNUNG VOR DEM ARZT

EINTRETEN AUF EIGENE GEFAHR

ICH MACHE JEDEN TAG FEHLER

Wenn Sie sich dazu entschließen, das Besprochene an Ihrem eigenen neotenischen Selbst auszuprobieren, denken Sie daran, Ihre einzigartige *Homo-sapiens*-Intelligenz zu benutzen. Stephen Jay Gould sagte: »Die menschliche Einzigartigkeit liegt in der Flexibilität unseres Gehirns. Was ist Intelligenz, wenn nicht die Fähigkeit, Probleme auf eine unprogrammierte (oder, wie wir oft sagen, kreative) Weise anzugehen?«

Wir haben mit der Erkenntnis begonnen, dass in unserem stressgeplagten Dasein der beste Zugang zum Leben der ist, uns selbst als Problem zu betrachten. Wenn wir diese Perspektive und eine spielerische Haltung beibehalten können, wird die Lösung, die wir finden, zwar nicht normal, aber vielleicht gesund sein.

Anmerkungen

S. 24 *Niemand ist*, nach: John Donne, »Meditation XVII«, in: *The Complete and Selected Poems of John Donne*. (New York: Modern Library, 1942), S. 440.

S. 27 *Gehe weiter*, nach: Rumi, *The Essential Rumi*, Englische Übers. Coleman Barks. (New York: HarperCollins, 1995), S. 278

S. 31 *Als ein Schüler*, nach: Anthony de Mello, *One Minute Wisdom*. (Gujarat, Indien: Gujarat Sahitya Prakash, 1996), S. 152.

S. 69 *Sein Blick*, Rainer Maria Rilke, *Der Panther (Im Jardin des Plantes, Paris) Werke in drei Bänden*. (Frankfurt am Main: Insel Verlag, 1966), Bd. I, S. 261.

S. 84 *Der Weg der Liebe*, Rumi, a. a. O., S. 243.

S. 93 *Krüge voll Frühlingswasser*, nach: Rumi, *The Glance: Songs of Soul-Meeting*, Englische Übers. Coleman Barks. (Viking Press, 1999), S. 1.

S. 94 *Wie willst du*, nach: Rumi, *Birdsong*, Englische Übers. Coleman Barks. (Athens, Ga.: Maypop, 1993), S. 38.

S. 173 *Wenn du getrennt bist*, nach: Rumi, Englische Übers. Robert Bly.

S. 175 *Ich bin so klein*, nach: Rumi, *Unseen Rain*, Englische Übers. John Moyne and Coleman Barks. (Putney, Vt.: Threshold Books, 1986), S. 40.

S. 184 *Wie zwei goldene Vögel*, Originaltext aus der Mundaka Upanischad, zit. nach: Deepak Chopra, *Seven Spiritual Laws of Success*. (Novato, Calif.: Amber-Allen Publishing and New World Library, 1994), S. 83.

S. 207 *Liebe hat*, Rumi, *The Essential Rumi*, a. a. O., S. 104/105.

S. 210 *Wenn du willst*, Rumi, ebda. S. 193.

S. 213 *Nun sehe ich*, nach: William Blake, *The Complete Prose and Poetry of William Blake*, hrsg. David V. Erdman. (New York: Doubleday, 1988), S. 722.

S. 221 *Lobpreis dem Ozean*, Rumi, *The Essential Rumi*, a. a. O., S. 105.

S. 237 *Selbst wenn du*, nach: Rumi, *We are three*, englische Übersetzung Coleman Barks. (Athens, Ga.: Maypop Books, 1987), S. 13.

S. 238 *Tiger, Tiger*, William Blake, Übers. Friedhelm Kemp, in: Lyrik des Abendlands. (München: Carl Hanser Verlag, 1953), S. 234

S. 252 *Ich wohnte*, nach: Rabindranath Tagore, *Collected Poems and Plays of Rabindranath Tagore*. (New York: Macmillan, 1951), S. 219.

S. 256 *Wo Jesus*, Rumi, *The Essential Rumi*, a. a. O., S. 201.

S. 275 »*Sprich schnell*«, nach: Rumi, *This Longing*, englische Übers. Coleman Barks und John Moyne. (Putney, Vt.: Threshold Books, 1986), S. 3-5.

Danksagung

Dank zu sagen ist für einen Autor ein Dilemma. Es bietet einerseits die Chance, den Menschen Ehre zu erweisen, die als Hebammen bei der Geburt eines Buches geholfen haben. Vor allem die netten Leute von Hazelden haben mich fürsorglich betreut. Am stärksten war Karen Chernyaev als meine Lektorin an dem Geburtsprozess beteiligt. Durch sie ist das Buch besser geworden. Wenn es trotzdem noch nichts taugt, ist es nicht ihre Schuld. Claire Lewis, Becky Post, Gloria Gillette, Clay Garner, Bonnie Pigott, Kate Kjorlien, Judy Peacock, Dave Spohn, Corrine, Tobias, Alex, Kathy, Barry, Paula, Roxanne, Tracy und Cindy halfen alle bei der Geburt. Ich möchte Jerry Spicer dafür danken, dass er mich als medizinischen Berater in die Belegschaft von Hazelden aufgenommen und meinen Rat nicht nur angehört, sondern manchmal auch befolgt hat.

Ich möchte Tina Hoover, meiner Mitarbeiterin, danken für ihre Ermutigung und Hilfe bei dem Prozess, das Buch zusammenzustellen.

Diese unmittelbaren Danksagungen sind einfach. Das Dilemma besteht darin, dass so viele Menschen mir unterwegs eine helfende Hand gereicht haben, dass ich sie nicht alle hier nennen kann. Doch ohne ihre Teilnahme an meinem Leben hätte dieses Buch nie Gestalt angenommen – zumindest nicht mit dem gegenwärtigen Inhalt.

Zuerst muss ich meinen Eltern, Stoughton und Margaret White, danken, dass sie mich immer akzeptiert und mir ihre Liebe geschenkt haben. Dann möchte ich Ann White dafür danken, dass sie mich bestärkt hat, mit Ron nach Italien zu fahren und diese Arbeit 1989 in Angriff zu nehmen. Es gibt noch eine Menge anderer Dinge, für die ich ihr danken muss, vor allem für unsere Kinder. Ich möchte Don Campbell, Ron Reimer, George O'Laughlin, Ken Higdon, Bob Kroeker und Greg Tamblyn danken. Diese Männer haben mich aus meinem Lebensumfeld heraus unterstützt und inspiriert. Ebenso möchte ich Susan Smiley, Ruth Forman, Kim Morenz und Jana Hawkins für ihre Unterstützung danken. Wenn ich den Kreis über Kansas City hinaus ausdehne, möchte ich Elmer Green, Steve Fahrion und Pat Norris in Topeka Dank sagen. Und noch weiter in die Prärie von Kansas hinein, Jay und Sara Bremyer, die mich seit fünfunddreißig Jahren zu meinen verrückten Ideen ermutigen. Und, noch weiter draußen, Stuart Brown, Patch Adams, du …stück, sowie Beach, John, Jan, Dima, Melanie, Peter, Mike, John, Norm, Marty, Fowler, Robert Bly und ein großes Dankeschön an Coleman Barks.

Auch meinen Klienten und Patienten danke ich von Herzen. Was immer ich geschrieben habe, es ist zu einem guten Teil auch ihr Werk.

Register

A
Abweichung 63 f., 87
Adler, Alfred 259
Adrenalin 35, 50 f., 53, 56, 58
Akzeptanz 172, 179 f., 184, 210, 225, 228, 230 f., 247 ff., 251
Albom, Mitch 273
ALS 244, 248, 273
Angst (Furcht) 140, 143, 160 f., 164, 199, 202 f., 209, 219 f., 222, 227, 232, 237, 261, 272
Anonyme Alkoholiker 84, 182
Anpassung 23 f., 34, 63, 87, 100 f., 110, 133, 189, 191, 242
Ärzte 50, 52, 61, 66, 79, 87, 100, 112, 126, 140, 200 f., 244
Hl. Augustinus 213
authentisch 104, 111, 139, 157, 159, 233
Azinger, Paul 81 f., 85

B
Barks, Coleman 173 f., 219
Beobachtereffekt 186, 231
Berle, Milton 65

Bewusstsein 64, 72, 76, 82, 184, 185, 230, 233, 274
Beziehungen 20, 35 f., 40 ff., 44, 65, 72, 75, 78, 82, 99, 105, 108, 117 f., 122 f., 125, 128, 143, 147 f., 152 f., 156, 163, 165 f., 190 f., 222, 225, 229 f., 238
Beziehungsintelligenz 66
biochemisches Ungleichgewicht 201
Biofeedback 91
Blake, William 211, 213 f., 238
Blutdruck 52, 56, 105
Blutplättchen 52, 55, 59
Blutzucker 52, 55, 59
Bly, Robert 68, 173, 211
Buechner, Frederick 222

C
Campbell, Don 93, 182, 209
Campbell, Joseph 214, 217, 226, 228, 238, 255, 257 f., 260 f.
Chakren 257 ff., 261 f.
Cholesterin 55 f., 58
Clifford, William Kingdon 177 f., 217
Corticosteroide 53
Courage 218

282

Über den Autor

Bowen Faville White ist kein normaler Arzt. 1984 fasste er den Entschluss, jedem Patienten neunzig Minuten zu widmen, und musste erkennen, dass er in das vorhandene Gesundheitssystem nicht hineinpasst. Also ging er das Risiko ein, außerhalb der vorgeschriebenen Bahnen zu praktizieren, und entwickelte eine ganzheitliche, systemische Arztpraxis, die er bis heute betreibt. Als international gefragter Referent, Berater und Clown ist Dr. White Experte in der Präventiv- und Stressmedizin und hat sich als Systemmediziner einen Ruf erworben. Dr. White verbindet Humor mit einem werteorientierten Ansatz, um seine Heilsbotschaft weltweit zu verbreiten. Er ist der Autor zweier Audiokassetten-Alben: *Dr. White's Complete Stress Management Kit* und *The Cry of the Heart*. Dr. White lebt in Overland Park, Kansas, und ist Vater von vier Töchtern.

In seiner Gruppenarbeit teilt Dr. Bowen White seine derzeitige Verwirrung mit anderen und ist stets für Überraschungen offen. Dabei benutzt er seinen Doktortitel als Tarnung. Er nähert sich dem Publikum mit entwaffnendem Humor, um seine Botschaft zu vermitteln, die sonst auf Widerstand stieße – und sie prägt sich tief ein. Seine Botschaft ist nicht mega-universitär. Sie ist nicht galaktisch oder systemisch-solar. Sie ist lokal und wendet sich an die Bewohner eines kleinen Planeten. Weitere Informationen finden Sie im Internet auf der Website des Autors: www.bowenwhite.com